KB259844

하이재킹 아메리카
HIJACKING AMERICA

하이재킹 아메리카

첫판 1쇄 펴낸날 2010년 5월 28일

지은이 수전 조지 Susan George
옮긴이 김용규 · 이효석
펴낸이 강수걸
펴낸곳 산지니
등록 2005년 2월 7일 제14-49호
주소 부산광역시 연제구 거제1동 1493-2 효정빌딩 601호
전화 051-504-7070 | **팩스** 051-507-7543
sanzini@sanzinibook.com
www.sanzinibook.com

ISBN 978-89-92235-97-6 93300

값 18,000원

* 이 도서의 국립중앙도서관 출판시도서목록(CIP)은 e-CIP 홈페이지
(http://www.nl.go.kr/cip.php)에서 이용하실 수 있습니다.
(CIP 제어번호 : CIP 2010002196)

하이재킹 아메리카
HIJACKING AMERICA

미국 우파는 미국인의 사고를 어떻게 바꾸어놓았나

수전 조지 지음 • 김용규 · 이효석 옮김

산지니

저는 이 책이 산지니 출판사를 통해 한국의 대중에게 알려지게 된 점을 무척 기쁘게 생각합니다. 분명히 많은 독자들은 미국의 정치와 사회에 대해 지식을 쌓는 일에 관심을 더 많이 가지고 있을 것입니다. 그러나 산지니 출판사가 이 책을 출판하기로 한 결정은 이런 이유를 넘어서고 있습니다. 분명 한국인들은 자신들이 미국의 정치적, 경제적, 문화적 이데올로기의 변형을 다룬 책에 관심을 가지는 이유가 현재 미국에서 유통 중에 있는 '정상적'으로 보이는 이념들이 전 세계, 특히 한국에 영향을 주고 있기 때문이라고 믿고 있을 것입니다.

한국은 이제 국제무대에서 중요한 역할을 맡고 있습니다. 한국은 세계에서 12위의 경제대국이 되었습니다(머지않아 7위의 국가가 되기를 희망하고 있습니다). 1965년부터 1979년 사이에 한국의 GDP는 매년 9%의 성장을 기록했습니다. 제조업 분야는 매년 19%라는 놀라운 규모로 증가했습니다. 바로 이 때문에 한국의 수출은 지금도 증가하고 있습니다. 2003년에서 2007년 사이에 수출은 두 자리 수의 증가를 보였습니다. 한국이 거둔 성공은 많은 사람들이 거론함으로써 이제는 잘 알려져 있습니다. 한국은 그럴 자격이 충분히 있습니다.

그러나 신자유주의 정책을 선호하는 서구의 많은 사람들은 한국을 단지 자유시장의 원리를 따름으로써 세계무대에서 성공을 거둔 '용' 혹은 '호랑이'의 전형으로—부정확하게, 심지어 뻔뻔스럽게—활용하고 있습니다. 그들의 말에 따르면 한국은 일찍이 신자유주의라는 종교에 귀의한 신도이며 바로 그 이유로 번영을 구가하게 된 국가입니다. 한국이 오직 시장과 경쟁의 마법을 허용했기 때문에 경제적으로 승리하였고 이렇게 짧은 시간에 이룩한 성공 덕택에 '부자나라클럽'인 OECD의 회원국이 되었다는 것입니다. 따라서 그들은 성공하고 싶으면 다른 나라도 찬란한 한국의 본을 따라 신자유주의 정책을 즉시 채택하거나 강화해야 한다고 주장합니다.

이건 말도 안 됩니다. 60년 전 대한민국이 탄생한 순간부터 현재까지 이어진 정권의 정책은 결코 '자유시장'적이지 않았습니다. 오히려 정부는 식품의 가격을 통제하고 기본적인 요소를 보조함으로써 시골에서 도시로 몰려든 노동자들이 낮은 수입에도 불구하고 비록 검소하나마 먹고 살 수 있게 했습니다. 토지개혁은 이미 해방 전 일본에 의해 잔인하게 시행이 되었습니다. 그러나 이 정책도 유리한 면이 있었습니다. 대가족 농민들이 땅을 통해 생활할 수 있었고 잉여농산물까지 얻을 수 있었기 때문입니다. 게다가 한국은 정치적 동맹국에게만 제공했던 미국의 'PL480' 식량원조계획에 따라 지원된 잉여농산물에 의지할 수 있었습니다. 이 모든 것들 때문에 한국의 제조업체는 원가를 낮출 수 있었고 세계시장에서 엄청난 경쟁력을 가지게 되었습니다.

정부는 산업을 성장과 다양화를 목표로 육성하기 위해 주요물품에 대한 수입관세를 내리고 수출지원책을 마련하고 직접세와 간접세를 낮추고 저리로 융자를 제공하였습니다. 철강 및 조선과 같은 주요산업에 유리한 방향으로 공적자금을 사용하였으며 이런 산업을 외국의 경쟁기업으로부터 보호하기 위해 높은 관세를 비롯한 다른 방어책을 동원하였습니다. 이것은 미국을 포함한 기존의 성공한 국가들도 똑같이 이용한 방법이었습니다. 생산성을 높이기 위해 한국 정부는 교육과 훈련에 많은 투자를 하였습니다. 이러한 정책들은 신자유주의적인 자유방임의 원칙과는 완전히 '정반대'입니다. 즉, 정부는 시장이 시장 자체의 결정에 따라 움직이도록 놓아두는 대신에 언제나 시장에 '개입'해온 것입니다.

게다가 세계은행 경제전문가들에 따르면 한국과 대만이라는 두 마리 '용'의 경제구조를 비교해보면 한국의 성장구조는 대만보다 일관되게 '친-빈곤층'적이었습니다. 특히 1990년대에 이룬 결과는 괄목할 만한 것이었습니다. 한국의 경우 '빈곤층'으로 분류된 인구의 상당 비율이 39%에서 8.6%로 줄어들었습니다. 그것은 성장의 결실이 대만에 비해 상당할 정도로 재분배되었기 때문입니다. 1997년 몰아닥친 금융위기라는 대재앙으로 빈민의 비율이 배로 증가했지만 최악의 이전 상태로 되돌아가지는 않았습니다. 마지막으로 한국 민중, 특히 노동자의 끊임없는 투쟁과 저항은 권위주의적 정권에 의해 경제성장을 이룬 이 나라에 민주주의를 가져왔습니다. 이는 결코 가볍게 볼 수 없는 요소입니다. 세계의 어느 나라가 한국이 이룩한 이러한 뛰어난 업적이 중단되는 것을 보고 싶어 하겠습니까?

다시 미국으로 잠깐 되돌아가봅시다. 한국전쟁이 끝난 직후 한국이 60년대와 70년대에 산업인프라를 건설하고 시민들이 점차적으로 자신의 삶의 수준을 개선해나가고 있는 동안 미국은 반공주의에 매달리는 외교정책을 펼치면서 편집증적인 냉전적 사고방식에 사로잡혀 있었습니다. 소비에트에 대한 두려움 때문에 미국은 전 세계의 억압적 정권을 용인하였습니다. 계속되는 북한의 위협은 한국인에게 두 가지 짐을 지게 만들었습니다. 미국은 독재자들이 반공주의자인 한 기꺼이 그들을 지지했습니다.

그럼에도 불구하고 당시 미국의 '국내'는 모두가 사회민주주의자이거나 케인스주의자였습니다. 따라서 경제와 사회의 정책이 초미의 관심사였습니다. 이 책을 읽는 독자라면 1장을 읽으면서 아시게 되겠지만, 1965년 『타임지』가 선정한 '올해의 인물'은 20년 전에 사망한 경제학자 존 메이너드 케인스였습니다. 『타임지』의 표지는 "우리는 이제 모두가 케인스주의자이다"라고 선언하고 있습니다. 케인스의 경제정책은 정부의 개입과 수입의 재분배를 지지합니다. 이 정책은 미국뿐만 아니라 한국, 나아가 전 세계에서 성공을 거두었습니다. 전 세계 어디에서도—특히 노동자와 중산층이—번영을 누리지 않은 곳이 없었습니다. 복지국가는 사회 전체를 위해 돈을 썼기 때문입니다.

그러나 오늘날 그림은 완전히 뒤바뀌었습니다. 제가 지금 이 글을 쓰고 있는 동안에도 '미국발' 금융위기는 몇 달째 계속되고 있으며 경제를 완전히 뒷걸음치게 만들고 있습니다. 미국이 재채기를 하면 전 세계 나머지 국가들이 감기에 걸리고 비록 정도의 차이는 있겠지만 병의 여파를 받지 않는 사람이 아무도 없게 되었습니다. 특히 수출에 의지하는 국가의 국민들은 곧 시장이 말라붙고 실직의 고통을 목격하게 될 것입니다.

한국의 경우는 어떻습니까? 제가 읽은 자료에 따르면 새로이 대통령에 당선된 이명박 씨는 'CEO 타입 대통령'으로 생각됩니다. 이것이 의미하는 바가 무엇인지 정확히는 알 수 없습니다만, 만약 새로 뽑힌 지도자가 '대한민국 주식회사'의 '최고경영자'로서 신자유주의적 정책을 따르고 의사결정권자들이 현재 미국에서 유통되고 있는 경제 및 사회 관념에 따르려는 의지를 보인다면, 한국인들이 시급히 해야 할 일은 그러한 관념들이 어떻게 탄생하였으며 그것이 어떤 결과를 낳았는지를 이해하는 일일 것입니다.

문제의 핵심은 한국이 과거에 보인 놀라운 성공신화가 앞으로도 계속될 것인가의 문제입니다. 외부의 영향에 민감하게 반응하는 취약점은 이미 가시화되고 있습니다. 제가 한국을 직접 경험한 적은 없습니다만 제가 읽은 바에 따르면 한국의 제조업은 여전히 수출에서 강세를 보이고 있지만 서비스분야의 무역수지 적자는 우려할 만한 수준입니다. 1997년에서 1998년 사이에 일어난 금융위기는 빈곤층뿐만 아니라 갑작스레 실직에 처한 중산층에 대한 사회안전망의 결핍이 얼마나 무서운 결과를 가져올 수 있는가를 여실히 보여주었습니다. 세계은행의 자료에 따르면, 당시의 위기 이후 사회적 불평등은 점점 늘어나고 있으며 '친-빈곤층' 적 성장정책은 이제 끝난 것으로 보입니다. 한국이 특히 소농과 어민들에게 치명적인 자유무역협정에 서명하려고 애를 쓰는 모습을 볼 때 한국은 이미 국내 및 해외 엘리트계층의 이익을 위해 '힘없는 사람들' 을 희생할 각오가 되어 있는 것으로 보입니다.

한국은 특히 높은 원유가와 원자재 가격에 민감합니다. 그러나 지금 현재로 볼 때 이것들의 가격이 떨어질 것 같지는 않습니다. 태안반도에서 일어난 원유유출사고는—물론 이런 사고가 한국에만 국한되지는 않습니다만—그렇지 않아도 취약한 한국의 생태계에 극심한 피해를 주었습니다. 세계에서 가장 높은 마천루를 두바이에 건설하고 있는 삼성과 같은 초일류기업들은 세계화를 열광적으로 환영합니다. 그러나 건설현장의 꼭대기에서 일하고 있는 5,800명의 노동자 중에 한국인은 고작 스무 명에 지나지 않습니다.

그러나 이 책이 신자유주의 정책의 파급효과에 초점을 둔 책은 아닙니다. 저는 대신 신자유주의 정책을 가져온 원인에 더 많은 초점을 두었습니다. 왜냐하면 사람들은 신자유주의 정책을 낳은 원인에 대해서는 잘 모르기 때문입니다. 따라서 저는 이러한 정책이 이렇게 많은 국가에 확산된 '원인'을 밝히고자 노력했습니다. 곧 이러한 정책들이 한국의 중심부를 차지할 날도 머지않았습니다. 신자유주의 정책이 고집하는 자유무역, 민영화, 시장지배 등과 같은 정책들은 어느 날 갑자기 하늘에서 툭 떨어진 것이 아닙니다. 이러한 정책들은 신중하게 육성되고 장려되었습니다. 그 이유는 이러한 정책들이 엘리트계층과 거대은행 및 초국적 기업의 이익에 큰 도움이 되기 때문입니다.

바로 이러한 이유 때문에 미국의 엘리트계층은 미국사회와 정치문화를 변형하는 일에 지난 수십 년 동안 막대한 자금을 투자해왔던 것입니다. 네 가지 M들 즉, 자금, 미디어, 마케팅, 경영을 동원하여, 그리고 무엇보다도 사명감을 바탕으로 종교계와 비종교계의 우파들은 "제도 속으로의 장구한 행진"을 이어왔으며 이제는 북미인의 사고를 바꿔놓기에 이른 것입니다. 저는 이 책의 두 장에 걸쳐 우파 종교계의 이데올로기를 다루었습니다. 왜냐하면 교회―어떤 종류의 교회이든―와 국가의 통합은 민주주의를 위협하고 파괴하기 때문입니다.

저는 한국의 독자들이 이 책에서 독자들의 현실과 관계가 있고 또 공명하는 그러한 정보들을 발견하기를 희망합니다. 그리고 보수주의의 이데올로기 게임은 평범한 보통 사람들을 희생하여 미국의 기업 및 금융 엘리트들의 이익을 보장해주기 위해 연출되고 있다는 사실을 깨닫게 되기를 희망합니다. 그럴 경우 이 책을 읽은 독자들은 이러한 것들이 한국인에게 해를 주는 상황이 벌어지면 그것들을 알아보고 이에 맞서 투쟁할 수 있게 될 것입니다. 우리는 특별한 몇몇 사람에게만 경제적 성공을 보장하는 미래가 아니라 모든 사람들을 위해 사회의 진보와 건강한 환경과 민주적 질서를 보장하는 미래를 희망합니다. 그러기 위해 우리가 내디뎌야 할 첫발은 현재의 세계를 보다 선명한 빛으로 조사함으로써 이 세계를 움직이고 있는 세력들을 제대로 이해하는 일일 것입니다.

수전 조지

* 각주는 기본적으로 저자(Susan George)의 것이다. 역자가 따로 각주를 붙일 때는 각주의 설명문 끝에 '역주'라는 표시를 했다.

* 국제기구를 포함하여 국가 및 민간의 단체, 기구, 조직은 기본적으로 다른 고유명사와 구별하기 위해 〈 〉로 표기했다.

* 중요한 법령이나 개념은 ' '로 표기했다.

* 전문용어의 번역은 기존 학계의 번역관행을 존중했다. 기타 개념들은 백과사전을 참고했다. 또한 구글과 네이버의 검색기능을 많이 활용했다.

* 기존 우리 사회가 번역하기 어려운 용어에 대해 영어를 소리 나는 대로 옮겨 쓴 것은 가급적 이번 기회에 우리말로 옮겼다.

　예: 바우처제도(voucher system) =>이용권제도

　　홈스쿨링(homeschooling) =>가정학교

| CONTENTS |

종교 · 비종교적 우파는 어떻게 미국을 장악했는가

2001년 9월 11일에 일어난 비극 이후 거의 모든 유럽인은 미국을 깊이 동정했다. 『르 몽드*Le Monde*』의 편집장 장 마리-콜롱바니Jean-Marie Colombani는 이튿날 "우리는 모두 미국인이다"라는 제목으로 사설을 써 이런 넘쳐나는 동정심을 압축적으로 표현한 바 있다. 테러리스트의 공격을 두고 어깨를 으쓱하면서, 희생자에게는 끔찍한 일이지만 미국은 "응당 받아야 할 벌을 받았다"는 취지의 반응을 보인 것은 극소수에 불과했다. 하지만 이렇게 절대 다수가 보인 애정과 공감은 마치 금이 납으로 바뀌듯 순식간에 변해버리고 말았다. 작고한 언론인이자 작가인 헌터 S. 톰슨Hunter S. Thompson이라면 능히 '공포와 혐오'라고 불렀을 법한, 미 정부에 대한 불안과 불신의 반응이 압도하게 되었다.

이런 감정은 미국인에 대한 동정심이 변했다기보다는 조지 W. 부시George W. Bush와 그 측근들의 행위에 기인하는 바가 더 크다. 사람들은 자연스럽게 민주당을 의회 다수파로 만들어준 2006년의 중간선거 결과에 고무되고 있다. 내가 이 책을 쓸 무렵에는 2008년 대통령 선거를 위한 선거운동이 한창 고조되고 있는데, 많은 사람은 부시가 퇴출당하고 공화당이 패배하여 미국이 다시 정상으로 돌아갈 거라고 기대한다. 아니 그렇게 믿고 있다.

그렇게만 된다면 얼마나 좋을까! 나 역시 21세기의 첫 몇 년이 마치 깨어나면 순식간에 사라져버리는 악몽처럼 기억에서 지워질 잔혹한 일탈이었다고 믿고 싶다. 하지만 그런 일은 매우 어렵지 않을까 하는 걱정이다. 이 책의 요지는 바로 그 이유를 설명하는 것이다. 『하이재킹 아메리카*Hijacking America*』는 '테러에 대항한 전쟁', '악의 축', 부시-체니Bush-Cheney의 외교 정책 및 국내 프로그램과 같은 단골 주제에 관한 것이 아니라 그것을 가능케 해온 정치적, 지적, 문화적 풍토에 관한 것이다.

나는 적어도 1970년대 이후 미국문화가 지속적으로, 그리고 착실하게 우경화하고 있고, 그런 방향으로 미국문화를 이끄는 모종의 정신들이 계속해서 정책을 지배하고 있으며, 종교적·비종교적인 이런 새로운 믿음체계가 다른 당이나 새 대통령이 집권한다고 해서 근본적으로 달라질 가능성은 별로 없다고 주장하고 싶다. 이런 체계를 기술하기 위해 가장 자주 쓰는 말이 '신자유주의'와 '신보수주의'이다. 이런 말은 일관된 일군의 원칙과 이념을 가리킨다(두 가지 말의 미묘한 차이에 대해서는 뒤에서 살펴볼 것이다). 이런 문화는 지속적으로 형성되어왔고, 주도계층에서부터 최하위층에 이르기까지 미국 사회 곳곳에 침투하고 있지만, 그 전제에 대해서는 말로 표현하지 않기 때문에 의심의 대상조차 되지 않고 있다. 하지만 그런 문화는 미국정치의 무게중심을 점점 더 우측으로 이동시키고 있다.

더욱 심각한 것은 이런 문화가 거짓말에 의지하고 있다는 사실이다. 무게중심의 새로운 변화는 점차 괴상한 정치를 현실화시키고 있다. 미국은 미국인 자신들에게조차 이상한 곳이 될 수도 있다. 왜냐하면 미국에서는 종종 서구 민주주의의 일상적인 규칙조차 무시되고 있기 때문이다. 물론 우리는 모든 국가 수장이 비밀을 간직하고 있고, 모면할 수 있겠다는 확신만 있으면 언제든 거짓말을 한다는 것을 익히 알고 있다. 하지만 그 누구도 최근 미국에서 일어나고 있는 엄청난 수준의 기만을 접해보지는 못했을 것이다. 만약 의회가 2002년과 2007년 사이에 특별조사를 실시했더라면, 부시 대통령은 확실하게 '중대범죄'로 탄핵을 당했을 것이다(그리고 대통령직은 체니에게 넘어갔을 테고, 결국 체니마저 탄핵당하고 말았을 것이다).

이와 달리 지난 천 년의 마지막 몇 년에, 우리는 통통하고 정열적인 여성 한 명과의 성적 스캔들에 대해 거짓말을 했다고 해서 공화당 의원들이 앞을 다투어 빌 클린턴Bill Clinton을 탄핵하려고 했음을 목격했다. 하지만 그것이 국가를 뒤흔들 만큼 큰 위협이었나? 종잡을 수 없는 신사와 남편이 달리 무엇을 했겠는가?

하지만 지금, 도둑맞은 선거, 자신의 정보원을 살해 위협에 노출시킨 것, 엄청난 희생을 치르면서 아무 소득도 없는 범죄 전쟁을 지지하게 만들기 위해서 미국 대중과 의회를 상대로 대대적인 기만을 벌였던 사실에 대해 우려하는 사람은 거의 없는 듯하다. 일부 비평가는 미국 대중이 상층부의 기만에 넌더리를 내고 있거나, 비록 지금까지는 아닐지라도 곧 그런 상황을 기대해볼 수 있을 거라고 주장한다.

린든 존슨Lyndon Johnson과 리처드 닉슨Richard Nixon은 외교 문제

(베트남)와 국내 문제(워터게이트)에 관한 거짓말로 시달리다가 결국 백악관을 나와야 했다. 로널드 레이건은 이란에 무기를 판매하고 그 수익으로 니카라과 '콘트라스' 반군의 군사침략에 뒷돈을 댄 사실을 속여—결국은 모면하기는 했지만—불안한 시절을 보내야 했다. 클린턴에 대해서는, 대중이 그의 행동에 혐오감을 느낀 것인지, 아니면 로마 서커스처럼 잔인하고 무모한 탄핵의 실패에 염증을 느낀 것인지 분간하기는 어렵지만, 사람들은 스캔들 때문에 클린턴이 국가의 위급한 일을 처리하는 데 써야 할 소중한 시간을 낭비했다는 데 동의할 것이다. 하지만 부시와 체니에게 있어 거짓말은 그런 정도가 아니라 거의 일상적인 수준이었다.[1]

　　부시와 체니의 이런 거짓말이 미국인과 미국의 국경 너머 희생자들에게 장기적으로 야기할 피해는 계산할 수조차 없을 정도이다. 부시 행정부는 종종 전례 없이 순진한 솔직함과 고도로 계산된 기만을 함께 사용했다. 영국 언론인 마이클 킨슬리Michael Kinsley는 다음과 같은 인상적인 말을 했다.

　　부시 2세 행정부의 거짓말은 바보스러울 정도로 명백해서 그들이 왜 고민하는지가 궁금할 것이다. 하지만 그것은 그들이 결코 고민하지 않는다는 사실을 당신이 깨닫게 되기까지일 뿐이다. 진리를 말하는 것이 성가신 일이 아니라면, 그들 역시 그러려고 할 것이다. 부시 2세의 독특한 부정직함은 어떤 화제를 두고 다른 현실을 구성하고 거기에 반대하는 사람을 "뉘앙스"에 집착하는

---

1) Eric Alterman, *When Presidents Lie* (Viking, New York, 2004). 이 책은 이 주제에 관해 더 많은 것을 말해준다.

찡찡거리는 샌님으로 취급해버리는 것이다.[2]

그들의 관점에서 볼 때 이런 방식은 상당한 효과가 있었다. 부시-체니 행정부(체니를 잘 지켜볼 필요가 있다)는 이라크 전쟁은 이길 수 있는 테러 전쟁이라는 새빨간 거짓말을 이용해 미국 젊은이 수천 명과 이라크인 수십만 명을 죽음으로 내몰았을 뿐만 아니라 미국 혁명으로 확립된 미국인의 인권을 현저하게 축소시켰다.

2백 년이 넘는 미국 역사를 통해 볼 때, 이 정부는 법적 근거 없이 국민의 가택을 수색하고 침탈할 수 있게 만든 최초의 정부이다. 새로운 방식으로 광범위한 전자감시를 하고 평범한 미국인 사이에서 저인망식 정보채취를 하는 것은 "부당한 수색과 침탈"을 금지할 뿐 아니라 "수색할 장소와 침탈할 사람, 물건"을 적시할 것을 요구하는 수정헌법 제4조를 무력화시키고 있다. 이 정부는 심지어 대담하게 인신보호영장까지 폐지하고, 적으로 간주되는 사람에 대해서는 고문까지도 승인하고 있다. 만일 민주주의를 질식시키고자 하는 것이 목적이라면, 거짓말만큼 유용한 것도 없을 것이다.

조금이라도 음모 이론에 기대거나 석유와의 연관성을 언급할 필요도 없이 약간의 관심만 기울인다면 다음과 같은 사실을 입증할 수 있다.

— 부시-체니 일파는 이미 2001년 9월 11일 이전에 이라크 침략을 원하고 계획했다.

---

2) Michael Kinsley (American editor of *Guardian Unlimited*, London), *Washington Post* (April 19, 2002)

- 부시-체니 일파는 정보를 조작하고 이라크 개입을 정당화하
  기 위해 그 연구를 왜곡했다.
- 부시-체니 일파는 이라크에 대량살상무기가 전혀 없다는 것
  을 알고 있었다.
- 부시-체니 일파는 사담 후세인Saddam Hussein이라는 세속적 아
  랍정권과 오사마 빈 라덴Osama bin Laden이나 알카에다 같은
  종교적 광신도 사이에 아무런 관련이 없음을 알고 있었다.

정치는 천박해졌다. 뉴딜 시기와 전후에 실시되었던 케인스적 정
책들이 지금도 적용될 수 있을 거라는 희망은 점점 더 희박해지고
있다. 좌파 진영에는 신뢰할 만한 그 어떤 비판적 대안 프로젝트도
존재하지 않으며, 설령 있다손 치더라도 그걸 유지해줄 진보조직조
차 찾아보기 힘든 형편이다. 민주당은 더 이상 스스로 사회민주주의
적인 척하지도 않을 뿐더러 가난하고 약한 자들을 보호하려고도 하
지 않는다. 국외에서 보면 민주당은 중도 우파 조직으로도 볼 수 있
다. 그리고 그 구성원 가운데 상당수는 당을 더욱더 우측으로 밀어
붙이는 데 동참하고 있다. 앙겔라 메르켈Angela Merkel이나 자크 시락
Jacques Chirac 같은 '보수적' 유럽지도자들이 대부분의 미국 민주당
의원들보다 훨씬 진보적일지도 모른다. 〈진보적 의원 모임
Congressional Progressive Caucus〉의 멤버들처럼 일부 존경할 만한 극소
수를 제외하면 말이다.

정치자금의 조달 시스템을 보면 선거에 출마한 민주당 의원들이
공화당 의원 못지않게 대기업의 돈에 기대고 있음을 알 수 있다. 노
동자들이 줄어들면서 노동계급 문제나 그에 대한 견해는 더 이상 이
들에게 중요한 문제가 아니다. 북미자유무역협정(NAFTA)과 유사한

자유무역협정들은 많은 노동자들의 일자리를 없애버렸고, 지난 25년 동안 (카터와 클린턴 행정부를 포함하여) 미 행정부들은 복지 체계를 완전히 무력화시켜왔다. 허리케인 카트리나가 뉴올리언스를 강타했을 때 누군가가 말했듯이, 미국 도시의 일부 지역은 제3세계의 도시만도 못하다. 그럼에도 양당 체계는 그대로 남아 있고, 정치를 진보적인 방향으로 추진할 수 있는 중요한 민중 저항세력은 아직 존재하지 않는 실정이다.

쌍둥이 빌딩에 대한 치명적인 공격과 쓸데없이 엄청난 비용만 드는 전쟁이 시작된 이래 미 행정부는 일관해서 입법부를 무시하고 경시해왔다. 예를 들어, 의회가 이라크 내에 군사기지를 세우려는 데 대해 더 이상의 지출을 금지했음에도 불구하고 행정부는 영구 군사기지를 세웠고, 국방부는 그걸 무한정 사용할 계획을 세우고 있다.

'테러와의 전쟁'은 그것이 결코 승리할 수 없는 전쟁이라는 탁월한 이유 때문에 신보수주의 지도자들에게는 신이 보내준 선물과도 같은 것이었다. 이 나라는 계속해서 전시체제로 남아 있을 것이다. 전쟁은 수백억 달러를 쓰게 만들고, 체니의 할리버튼Halliburton 같은 대기업이 엄청난 계약을 성사시킬 수 있도록 해주었으며, '전시 대통령'에 막강 권력을 넘겨주고 있다. 또 미국인과 이라크인들은 영문도 모른 채 계속해서 죽어가고 있다. 모두가 인정하듯, 지금 이라크 상황은 처음 미군이 도착했을 때보다 훨씬 더 악화되었고, 미국 자체의 안전은 침공 이전보다 더 흔들리고 있다. 사담 후세인 정권이 가증스런 독재정권임은 누구도 부인할 수 없지만, 이라크는 수출입 금지조치에도 불구하고 나름대로 돌아가고 있었다.

의회 다수파가 된 민주당이 부시-체니 진영이 저지른 탄핵 수준의 수많은 범죄를 조사하고, 이라크나 관타나모 등지에서 벌어지고 있는 전쟁범죄위원회 행위를 조사하게 될지는 두고 볼 일이다. 현재 민주당이 상원에서 탄핵에 필요한 2/3의석을 갖고 있지 못한 것은 사실이다. 하지만 중요한 것은 용기의 문제이다. 민주당 지도부는 이미 "과거를 돌아보려고" 해서는 안 된다고 결정을 내린 것 같다. 대기업이 지배하고 있는 언론들도 대중은 "앞으로 나아가고 있다"고 말하면서 사건의 전모를 캐는 데 지겹다는 제스처를 취하고 있다. 소수의 독립 언론과 웹사이트, 시민그룹을 제외하면 현재 그런 조사를 공개적으로 촉구하는 곳은 전무한 실정이다.

경제전선은 더 이상 고무적이지 않다. 대부분의 미국인은 점점 더 줄어드는 임금을 받기 위해 더 많은 시간을 힘들게 일하고 있다. 1920년대 이후 경제 불평등이 이렇게 심화되고 이렇게 광범위하게 퍼진 적은 없었다. 미국인 상위 1%가 2차 세계대전이 끝난 이후 국가수입에서 차지하는 자신의 몫을 2배 이상 끌어올린 데 반해 노동계급의 임금은 정체되거나 오히려 줄어들고 있다. 1950년대에 처음 정해지고 그 이후 실질적으로 달라지지 않은 '빈곤선poverty line'에 대한 정의는 이 나라의 가난한 사람 수를 (12.5%로) 심각하게 저평가하고 있다. 아이 4명 중 1명이 빈곤층에서 태어나고 있고, 4,500만 명은 의료보험이 없다. 현재 민주당 의원들이 인상 노력을 하고 있기는 하지만 지난 25년 동안 최저임금은 거의 달라지지 않았다. 빈곤은 흑인이나 라틴계 소수인종뿐 아니라 백인 다수인종의 상당 부문에서도 만연하고 있다.

하지만 경제 개혁, 임금 인상, 연금 수당, 보험 보상 확대, 더 많은 평등을 주장하는 사람들의 외침은 그 어디에서도 들리지 않는다. 하물며 거리에서 벌어지는 시위나 폭동은 찾아볼 수도 없다. 일부 용기 있는 소수를 제외하면, 노동조합은 취약하고 종종—남아 있는 대다수 미국 좌파들처럼—젠더와 섹슈얼리티 지향 문제나 인종차별 폐지 같은 쟁점에만 집중하고 있다. 일단 투표를 하려는 사람도 자신의 계급이익과는 반대로 투표할 준비를 하고 있는 듯하다. 그들은 '시장'에 대한 믿음을 완강하게 고수하고 있다. 그리고 적어도 절반—특히 거의 교육을 받지 못했거나 최악의 빈곤층—은 투표조차 생각하지 않는다.

대기업은 계속해서 엄청난 이윤을 긁어모으고 있다. 2006년에 엑슨Exxon은 400억 달러의 이익을 기록했다. 정부는 대기업, 특히 이미 배부른 석유산업에 악명 높은 세금 특혜와 터무니없는 보조금을 제공하고 있다. 연속적으로 금융 스캔들이 터져 나오지만 범죄자 대부분은 납세자의 돈으로 보석금을 내고 풀려나는 반면, 간혹 희생양들만 감옥에 가고 불만은 잠잠해진다. 기업 CEO의 연봉은 현재 평균적으로 사원의 400배를 훨씬 능가한다. 하지만 더 많은 평등과 사회정의를 요구했던 1930년대의 진보운동은 이미 사라진 지 오래다.

지난날 개혁을 외치던 언론은 이제 자기검열을 받아들이고 있으며 다른 경제부문과 마찬가지로 대기업에 소속되어 있는 경우도 많다. 대부분의 미국인이 뉴스를 접하는 매체인 텔레비전은 무기력하고, 사회 현실에 대한 뉴스를 최신 연예인 한담 혹은 사소한 뉴스(물론 당사자에게는 그렇지 않겠지만)로 대체하거나, 최근에 불어 닥친 폭풍 손실, 자동차 사고에 대해서만 끊임없이 늘어놓는다. 이 모든 것은 집단 하품만 유발할 뿐이다. 고어 비달Gore Vidal이 말했듯, "미국은 2억 5,000만 명의 사람들이 전적으로 정부에 의해 잘못된 정보나 왜곡된 정보를 제공받고 있는 나라이다. 이러한 사실은 지극히 비극적이지만, 언론은—심지어 타락했다는 말조차 사치다—정부가 원하지 않는 것을 우리에게 알려주려고 하지 않는다."[3]

대중 종교에 관해 말하자면, 퓰리처상 수상자이자 『뉴욕타임스』의 통신원이던 크리스 헤지스Chris Hedges는 급진적인 기독교 우파를 미국적 유형의 파시즘의 온상으로 간주한다.[4] 불안과 위협을 느끼는 사람들이 점점 더 늘고 있는 중산층은 물론 절망에 젖은 빈민들 모두 이성을 마비시키는 동일성의 영혼 없는 공동체에 사로잡혀 있다. 여기에서 그들은 자신들이 버려지고 소외되고 고립되어 있다는 느낌을 확인한다. 그들은 공동체, 유토피아, 그리고 보상을 약속해 주는 교회에서 위안을 찾는 경향이 있다. 교회를 찾는 사람 가운데 많은 사람이 기이한 믿음에 맹목적으로 매달리는 길 잃은 영혼들이고, 일부는 열정적 이상주의자이거나 유토피아주의자들이며, 또 일부는 진지한 신도로서 확실히 악한 사람들은 아니다. 그럼에도 불구하고 그들은 쉽게 조종당한다.

기독교 복음주의 지도자 가운데 일부는 노골적이고 위험한 선동가로 볼 수 있다. 그들의 꿈은 미국에 유사 파시즘적 신정정치를 세우는 것이다. 이를 1930년대 히틀러 집권 초반의 독일과 비교하는 것이 전혀 터무니없는 일은 아닐 것이다. 기독교 우파 지도자들은 대중 다루는 법을 잘 알고 있으며, 적어도 처음에는 자신의 지시를 따르리라 확신한다. 대중이 히틀러, 무솔리니, 여타 독재자를 무비판적으로 따랐던 것처럼 말이다.

9·11 규모의 또 다른 테러, 파괴적인 생태 위기, 경제 붕괴와 같

---

3) 고어 비달이 2002년 9월 11일 BBC 〈월드서비스〉에서 말한 내용이다.("East Asia Today")

4) Chris Hedges, *American Fascists: The Christian Right and the War on America* (The Free Press, 2007)

은 우발적인 사건은 그들에게 기도의 기회를 제공해줄 뿐이다. 이런 혹세무민의 종교 지도자에 맞설 수 있는 세력은 전무하며, 전통적인 주류 기독교인의 온건한 영향력은 나날이 줄어들고 있다. 미국 지식인과 중산층, 중상위 계층은 대부분 이러한 위협을 진지하게 받아들이지 않고 있다. 수천만 종교인을 그저 '광신도'나 '열광적인 기독교신자'로 치부할 뿐 진정한 정치세력으로 보려고 하지 않는다.

이에 대해서는 대략적인 얘기를 많이 들어보았을 것이다. 나도 여기서 종교를 제외하고는 상세하게 이 문제를 다룰 생각은 없다. 엄청난 불평등, 끝없는 전쟁, 지배계급의 탐욕, 점차 심각해지고 있는 미국의 절망적인 상황은 다음 장에서 내가 다룰 내용의 배경이나 형태이기는 해도 내가 정말 말하고자 하는 주제는 아니다.

오히려 나의 목적은 **이런 모든 일이 어떻게 해서 일어나게 되었는가**를 질문하는 데 있다.

어떻게 해서 지금까지 씌어진 가장 감동적인 정치문서 속에 표현된 미국적 이상을 마구 짓밟아 진창에 처넣는 데 단 일이십 년이면 충분할 수 있었단 말인가? "모든 인간은 평등하게 태어났다"는 선언을 기초로 최초의 독립 행보를 시작했던 이 나라가 어떻게 해서 이제 지상에서 가장 불평등한 사회 중 하나로 전락할 수 있단 말인가? 정권 인수 전략을 계획했던 이들이 어떻게 국가를 마음대로 좌지우지하게 되었는가? 지금까지 그들은 왜 거의 반대에 부닥치지 않았는가? 변화를 위한 희망은 과연 존재하는가? 나는 무엇보다도 이 극우파들의 전투가 상당히 문화적이고 효과적이었음을 보여주고자 한다. 만약 사람들의 머리를 지배할 수만 있다면 손이나 마음에 대해서는 별로 신경 쓸 필요가 없을 테고, 지도부는 제 마음대로 할 수 있을 것이다.

많은 사람, 특히 유럽인은 대부분 계속해서 좋은 교육환경과 공공서비스, 일정 정도의 사회보호를 받을 수 있는 이성적인 세계에서 살고 있다. 많은 불평등이 존재하기는 하지만 이들 사회는 상대적으로 여전히 살 만한 세계이다. 그래서 이들은 현재 미국의 불행이 전적으로 부시와 그의 신보수적 추종자들 탓으로 믿는 경향이 있다. 따라서 논리적으로 현 지도부가 2008년 말에 더 원칙적인 행정관료들에 의해 축출되거나 대체된다면 바로 상황은 끝날 것이라 생각한다.

일자리를 찾아왔든 여행을 왔든 미국에 오는 유럽인은 대부분 감히 대서양이나 태평양 연안—더 매력적이고, 더 유럽 친화적이며, 그 사이에 있는 중간지역보다 훨씬 재미있을 것이 확실한—을 벗어나려고 하지 않는다. 그들은 그 거대한 중간지역 사람들이 무엇을 생각하고 있는지—혹은 생각하고 있지 않은지—전혀 알지 못한다. 그들은 미국인들이 스스로 반강제로 떠안을 수밖에 없었던 이 지도자들을 어떻게 선출할 수 있었는지에 대해서는 이해하지 못한 채 언젠가는 정신을 차릴 날이 올 거라고 믿는다. 즉, 그런 이상한 행동은 일시적이고, 다른 정당이나 다른 사람이 지도부를 대체하는 날 모든 사태는 중단될 거라고 생각하는 것이다.

하지만 나는 그렇게 생각하지 않는다. 나에게 그런 낙관적인 시나리오는 현혹적이고 끔찍한 환상처럼 위험스럽게만 보인다. 또한 그것은 평범한 사람을 경멸할 가치조차 없는 존재로 업신여기는 의식·무의식적인 사회적·지적 속물근성을 반영한다. 수천만 명의 믿음과 태도와 맹목적 반응을 웃어넘길 수만은 없는 일이다. 특히 그들이 지상에서 가장 강력하고 가장 위험한 국가의 시민일 때는 말이다. 이것이 내가 이러한 믿음 체계가 어디에서 연유하는지, 그런 체계가 어떻게 해서 반동적이고 간혹은 파시즘적인 집단에 의해 선전되고 있는지, 나아가 그런 체계가 전혀 변할 것 같지도 않으며 고도로 효과적이고 정교하고 장기적인 전략을 통해 보통 사람들에게 주입되고 있는지를 설명하려고 하는 이유이다.

정부든 시민사회든 종교든 내가 확인하려고 하는 징표는 극도로 효율적이고 충분한 자금력이 있으며 잘 조직된 엘리트 집단에 의해 장기적으로 이루어지고 있는 의식적인 노력을 가리킨다. 이런 집단은 반동적이지만 영혼을 위안하는 종교를 하나의 속임수로, 그리고 사회 통제의 수단으로 사용함으로써 권위주의적이고 반민주적이며 기업의 통제를 받는 소수독재국가를 펼치려고 한다. 당연히 부시와 같은 대통령을 가짐으로써 자신들의 생각을 더 쉽게 펼칠 수 있게 되었지만 그들이 그런 대통령에게만 의지하지는 않는다.

새로운 사실과 증거가 연일 쏟아지고 있어 나는 주제에 걸맞게 철저하고 시의적절하기 위해 이미 완결된 것 같은 이야기로 되돌아가고 싶은 유혹과 끊임없이 대면해야 했다. 가끔 이런 유혹에 굴복하기도 했지만 종국적으로는 유혹을 물리치기로 마음먹었다. 많은 회의적 미국인뿐 아니라 이방인들도 이 나라를 이해해야 한다는 필요성이 너무나 압도적이었기 때문이다. 그런 절박함이 스스로 '학자 겸 활동가' 혹은 '공적 연구자' 라고 생각하는 작가에게는 기본 원칙이 되어야 한다.[5] 전체적인 나의 노력은 실망스럽게도 미완이지만, 도달할 수 없는 대작이나 너무 무거워 버스에서는 읽을 수 없

---

5) 2007년 3월 시카고에서 개최된 제48차 〈국제학회〉의 국제 정치경제학 부문은 그 연례회의에서 친절하게도 나에게 첫 번째 '뛰어난 공적 연구자상' 을 수여하기로 했다. 내가 항상 되고자 했던 것이 공적인 연구자였기 때문에 나는 이 상을 받게 된 걸 무척 자랑스럽게 생각한다.

는 책을 쓰려고 하기보다는 오히려 불완전하더라도 위급한 현실 문제를 다루는 것이 늘 나의 선택이었다.

그러므로 나는 오해의 가능성을 피하기 위해 이제 기존과는 반대 방향을 취하고자 한다. 내가 틀렸을지도 모른다. 아니, 틀렸으면 좋겠다. 나는 문명에 명백하고 지속적인 위험처럼 느껴지는 사태를 기술하려고 하지만, 이런 두려움에도 불구하고 어떤 불가피한 결과가 도래할지에 관해서는 알 수가 없다. 그러나 미국 시민들은 스스로 창의적이고 유연하며 매우 영리하다는 것을 자주 증명해왔다.

열악한 처지에서 일하면서 올바로 의회를 견제하고 나태한 언론을 일깨우며 지역적, 전국적, 국제적 쟁점을 둘러싸고 시민의 행동을 끊임없이 촉구하는 수십, 수백 개의 시민조직이 있다. 그리고 가난한 사람, 이민자, 박해받은 사람, 환경 운동을 돕는 수십, 수백 개의 신앙조직이 있다. 이 책은 거의 전적으로 우파를 다루고 있지만 그렇다고 우파에 맞서는 반대세력이 없다는 말은 아니다. 이 나라는 거대하고, 현실에서는 미미할지라도 진보세력이 엄연히 실존한다. 국가의 실추에 대항하는 그런 사람, 그런 조직은 가능하면 많은 지지를 받아야 한다. 어쩌면 이런 모든 노력이 결합됨으로써 대다수 국민은 머지않아 자신의 실제 이익이 어디에 있는지, 우파가 자신을 어떻게 조작해왔는지 이해하게 될 것이고, 결국에는 거짓 예언자들을 외면하게 될 것이다.

어떤 조작이 있었는가에 초점을 둘 때 더 성과가 있을 것이다. 그리고 그것이 내가 여기서 너무 완벽하려는 태도를 버린 이유이기도 하다. 이 책이 다른 사람에게 감동을 주어 그 다른 사람이 이 작업을 완성시키는 모습을 보게 된다면 나는 매우 흡족할 것이다. 그리고 만일 이 책이 진보세력에게 우파는 어떻게 해서 몇 십 년 전에 누구도 예측하지 못했던 문화적 접수를 이룩할 수 있었는지, 그러기 위해서 어떤 도구를 이용했는지, 어떤 전략을 펼쳤는지 질문하도록 만든다면 훨씬 더 만족스러울 것이다. 그랬을 때 진보세력은 그 질문에 대한 답을 잘 활용할 수 있을 것이다.

우파의 문화적 접수에 관해 특별히 신비스러운 것은 없다. 그것을 설계한 사람들은 자신의 사상을 추진하기 위해 자금, 의도적인 재능, 조직을 전략적으로 사용했을 뿐이다. 진보세력 또한 의도적이고 명확한 재능을 갖고 있으며, 조직을 구성할 수도 있다. 마침내 자금을 가진 사람들이 자신의 책임을 깨닫게 된다면, 그래서 그들이 사상의 중요성을 깨닫고 진보적·계몽적 사상을 생산하고 전파하려 한다면 이용 가능한 자금이 없지는 않다.

1

상식의 날조,
혹은 초보자를 위한
문화적 헤게모니

제 **1** 장

상식의 날조, 혹은 초보자를 위한 문화적 헤게모니 [1]

지배를 지향하는 모든 집단의 가장 중요한 특징 중 하나는 그 집단이 전통적인 지식인들을 동화시키고 '이데올로기적으로' 정복하려는 투쟁이다. 해당 집단이 자기 자신의 유기적 지식인들을 만들어내는 데 성공적이면 성공적일수록 이런 동화와 정복은 더 효율적이고 빨라질 것이다.

안토니오 그람시Antonio Gramsci, 『옥중수고』

---

1) 이 장은 〈초국적 연구소Transnational Institute〉의 특별연구원 아친 바나이크Achin Vanaik가 편집하고 타리크 알리Tariq Ali가 서문을 쓴 『미국, 전쟁을 팔다*Selling US Wars*』(Olive Branch Press, an imprint of Interlink Publishing Group: Northampton, Massachusetts)라는 제목의 TNI 책에 기고하기 위해 쓰기 시작했다. 여기서는 많은 부분을 수정하고 확장시켰다.

교리

문화를 장악하는 일에는 전략과 정력과 명민함이 필요하지만 그에 앞서 사람들의 믿음이 먼저 필요하다. 현재 미국적 '상식'의 가치와 핵심 사상을 명확히 하기 위한 첫 단계는 교리doctrine와 더불어 시작하는 것이다. 그것은 신념 체계이기 때문에 그 자체 가장 순수한 형태로 실행되는 경우는 거의 없다. 만약 그런 순수한 형태를 가정한다면, 그것은 다음과 같은 원칙이 될 터이다.

— 국가의 규제나 개입보다 시장의 해결책을 항상 선호한다.
— 효율성, 품질, 유효성, 가격과 같은 기준에서 볼 때 사기업이 공공 부문을 능가한다.
— 자유무역이 일시적으로 일부에게 불리하게 작용할지는 모르지만 궁극적으로 국민 전체에 봉사하는 데는 보호무역주의보다 낫다.
— 이윤 창조를 목적으로 보건의료와 교육 같은 활동을 하는 것은 정상이고 바람직하다.
— 세금 감면, 특히 부자에 대한 세금 감면은 더 큰 투자와 번영을 보장해줄 것이다.
— 불평등은 어느 사회에나 내재하며 인종적으로 혹은 유전적으로 그럴 수 있다.
— 가난한 것은 스스로의 탓이다. 근면한 사람은 항상 보상을 받기 때문이다.
— 자유시장이 없이 진정 자유로운 사회는 존재할 수 없다. 자본주의와 민주주의는 서로를 지탱하고 있기 때문이다.

― 방위비 지출 증강과 강력한 군부는 국가안보를 보장해줄 것이다.
― 역사, 이상, 우월한 민주 체계 덕분에 미국은 자유시장과 민주주의 촉진을 위해 경제적, 정치적, 군사적 힘을 사용하여 타국에 개입할 수 있다.
― 타국민도 그런 개입을 환영할 것이다. 왜냐하면 그런 개입이 국제공동체 내에 존재하는 분열적이고도 바람직하지 않은 요소를 제거해줄 것이며 궁극적으로는 만인을 위한 것임이 증명될 테니까.

이것은 가장 단순하고 극단적인 형태로 진술한 원칙이다. 물론 노동조합이 자유무역 협정을 거부하는 경우도 있고 다른 이익집단과 소수집단이 이 원칙의 이런저런 내용을 논박할 수는 있을 것이다. 그러나 그 원칙을 덜 거슬리게 보이도록 위장하고 있는 수사학을 벗겨보라. 그러면 미국 시민은 대부분 묵시적으로 이런 원칙에 동의할 것이다. 외교 개입과 관련된 마지막 원칙 두 개는 혼란과 대량학살, 궁극적으로 패배감만이 유산으로 남은 이라크에서 (베트남, 캄보디아, 칠레, 니카라과, 혹은 더 많은 미국 개입을 잊고 있는 사람들에게) 또다시 무참하게 부정당하고 있다. 대다수 미국인은 이라크 전쟁을 반대해왔다. 하지만 그 반대가 반드시 '미국인은 미국 예외주의와 개입주의 원칙 그 자체를 거부한다'는 걸 의미하는 것은 아니다. 어쩌면 많은 사람은 단지 미국의 패배 그 자체를 외면하고 싶은 것인지도 모른다.

평범한 미국인은 국제질서 속에서 자기 나라의 위상을 면밀히 살펴보려고 하지 않는다. 뿐만 아니라 그에 관해 엄청나게 잘못 알고 있는 경우도 많다. 하물며 다른 나라의 권리나 이익, 위상을 인정하는 것은 더더욱 바라지 않는다. 그들은 다음과 같은 문제제기를 원치 않는다. "무엇을 위한 경제인가? 그 경제가 일부에게만 엄청난 이득이 돌아가야 하는가? 오히려 그것은 내 가족이나 모든 사람의 욕구를 만족시키는 걸 목적으로 삼아야 하지 않는가?", "정부의 고유 역할은 무엇인가? 국민을 위해 더 많은 일을 해야 하지 않는가? 정부가 건강, 교육, 일반 복지에 책임을 져야 하는가 아니면 안 그래도 되는가?" 시민들이 이런 문제제기를 하지 않는 것이 그렇다고 그들의 잘못은 아니다. 문화 속의 모든 것—미디어에서부터 대부분의 학교와 광범위한 종교적 실천에 이르기까지—이 비판적 사고를 차단하고 있기 때문이다.

하지만 미국인들은 일반적으로 내가 '신체 정치학'이라고 생각하는 주제—낙태, 동성애, 게이 결혼, 줄기세포 연구, 안락사—나 근본적 권리의 정의에 대한 열렬한 논쟁, 확고한 믿음에 대한 관심에서는 결코 부족함이 없다. 여기에는 총을 소지할 수 있는 권리, 공립학교에서 기도할 권리, 부모의 의지에 반해 성교육을 할 권리가 포함된다. 마찬가지로 그들은 개인적인 구원과 사후 운명에 대해서는 엄청난 관심을 갖고 있다. 다음 장에서 살펴보겠지만 (적어도 빈번한 여론조사를 믿는다면) 대다수 미국인은 자신을 열렬한 신자라고 생각한다. 많은 미국인이 제대로 교육을 받지도 못하고, 종종 현혹당하기도 하지만, 결코 어리석지는 않다. 예를 들어, 그들은 자신이 조지 W. 부시를 어떻게 생각하는지 정확하게 알고 있다. 〈퓨연구소 Pew Research Center〉에서는 일 년에 두 차례 샘플을 뽑아 대통령을 생각할 때 어떤 단어가 가장 적절한지 질문하는데, 2005년 2월에는 '정직'과 '신뢰'가 상위를 차지한 반면, 그 2년 뒤인 2007년 2월에는 '무능' 과 '오만' 이 차지했다.

앞에 나열한 교리 같은 원칙, 무비판적 태도, 특별한 믿음이 지난 삼십 년 동안 왜 미국을 지배하게 되었을까? 이런 경향이 과연 자연스러운 진화이고, 현실에 대한 단순한 순응일까? 그렇지 않다면 거기에 더 깊고 명백한 어떤 힘이 작용하고 있는 것은 아닐까?

이 장에서 나는 미국이나 미국인 대다수가 현재 생각하고 있는 것의 비종교적 차원을 검토할 것이다. 종교적 양상과 상호 중첩되는 부분이 있긴 하지만 그것은 나중에 논하도록 하겠다. 여기서 우리는 이데올로기를 만드는 자와 이데올로기를 뒤흔드는 자를 만나게 될 것이고, 그들이 저 이탈리아의 선구적 마르크스주의 사상가 안토니오 그람시가 말한 바 있는 '문화적 헤게모니' 를 점차적으로—전적으로 성공하지는 못했다고 하더라도—획득해가는 과정을 살펴볼 것이다. 그람시는 이 개념을 통해 이데올로기 측면에서 고지를 선점하고자 하는 지배계급의 능력을 설명하려 했다. 미국뿐 아니라 유럽과 전 세계 많은 다른 지역의 신자유주의 엘리트계급은 공적이고 사적인 제도 속으로 지속적으로 침투해 들어가고 있다. 현재 이 엘리트들은 평범한 미국인의 마음과 정치권력을 지배하는 실질적인 독점을 누리고 있다.

그들의 성공은 진보세력이 반박은커녕 거의 주목하지도 않았던 장기적인 전략을 반영하고 있다. 부유한 극우파 소수집단은 이런 전략을 의식적으로 활용해왔고 1940년대와 1950년대에 심은 작은 묘목을 조심스럽게 키우고 있었다. 21세기 초, 그 묘목은 이제 우뚝 솟은 나무로 성장했다. 여기서 우리의 목적은 이 이데올로기적 변형 과정을 그 철학적 뿌리에서부터 우리 시대의 완전한 성장 단계에 이르기까지 추적하는 것이고, 그것을 가능케 했던 중요 동인, 동기, 방법 등을 확인하는 것이다.

혹자는 "걱정 마라. 조지 부시와 그 일당이 일단 권력을 내놓으면 모든 게 다시 정상으로 돌아갈 것이다"라고 말할지도 모른다. 하지만 내가 볼 때 그런 낙관론은 위험스러울 정도로 잘못된 것이다. 현재의 문화적 헤게모니를 세우는 데만 몇 년이 걸렸듯이, 그것을 허물어뜨리는 데도 몇 년은 걸릴 것이다.

피터의 친구들 : 오늘날의 모든 대처주의자

토니 블레어Tony Blair의 친구이자 고문이었던 피터 맨덜슨Peter Mandelson은 앤서니 기든스Anthony Giddens와 함께 영국 노동당의 '제3의 길'을 창안한 사람이다. 2004년 이래 맨덜슨은 〈EU통상담당집행위원회〉위원이었고 현재도 노동당 내 실세로 남아 있다. 2002년 6월, 노동당 핵심 의원들과 빌 클린턴 같은 여러 초청인사가 함께한 자리에서 맨덜슨이 "오늘날 우리 모두는 대처주의자들이다"[2]라고 선언했던 것은 그래서 더욱 놀라움으로 다가올 것이다.

1965년 말 "우리는 현재 모두 케인스주의자들이다"라고 공언했던 그 유명한 『타임지Time Magazine』의 표지를 맨덜슨은 일부러 흉내라도 냈던 걸까? 미국의 대표 주간지가 독자에게 "케인스가 죽고 난 후 약 20년이 지난 뒤 그의 이론은 세계의 자유경제, 특히 가장 부유하고 가장 팽창적인 국가인 미국에 최상의 영향을 끼쳤다. …… (그의 사상은) 역사상 규모가 가장 크고 오랫동안 가장 널리 퍼져나갔다"[3]고 말했던 것이다. 『타임지』의 말은 맞다. 1965년에 이 나라의

---

2) 맨덜슨은 2002년 6월 노동당 세미나에서 이런 발언을 했고 자신의 기고문을 2002년 6월 10일 『타임스The Times』에 실었다.

실질적인 중요 인물은 모두 케인스주의자이거나 어떤 다른 형태의 사회민주주의자였다. '대처주의자'라는 발상은 웃음거리일 뿐이었다. 하지만 『타임지』 표지가 등장한 후 단 15년 만에 철의 여인은 다우닝가에 입성했고, 더 싹싹한 그녀의 짝 로널드 레이건은 백악관을 차지했다.

『타임지』를 회상했든 안 했든 맨덜슨의 그 솔직함은 칭찬해줄 만하다. 케인스에 대한 『타임지』의 아낌없는 찬사가 있고 난 뒤 채 40년도 지나지 않아 '좌파'는 공식적으로 그 가엾은 사람의 두 번째 장례식을 치르고 그를 망각 속으로 몰아넣은 셈이 되었다. 맨덜슨이 이 놀라운 발언을 하게 된 동기는 다음과 같다. 2002년 4월 프랑스 대통령 선거에서 사회당 후보 리오넬 조스팽Lionel Jospin은 3위를 차지하여 최종 결선투표를 우파(시락)와 극우파(르팽) 간의 선택에 맡기는 굴욕적인 패배를 당했다. 다른 여러 유럽 사회민주주의 지도자 역시 마찬가지로 같은 해에 자리를 내주게 된다. 미국에서는 조지 부시가 이미 클린턴의 계승자인 앨 고어Al Gore에게 승리를 하고 있었다—혹은 적어도 동생인 플로리다 주지사 덕분에 규정을 자의적으로 해석하고 대법원의 도움을 받아 승리자임을 선언할 수 있었다.

이런 승리가 이른바 진보적이라고 하는 정부의 우경화에 대한 항의 투표였을지도 모른다는 생각이 맨덜슨에게는 전혀 떠오르지 않았던 듯하다. 오히려 그는 유권자들이 대대적인 공공서비스 민영화와 상품, 서비스, 자본, 특히 노동시장 '유연화'를 비롯하여 마가렛 대처가 변화를 거부한 영국을 몰아붙인 노선에 따라 반케인스적 '개혁'을 외치는 거라고 결론지었다. 미국은 빌 클린턴 정부하에서

---

3) 1965년 12월 31일 『타임지』의 커버스토리를 보라.

수감자를 몇 배나 증가시키고 복지 수혜자를 줄이는 데 성공함으로써 이미 그러한 프로그램을 완성시켰다.

제3의 길이라는 이데올로기는 사람들이 시장의 힘에 맞서 싸우는 일은 쓸데없는 짓이고 거기에 맞서 싸우려고 해서도 안 된다는 명제에 근거한다. 자본주의적 지구화는 해결이 필요한 문제가 아니라 있는 그대로 사실이라는 것이다. 즉 그것은 비판해야 할 사태가 아니고, 전복해야 할 사태는 더더욱 아니라는 것이다. 결국 시장의 힘은 반박 불가능하고 우세할 것이므로 영리한 사람과 사회민주주의적 정치가들은 현실을 받아들이고 "대안은 없다"는 성자 마가렛의 함성만 되풀이할 수 있을 뿐이라는 것이다.

신자유주의의 철학적 근원

그렇다면 대처주의는 무엇이고—피터의 모든 친구들이 이제 그들과 같은 부류에 속한다면, 레이건주의자, 부시주의자 등을 비롯하여— '대처주의자'란 대체 누구인가? 그들의 교리 내용은 무엇이고 그들의 사고방식 이면에는 무엇이 전제되어 있는가? 왜 이 교리가 전통적인 우파나 극우파 사이에서뿐만 아니라 미국 민주당이나 많은 유럽 사회민주주의자들 사이에서도 주류가 되었는가? 이러한 깊은 변화에는 설명이 필요하다.

현재 거의 모든 사람이 첫 번째 질문에 대한 답을 알고 있다. 대처주의는 우리에게 시장의 자유, 통화주의적 경제, 높은 방위비 지출, 공공서비스의 민영화, 고소득층 세금감면, 노동조합 억압, 복지국가에 대한 전반적 비판, 기업부문에 대한 친화력을 신뢰하고 기능이 정지된 유럽헌법과 그것을 대체한 이른바 '개혁 법안Reform

Treaty'이 말하듯 "자유롭고 왜곡되지 않는 경쟁"을 강조하는 교리이다.

대처주의의 토대를 파헤치기 위해서는 여전히 이 개념에 대한 고고학적인 탐사가 필요하다. 마가렛 대처가 시장 친화적인 제우스와 같은 수장으로서 완전무장한 채 등장한 것은 아니었다. 엄격하게 말하면, 대처는 대처주의자가 아니라 '하이에크주의자Hayekian'였다. 어느 날 하원에서 대처가 책 한 권을 가방에서 꺼내더니 책상 위에 세차게 내려놓으며 당시 모여 있던 의원들에게 "이것이야말로 우리가 믿는 것이오"라고 말했다는 일화가 있다. 문제의 책은 바로 프리드리히 폰 하이에크Friedrich von Hayek의 『자유의 구성The Constitution of Liberty』이었다.

하이에크는 엄청나게 다작을 남긴 오스트리아의 경제학자이자 법률가이자 철학자이다. 하이에크는 오스트리아에서 국가사회주의의 초창기를 목격했고 1932년 초에 영국으로 망명했다. 런던 경제학부London School of Economics에서 학생들을 가르치다가 시카고 대학으로 옮겼는데, 거기서 오랫동안 매우 영향력 있는 지위를 누리게 된다. 스물댓 권의 책과 수많은 논문을 썼고 여러 세대 학생들에게 영향을 끼쳤기 때문에 나로서는 여기서 그의 사상과 행위에 대해 아주 간략한 요약만을 할 수 있을 뿐이다.

경제사가들 간의 일반상식에 따르면 하이에크는 1930년대 존 메이나드 케인스John Maynard Keynes에 맞선 거대한 이론 싸움에서 패배했다. 케인스적 경제정책은 프랭클린 D. 루스벨트의 뉴딜 정책, 대공황을 극복하기 위한 국가의 단호한 개입과 더불어 시작된 향후 몇 십 년 동안 이론뿐 아니라 실천에서도 지배적인 위치를 차지하게 된다. 지적인 패배 이후 하이에크는 실질적으로 경제적인 주제에 관

해서는 더 이상 글을 쓰지 않았지만 1974년 뒤늦게 노벨경제학상을 수상한다.[4]

하이에크는 경제학 논문 대신 많은 정치학 논문을 생산하기 시작했고 1944년 『예종의 길*The Road to Serfdom*』[5]이라는 베스트셀러로 명성을 얻게 된다. 『리더스 다이제스트*Reader's Digest*』는 이 책을 발췌하여 수록했는데, 그것은 수백만 미국 가정에 전달되었으며 지금도 신자유주의자들 사이에서는 고전으로 일컬어진다. 토머스 소웰 Thomas Sowell은 흑인으로, 스탠퍼드 대학에 있는 우파적인 후버연구소의 특별연구원인데, 그는 하이에크에 대하여 이렇게 이야기한 바 있다. "하이에크는 20세기 사고의 흐름을 뒤바꾼 선구적 핵심인물이었다." 진보세력은 항상 그 인물이 케인스라고 생각해왔었는데 말이다.

하이에크는 『예종의 길』에서 다음과 같이 주장했다. 그 어떤 거대한 체계에서도 지식은 본성상 파편화되고 광범위하게 분산되어 있다. 특히 지식은 너무나 많은 요소와 요인들에 의지하기 때문에 그 어떤 권위적 중심도 국민경제를 계획할 정도로 모든 것을 알 수는 없다. 경제에 대한 그 어떤 국가 개입도 독단적이고 유해하며, 필연적으로 독재로 나아가는 경향이 있다. 질서가 수백만 개인이 표현하는 개별적인 선호에서 자연발생적으로 출현하듯이, 사람들은 시장에 대해 확신을 가져야 한다.

---

4) 엄밀히 말하면 노벨경제학상은 존재하지 않는다. 1969년에 스웨덴 왕립은행은 "알프레드 노벨을 기념하기 위해" 경제학상을 수상하기로 결정했다. 아마르타 센Amartya Sen과 조지프 스티글리츠Joseph Stiglitz를 제외하면 그 수상은 대부분 신자유주의 경제학자들에게 돌아갔다.

5) 1981년에 『예종의 길』1, 2(삼성문화재단)로, 2006년에 『노예의 길』(나남)로 국내에 번역 출간됨-역주

애덤 스미스Adam Smith는 『국부론Wealth of Nations』에서 처음으로 이런 주장을 했다. 우리가 저녁밥을 먹게 되리라고 기대하는 것은 정육점 주인, 빵집 주인, 양조업자의 자비심 덕분이 아니라 자신의 이익 추구 때문임을 지적한 인용문을 상기해보라. 하이에크는 인간의 욕구를 만족시키는 데 아무리 자비롭고 우호적이라고 하더라도 그 어떤 종류의 경제 계획이나 중앙집권적 권위에 의한 간섭보다는 개별적인 개인의 이익이 더 나은 안내자임을 강조한다. 대중이 무엇을 원하는지에 대해 필요한 정보를 제공해주는 것은 가격이지 정부가 아니다. 정부가 대중을 위해 결정할 일은 아무것도 없다.

하이에크는 스미스의 주장을 한층 더 밀고 나가 자유 사회에서 법의 중요성을 역설하지만 **부정적** 법negative law[6]에 관해서만 강조할 뿐이다. 법의 역할은 무엇을 금지해야 하는가를 규정하는 데 있다. 그것은 개입 행위를 수행할 수 있는 적극적인 힘을 누구에게도 부여해서는 안 된다. 자유란 곧 강요의 부재인 것이다. 자유롭다는 것은 입법자가 특정 행위를 불법이라고 선언할 때를 제외하고는 입법자의 의지를 포함하여 모든 사람의 의지로부터 자유로워지는 것이다.

이런 교리가 낳을 인간적인 결과는 너무나 명백하다. 예를 들면, 소극적 자유의 교리는 "내가 먹을 수 있고, 당신이 먹을 수 있는 것"은 어떠한 법도 그것을 금지하지 않으며 우리가 자유롭게 먹을 수 있기 때문이라는 것이다. 그것은 식탁 위에 놓여 있는 실제 음식의 존재에 대해서는 전혀 언급하지 않는다. 하지만 이것만이 먹을 '권리'를 실질적인 것으로 만들 수 있다. 적극적 법(과 진보적 정치학)

---

6) 여기서 negative law는 부정적 법으로, positive law는 대개는 실정법으로 번역되지만 부정적 법과의 대립적 의미로서 적극적 법으로 해석한다.―역주

은 하이에크의 주장과 달리 먹을 '자유'는 음식에 대한 실제적이고 구체적인 접근 없이는 무의미하고 무가치하다고 말한다. 정부의 임무와 사회의 목적은 모든 사람이 단순히 이론적인 가능성이 아니라 먹을 **힘**을 소유하는 구조를 창조하는 것이다. 이런 시각에 비춰볼 때, 인권법 전체는 반(反)하이에크적 선언이라고 볼 수 있다.[7]

하이에크 이론의 논리적 결론은 대처가 "사회와 같은 것은 존재하지 않는다"라고 외쳤을 때 그녀가 말하고자 한 의미를 통해 잘 이해할 수 있다. 또한 이것은 하이에크가 자신의 이상 세계를 어떻게 상상했는가를 잘 보여준다. 즉 그는 사회를 사람들이 공동 이해와 공동 목표를 갖고 제도를 통해 공동의 선을 획득하려고 하는 사회가 아니라 오히려 법적으로 금지된 극히 작은 차원의 행위를 제외하고는 어떠한 구속과 틀에도 예속되지 않은 채 각자가 최상의 것이라 생각하는 것을 선택하는 원자화된 개인의 집합으로 간주한다.

혹시나 편견을 심어주지 않기 위해서는 하이에크가 도덕적으로 괴물 같은 존재가 아님을 강조할 필요가 있다. 하이에크는 자신의 철학이 굶주림이나 방치로 인해 사람들이 죽지 않도록 충분한 음식, 주거, 의복을 보장해주는 국가와 전적으로 양립 가능하다고 생각했다. 하지만 그는 빈곤층을 위한 학교와 병원을 짓기 위해 정부가 부자들에게 세금을 물릴 수 있다는 생각은 받아들이지 않는다. 한 집단의 특정 혜택을 위해 다른 집단이 돈을 지불해야 한다는 결정은 국가의 일이 아니라는 것이다. 하이에크에 따르면, 사회정의는 유해한 환상에 지나지 않는다. 복지국가의 상징인 재분배조치에도 반대한다. 왜냐하면 그런 조치는 순전히 독단적일 수밖에 없고, 독단적

---

7) 예를 들어 특히 1948년 '보편적 인권선언Universal Declaration of Human Rights'의 25조를 보라.

인 것은 무엇이든 결국에는 독재로, 그리고 자신의 유명한 책 제목 처럼 '예종'으로 나아갈 수밖에 없기 때문이다.

하이에크의 사고는 여러 세대 신자유주의자들에게 큰 영향을 끼쳤지만 그것이 오늘날만큼 강력한 영향력을 행사한 적은 없었다. 하지만 견고한 그의 교리는 서양 철학, 특히 앵글로 색슨 철학이 적어도 3세기 동안 분리하려고 했던 자유의 다양한 개념을 융합한 것이다. 이 중 첫째는 **정치적 자유**의 개념으로서, 시민들이 사회와 정부가 어떻게 조직되어야 하는가를 결정하는 데 적극적으로 참여할 수 있게 해주기 때문에 민주주의의 토대가 된다. 두 번째는 **지적 · 종교적 자유**와 (언론 자유를 포함하는) **표현의 자유**로서, 이는 정치적 자유의 필연적 귀결이다. 다른 사람의 자유를 침해하지 않고 따라서 사회를 해하지 않는 한, 이런 자유는 모든 사람들로 하여금 아무리 인기 없는 의견이라 하더라도 그 의견을 사고하고 진술하고 자유롭게 존중할 수 있게 해준다.[8] 보통 **개인적**, 혹은 **개별적 자유**로 정의되는 세 번째 범주는 재산 소유 권리를 강조하고 가족 보호, 개인의 사생활 보호와 관련이 있다.

대부분의 사상가들은 네 번째 범주, 즉 **경제적 자유**는 정치적, 지적, 개인적 자유와는 성격이 다르다고 생각한다. 하지만 하이에크주의자들(그리고 대처주의자와 레이건주의자들)은 이런 구별을 거부한다. 그들은 수입과 재산을 마음대로 처리할 수 있는 개인의 권리는 침범할 수 없는 것이고, 국가를 비롯한 어떠한 공적 · 사적인 권위도 거기에 간여할 권리는 없다고 믿는다.

여기서 우리는 진보세력과 신자유주의자들 간의 이데올로기적

---

8) 유명한 미국 대법원 판결이 분명히 했듯이, '언론 자유'에는 사람이 몹시 붐비는 극장에서 "불이야!"라고 고함칠 권리는 포함되지 않는다.

대립의 중심에 서게 된다. 진보세력은 민주적 통치와 사회 그 자체의 생존은 경제적 자유에 일정한 한계를 부여하는 데 달려 있다고 믿는다. 오직 '주권자'만이 이 한계를 결정할 수 있다(홉스 이후 대부분의 사상가들은 이런 역할을 국가—이 국가는 자비로울 수도 있고, 민중적이고 민주적일 수도 있으며, 권위주의적이고 강압적이며 심지어 독재적일 수도 있다—에 부여한다. 이것이 미국 혁명과 프랑스 혁명으로부터 시작되는 헌법들이 **국민**이 주권을 갖고 있음을 명확히 했던 이유이다).[9]

이상적으로 말해, 국민 주권은 공동의 선에 도달하기 위해 이익 갈등을 서로 중재하는 것이다. 어느 경우든 민주주의에서 국민은 자신이 살게 될 국가의 성격을 자유롭게 선택해야 한다. 이것이 또한 제임스 매디슨James Madison과 같은 미국의 건국자들이 행정부든 입법부든 사법부든 어느 하나가 너무 많은 권력을 소유하여 국민의 권리를 빼앗지 못하도록 권력 분립과 헌법적 통치에 큰 관심을 가졌던 이유였다.

하지만 만일 주권자가 자비로운 국가나 국민이 아니라 시장이라고 한다면, 그때 사회와 정부는 경제적 자유가 모든 종류의 다른 자유를 철저히 무시하는 방식으로 조직될 것이다. 결국 사회는 서로 무관한 개인의 집합 내지는, 이렇게 불러도 된다면, '소비자들'의 집합으로 변하게 될 것이다. 사회적 응집력이 서서히 약화되다가 결국 붕괴되고 나면, 삶은 거의 살 가치가 없는 것이 될 것이다. 심지어 부자에게조차 말이다.[10]

---

9) 2005년 국민투표에서 프랑스와 네덜란드 유권자들이 거부한 유럽연합의 헌법조약이나 사문화된 헌법과 거의 대동소이하면서 그것을 대체하는 2007년 '개혁 법안'은 민중 주권에 관한 그 어떤 조항도 갖고 있지 않다.

물론 실천에서 균형이 형성되는 것은 특정 순간에 현존하는 사회 세력의 압력 결과에 달려 있을 것이다. 이것이 정치의 영역이다. 마르크스Marx는 역사 자체를 사회계급 간의 끊임없는 투쟁의 결과로 정의함으로써 이런 이론을 최초로 주장한 급진적 선구자였다.

하지만 경제적 자유를 최상의 가치로 받아들임으로써 피터 맨덜슨과 '오늘날의 모든 대처주의자'는 매우 불확실한 상황—이 상황은 하이에크가 경제에 대한 국가의 개입에서 정치적 독재와 '예종의 상태'로 나아간다고 보았던 것보다 훨씬 더 불확실한 것이다—을 선택했다. 그들은 실질적으로 자신의 자유를 누릴 수 있는 사람, 즉 소수의 부자나 권력자의 수중에 권리를 집중시키는 길을 택했다. 그들의 먹을(혹은 요트와 개인 비행기를 소유할) '권리'는 단순하게 이론적인 가능성이 아니라 실제 현실이 되었다. 부정적 법의 체계에서 부는 필연적으로 권력, 즉 자기 자신의 욕망을 표현하고 타자에게 명령하며 지배하려는 권력과 같은 것이 된다. 2002년 신노동당 축제에 참석한 '오늘날의 모든 대처주의자' 무리는 지적 게으름 때문에—이게 가장 관대한 설명이다—이런 격렬한 변화를 깨닫지 못했을 것이다. 어쩌면 맨덜슨은 노골적인 사리사욕에 호소하기로 마음먹었는지도 모른다.

'신노동당'이나 다른 국가의 비슷한 다른 정당들이 어떤 노선을 채택할지는 모르겠지만, 사회와 법에 관한 이런 개념은 진보세력이 반드시 뒤집어야 하는 적대적 교리라고 할 수 있다. 19세기의 위대한 개혁가이자 프랑스 도미니크파 사제인 앙리 라코르데르Henri Lacordaire는 "강자와 약자, 부자와 빈자, 그리고 주인과 노예 사이에

---

10) 허리케인 카트리나는 지구온난화를 심화시키고 빈곤층을 전혀 돌보지 않는 '경제적 자유'의 사회·환경적 결과를 폭로했다.

억압되는 것은 자유이고, 자유로운 것은 법이다"라고 선언한 바 있다. 정말 시장의 자유는 약자를 억압한다. 그러므로 진보세력의 임무는 국가적이고 국제적인 차원에서 모든 인간존재의 권리와 위엄을 보장하기 위해 적극적인 법의 틀을 마련하고자 노력하는 것이다.

신자유주의자와 신보수주의자는 누구인가? 그들의 차이는 무엇인가? 누가 그들에게 관심을 갖는가?

버치Butch와 키드Kid가 이상한 갱단에 쫓기며 말했듯이,[11] "도대체 이 녀석들은 누구야?" 신자유주의자와 신보수주의자들이 누구인가에 대한 대답은 그리 간단치 않다. 거기에는 역사적 이해가 필요하다. 하지만 그걸 구별하자면 끝이 없기 때문에 여기서 굳이 구별하려고 하지는 않으려 한다. 그러나 "누가 관심을 갖는가?" 하는 질문에는 쉽게 대답할 수 있다. 답은 바로 전 세계가 관심을 갖거나 가져야 한다는 것이다. 왜냐하면 전 세계 어느 누구도 이 사람들이 옹호하는 교리로 인해 피해를 입지 않을 수 없기 때문이다. 이는 잇따른 여론조사를 통해 증명되고 있다.

여기서 우리의 주 관심사는 그들이 자신들의 믿음을 실행할 수 있는 힘을 어떻게 확보했는가에 대한 이야기이다. 광범위한 그들의 의제는 현저하게 불평등을 심화시키고 강화시켰으며, 부자의 욕구를 만족시키고 있다. 도처에서 엘리트 계급은 미국에서 행해진 이런 정책을 열광적으로 이용해왔다. 이런 정책입안자의 외교관계 의제는 해외에서 엄청난 고통을 초래하고 있으며, 국내에서는 헌법이나

---

11) 버치와 키드는 1969년에 제작된 영화 〈내일을 향해 쏴라Butch Cassidy and the Sundane Kid〉 두 주인공이다.—역주

권력 분립에 전혀 신경을 쓰지 않는 위험인물에게 엄청난 권한 행사 지위를 부여해주고 있다. 이 책 전체를 통해 그들의 집단적인 모습을 더욱 구체화시켜보려 한다.

"도대체 이 친구들은 누구야?"라고 물었을 때, 우리는 다양한 어휘의 문제와 마주치게 된다. 나는 '신자유주의자'와 '신보수주의자' 혹은 '네오콘neo-cons'이라는 용어를 거의 구분 없이 사용할 것이다. 하지만 거기에는 미묘한 차이가 있다. 특히 '신자유주의자'라는 용어는 혼란을 초래할 수 있다. 유럽이 아니라 미국에서 '자유주의적'이라는 말은 적어도 온건한 진보를 뜻한다. 민주당원은 옳든 그르든 공화당원보다는 '더 자유주의적'인 것으로 여겨지고, 미국 우파는 항상 '자유주의 미디어' 때문에 손해를 보고 있다고 주장한다. 이는 '신자유주의'라는 용어가 영국이나 유럽보다 상대적으로 미국에서 덜 사용되는 이유이다. 비록 미국의 대학 강단이 이 용어의 의미에 대하여 너무나 완벽하게 알고 있지만 말이다.

미국 국경을 넘어서 '신자유주의자'는―비록 어떤 이들은 상황을 더 혼란스럽게 만들기 위해 스스로를 (특히 미국에서) '자유방임주의자libertarians'라고 부르고 싶어 하지만―명백히 정치·경제적 견해에 있어서 '오늘날의 모든 대처주의자'라 불리는 사람들을 지칭한다. 더욱 순수한 혈통의 이 하이에크주의자들은 경제적 자유를 개념의 극한까지 밀어붙이고, 워싱턴 DC에 있는 자신들의 두뇌집단 〈카토연구소Cato Institute〉를 소유하고 있다.

그 명칭이 어떻든 이 두 '네오neo'들은 세금을 감면하고 시민들에게 사회적 혜택을 제공하려는 국가의 개입을 줄이려고 한다. 그들은 노동보호 관련 법안을 철폐하려 하고 실업이나 심각한 질환, 노숙 및 여타 다른 불행과 재난이 일어날 경우를 대비한 원조를 철폐하려고 한다. 그들이 볼 때, 대부분의 공립학교와 공적 시설은 사립학교와 사립의료보험시설이 대체해야 하고, 마찬가지로 남아 있는 '공공' 서비스는 모두 개인 기업에 팔아치워야 한다. 미국은 전무하다고 말할 수는 없지만 거의 최소한의 공공의료만을 시민에게 제공하는 거의 유일한 선진국이다. 이에 대해 시민들은 불만을 터트리기 시작했고 대통령 후보자들도 거기에 주목하기 시작했다. 학교에 대해서도 우파는 시장에 있는 다양한 교육시설 가운데 부모가 자유롭게 선택할 수 있도록 하는 이용권제도voucher system를 주장한다.[12]

미국에서 신보수주의자들은 동일한 정치·경제적 의제를 옹호하지만 특히 섹슈얼리티 문제를 중심으로 하는 이른바 '신체 정치학'에 극도의 집착을 보이고 있다. 누가 누구와, 몇 살에, 어떤 젠더와, 어떤 인종과, 어떤 조건하에서, 임신이나 성병에 관한 어떤 사전교육을 받고 성관계를 갖는가? (그들의 시각에서 볼 때) '비정상적인' 섹슈얼리티를 갖고 있는 사람에게는 결혼할 권리를 비롯하여 어떤 시민권이 적용되어야 하는가? 자신의 생식기관을 통제하고 원치 않는 임신을 끝내기 위해서 여성은 어떤 권리를 가져야 하는가? 과학 연구와 관련하여 태아의 지위는 무엇인가? 인간의 생명은 어느 순간에 끝나는가? 사람이 그 순간을 합법적으로 앞당길 수 있는가? 이런 모든 기본적인 문화적 질문은 네오콘들에게 매우 유익한 것이다.

이런 질문은 미국 사회에서 훨씬 큰 주목을 받고 있고 외국에서 보다 훨씬 더 열띤 논쟁거리가 된다. 또한 네오콘들은 부정적인 의

---

12) 이용권제도는 연방정부나 주정부가 아이들에 대해 지급보증을 해주는 제도를 말한다. 부모는 지역 공립학교에 만족할 수도 있고, 아니면 훨씬 더 우수한 학교, 가령 종교 기반의 교과과정을 갖고 있는 학교를 다니기 위해 이용권제도를 이용한다.

미에서 인종평등, 여권 같은 쟁점에 극도로 민감하다. 많은 네오콘은 1960년대와 70년대에 쟁취한 시민권과 여성 운동의 업적을 결코 이해하지 못한다.

이들의 열띤 논쟁 대상에 속하지 **않는** 쟁점에 사형제도가 있다. 사형제도 폐지는 유럽연합 회원국이 되기 위한 필수조건이다. 그러나 미국의 50개 주 가운데 38개 주에서는 거의 토론의 대상도 되지 못하고 있다. 정규적인 갤럽 여론조사는 적어도 미국인의 2/3가 사형제도를 찬성하고 있음(2003년 5월과 2005년 5월 조사에서 최고 74%의 지지율을 기록했다)을 일관되게 보여준다. 2002년과 2006년 사이에 이루어진 유사한 여론조사에서도 사형제도가 지금보다 더 자주 적용되어야 한다고 응답한 사람이 47~53%였다. 1976년 이후 99%가 남성이고 그중 34%가 흑인인 1,000명 이상이 사형당했는데, 그중 1/3 이상이 텍사스에서 이루어졌다. 2008년 현재 유죄로 판결받은 살인죄수 3,263명이 '사형수 수감동'에 대기하고 있다.

총기 로비의 영향은 너무나 잘 알려져 있고, 수정헌법 제2조에 대한 협소한 해석은 약화될 기미가 전혀 없다.[13) "총기는 사람을 해치지 않는다. 해치는 것은 사람이다"라는 〈전미총기협회National Rifle Association〉(NRA) 슬로건은 적어도 미국 중부지역에서는 전체적으로 수용되고 있다. 심지어 정신착란에 걸린 개인이 대량학살을 저지른 이후에도 여론은 성공적으로 무마될 수 있고, 재선을 희망하는 국회의원 가운데 그 누구도 NRA에 반대할 것 같지는 않다.

---

13) "잘 통제된 민병대는 자유국가의 안보에 필수적일 뿐 아니라 무기를 소지한 사람의 권리는 침해될 수 없다."

일부 네오콘들은 정치적 활동뿐만 아니라 문화적, 도덕적, 종교적 활동에도 관계한다. 그들 대다수에게 문화와 정치는 분리될 수 없는 것이다. 여기에는 종종 '거듭난 기독교인' 뿐 아니라 조지 W. 부시와 많은 워싱턴 관료들도 포함된다. 그들은 정교분리를 훼손하는 활동을 하고 있다. 가령 공립학교에서 창조론을 혹은 창조론의 대안인 '지적설계론Intelligent Design' (ID)을 가르치려는 단합된 노력이 바로 그 예이다. 나중에 상세하게 살펴보겠지만 미국인 가운데 대략 7,000만 명이 스스로를 거듭난 기독교인 집단에 속한다고 생각한다. 비록 이들 모두가 과도한 보수적 의제를 지지하지는 않겠지만 어쨌든 그들은 많은 네오콘 조직을 떠받치는 하부 토대의 상당 부분을 차지하고 있다.[14]

외교 정책 영역에서 현재 스스로를 네오콘으로 여기는 미국인은 냉전 기간 충실한 반공주의자였으며, 현재는 테러에 대항한 전 지구적 전쟁의 착실한 지지자이다. 부시 정권 말 대통령의 엄청난 인기 하락이 보여주듯, 미국의 불간섭주의 전통이 여전히 살아 있다 하더라도(그리고 일부는 개입에 반대하는 것이 아니라 패배에 반대한다고 말하고 싶어 하더라도), 신자유주의자와 신보수주의자들은 군사 개입을 포함하여 미국의 개입주의적 외교 정책을 지지하는 경향이 있다. 신자유주의자들은 나토 확장을 지지하며 유엔을 무력화시키고 있다. 그들은 대부분 우리가 앞에서 요약한 바 있는 원칙에 동의하지만 네오콘은 자신들이 너무 진보적이라고 생각하는 〈세계은행〉과 〈국제통화기금〉(IMF) 같은 국제 금융기관을 지지하고 싶어 하지 않는다. 반면 진보세력은 이런 기관을 우파의 정책을 전 세계에 퍼

---

14) 3장과 4장을 보라.

뜨리기 위한 전파자로 간주한다. 신자유주의자와 신보수주의자들은 이스라엘을 열렬히 지지하고, 중동에서 미국 정책과 민주주의를 지켜내기 위한 일종의 전초기지로 간주한다. 이런 측면은 매우 핵심적인 사안이다. 이 문제는 다음 장에서 다루기로 하자.

"이 친구들"은 하이에크주의자들인가? 답은 긍정임과 동시에 부정이다. 긍정인 이유는 하이에크의 철학이 그가 옹호한 시장 우월성의 교리가 전 지구화될 때에만 전 지구적이고 민족적인 정치, 이데올로기와 분명하게 연관될 것이기 때문이다. 하이에크의 철학은 현재 많은 사람이 '신자유주의적 세계화'라고 부르는 것의 중심에 위치한다. 〈세계은행〉과 IMF는 미재무부와 손을 잡고 수십 년 동안 민영화와 시장 친화적이고 국가 약화적인 정책들을 적용하느라 분주했다. 수천 페이지의 〈세계무역기구〉(WTO) 협정서는 장사하는 기업의 권리에 대해서는 꼼꼼하게 명시하고 있는 데 반해 노동자나 환경 보호를 언급하는 단어는 단 하나도 포함하지 않고 있다. (중국처럼 명목상 '공산주의' 국가에 거주하는 사람을 비롯하여) 도처에 존재하는 신자유주의자는 인권을 철저하게 무시하는 한편 시민권을 소비자의 권익 수준으로 축소하려고 한다.

그러나 하이에크의 철학은 미국사와 세계사의 가장 최근 단계를 설명하는 데 충분하지 않다는 점에서 "이 친구들"은 하이에크적이지 않다. 하이에크의 철학은 네오콘과 같은 권력 엘리트의 특징인 전쟁, 무장 개입, 그리고 끊임없는 방위비 증강으로 나아가려는 경향을 설명하지 못한다. 비록 많은 사람이 이런 정책을 신자유주의자보다는 신보수주의자 때문에 생겨난 것이라고 말한다 하더라도 말이다. 일부 신랄한 비평가는 이러한 국방과 안전보장 정책이 강력한 개입주의 국가를 필요로 하고, 시민들에게 거의 혹은 전혀 혜택이 돌아가지 않는 제한된 영역에 어마어마한 공적 자금을 투입하게 만듦으로써 일종의 미국판 사회주의를 구성한다고 지적해왔다. 군산복합체와 군부가 제공하는 일자리는 비슷한 투자가 있는 곳이라면 어디에라도 있을 것이다. 순수한 하이에크주의자—대부분 자유방임주의자—는 군사화된 국가를 비롯하여 모든 국가의 규모 축소를 희망한다. 하지만 현재 미국에서 시장의 우위와 국가 주도의 팽창주의적, 고비용적 개입주의는 나란히 나아가고 있다고 할 수 있다.

현재 이런 강력한 미국이라는 국가는 미국 밖의 희생자들에게 시장의 법칙을 부과하는 역할을 하고 있다. 미국의 초국적 기업들은 WTO의 법률을 구성하는 많은 협정에 결정적인 영향력을 행사하고 있다.[15] 최근의 예를 살펴보면, 사실상 이라크 총독이나 다름없는 폴 브레머Paul Bremer[16]가 처음으로 한 일이 기존의 외국투자법률을 폐지하고 (대부분 미국의) 기업에 절대적으로 유리한 새로운 법률을 제정하는 것이었다. 하이에크였다면 한 국가가 '민주주의를 수출하기 위해' 다른 국가의 내정에 개입해야 한다는 발상 자체를 거부했었을 것임에 틀림없다. 이런 측면에 대해서는 다음 장에서 더 논의할 것이다.

미국의 우파는—정치적이고 경제적이고, 부유하고 가난하고, 종교적이고 비종교적이고, 외향적이고 내향적이고, 남성적이고 여성적이고, 흑인이고 백인이고, 공화당원이고 민주당원인—다양한 경향을 결합하고 있다. 미국인들은 그 많은 경향을 '신보수주의' 혹은

---

15) Susan George, "Remettre l' OMC a sa place"(1001 Nuits, Paris, 2001)를 보라. 이 글에 이전 WTO의 서비스무역협정(GATS) 책임당사자의 말이 인용되어 있다. 미국 회사들은 지적소유권협정(TRIPS)의 규약에도 관여했다.

16) 조지 부시 대통령은 대사 폴 브레머를 2003년 5월 이라크의 '대통령 특사'로 임명했다. 직함은 연합군임시행정청Coalition Provisional Authority 행정관이었다.

'네오콘'이라는 용어 아래 묶어버리려는 경향이 있다. 이와 달리 유럽인들은 그런 용법에 절대 동의하지 않을 것이고 '신자유주의적'이라는 용어를 정치·경제적 측면에만 한정함으로써 사회문화적으로 훨씬 더 섬세하게 구분하려 한다. 나는 다음에서 그런 구분에 지나치게 공들일 생각은 없다. 지나친 일반화는 위험하지만 사람들에게 약간의 일반화는 여전히 필요할 수 있다. 집단은 분명히 중첩되고 어휘는 대서양의 이편과 저편(그리고 나머지 다른 세계) 사이에 서로 다를 수 있지만 말이다. 모든 네오콘이 신자유주의자인 데 반해 모든 신자유주의자가 네오콘인 것은 아니다. 이 이상 더 깊이 들어가지는 않겠다.

좌에서 우로 이동한 권력

신자유주의자이든 네오콘이든 그들은 자신의 생각을 냉혹하게 밀어붙이고 그러기 위해 가능한 모든 수단을 동원해왔다. 하지만 그들에게는 자신의 생각을 키워주고 번성시켜주는 비옥한 토양이 필요했다. 민주당도 종종 그들 수중에서 놀아났다. 순수 인구통계 실태도 한쪽으로 쏠리고 있다. 지리적 의미와 사회적 의미 모두에서 보더라도, 좌파 경향의 동부와 북부에서 더 전통적인 우파적 남부와 자유방임적 서부로 미국 '권력의 대륙이동'이 발생하고 있다. 명석한 옥스퍼드 졸업생이면서 『이코노미스트*The Economist*』 미국 통신원이자 편집자인 두 사람이 현재의 권력 형태로 나아가는 인구 동향을 파헤치면서 이러한 미국적 무대 변형에 대한 외부자의 통찰력 있는 보고서를 작성한 바 있다. 존 미클스웨이트John Micklethwait와 애드리안 울드리지Adrian Wooldridge 두 사람은 이런 맥락을 아주 명확

하게 설명한다.[17]

글자 그대로 미국은 이동하고 있다. 미국 〈인구조사국〉은 인구가 1시간에 90센티미터, 1년에 8킬로미터씩 남쪽과 서쪽으로 이동하고 있다고 측정했다. 이런 수치는 하원의원 수를 남쪽과 서쪽에 더 많이 배정하고 동쪽은 줄어들게 한다. 유럽인은 대부분 사회계급과 계급이익에 기초한 정치에 익숙한 반면, 미국 정치는 훨씬 더 가치 중심으로 움직인다. 남부는 낙태와 게이를 증오하고 정부가 '신의 뜻대로 움직여주기'를 원하는 사회적 보수주의자들의 안식처이다. 서부에 있는 그들의 짝은 총을 사랑하고 세금을 증오하며 정부가 간섭하지 않기를 바라는 반정부적 보수주의자들이다.

사는 곳이 어디든 현재 그들은 모두 공화당에 모여 있다. 이런 현상은 혁명이나 마찬가지이다. 남북전쟁 때부터 민주당원은 글자 그대로 '굳건한 남부'를 소유하다시피 해왔다. 남부에서 노예를 해방시킨 에이브러험 링컨Abraham Lincoln의 공화당은 혐오의 대상이었다. 1964~1965년에 이루어진 민권법과 투표권은 이런 민주당 지배에 종지부를 찍었다. 민주당 의원이자 텍사스 주 토박이 린든 존슨이 '민권법'에 서명할 때 우리는 이제 "50년 동안 남부를 팔아치우는 법에 서명하고 있다"[18]고 예측했듯이 말이다.

1964년 당당히 재선에 성공한 존슨 대통령은 자신의 '위대한 사회Great Society' 프로젝트를 수행하기로 결심했고, 미국은 그걸 지원할 정도로 번성하고 있었다. 대법원은 이전에는 배제당했던 집단—흑인, 여성, 동성애자, 장애인, 죄수, 범죄인, 정신병자—에게 잇따

---

17) John Micklethwait and Wooldridge, *The Right Nation: Conservative Power in America* (Penguin, 2004)

18) 같은 책, p.10

라 새로운 권리를 부여하는 결정을 내리기 시작했다. 조기 아동교육과 노인 보건의료, 인문대학과 예술대학, 소수집단 등 많은 사람이 이해하듯이 평범한 미국백인을 제외하고 거의 모든 사람과 거의 모든 것을 위한 특별 프로그램을 운영하는 새로운 제도가 마련되었다. "인종 간 균형을 맞추기 위해" 아이들에게 학군 밖 수업을 들을 수 있도록 학교버스로 장거리 통학을 허용하는 연방 '버스통학' 법령은 백인들의 원한의 잔을 끓어오르게 만들었다.

한편, 위대한 케인스주의적 순간은 사라지고 있었다. 베트남 전쟁 고조는 엄청난 사회 비용을 요구했으며 인플레이션을 유발하고 있었다. 반(反)문화가 대학을 접수해가고 있었다. 중범죄가 증가하고 거리의 소소한 범죄도 확산되었다. 존슨은 임기 동안 '찌는 듯한 긴 여름' 마다 필라델피아, 로스앤젤레스, 클리블랜드, 디트로이트, 뉴워크와 같은 주요 도시와 여타 도시에서 수백 명을 죽게 만들고 수백만 달러의 재산피해를 야기한 인종 폭동을 목격하게 된다. 이 가운데 그 어느 것도 미국의 거대한 중산층의 구미에는 달갑지 않았다.

1968년은 정말 끔찍한 포도 흉작이었다. 1964년에 44개 주를 휩쓸고 미국 역사상 가장 다양한 국민의 지지를 받았던(원조-보수당 경쟁자였던 베리 골드워터Barry Goldwater보다 무려 23%를 더 득표했다) 린든 존슨은 3월에 1968년 대통령 선거 불출마를 공표했다. 2주 뒤, '보비Bobby' 로버트 케네디Robert Francis Kennedy가 자신의 당선 가능성을 주장했고 민주당 대통령 후보가 될 가능성이 높아 보였다. 4월 초 마틴 루터 킹Martin Luther King이 멤피스에서 암살당했다. 바로 한 달 뒤에 '보비' 도 캘리포니아 민주당 예비선거에서 승리한 몇 시간 뒤에 로스앤젤레스에서 총격을 받고 쓰러졌다. 두 사람의 암살

원인은 분명하게 밝혀지지 않았다. 북부 미네소타 주 출신 상원의원 휴버트 험프리Hubert Humphrey가 그 난국에 뛰어들었지만 베트남 전쟁으로부터 거리두기를 거부했다. 민주당은 완전히 혼란 상태였고 파벌싸움으로 찢어졌다. 베트남, 인종 문제, 범죄, 그리고 문화전쟁으로 나라는 거의 분열 직전이었다.

공화당 후보 리처드 닉슨Richard Nixon은 '법과 질서'라는 캠페인 주제를 내걸고 현장 유세를 시작했다. 닉슨은 귀족적이고 전통적인 '자유주의적' 공화당 의원 넬슨 록펠러Nelson Rockefeller를 월등히 앞서나갔다. 대중주의자이고 분리주의자이며 이전에 앨라배마 주지사였던 남부 출신 조지 윌러스George Wallace는 남부 사람들이 무엇을 좋아하고 싫어하는지를 잘 알았으며 무소속 후보로 선거에 뛰어들었다. 윌러스의 부통령 러닝메이트는 커티스 르메이Curtis LeMay 전 장군이었는데, "베트남에 폭탄을 퍼부어 석기시대로 되돌려놓겠다"는 발언으로 악명 높은 사람이다.

1968년 11월 선거의 결과는 각 당 후보자들이 3,100만 표 이상을 득표했지만 닉슨이 험프리보다 50만 표를 더 얻은 것으로 결론이 났다. 한 가지 놀라운 사실은 윌러스의 선전이었다. 윌러스는 거의 1,000만 표를 획득했는데 이는 전체 투표자 가운데 13.5%에 해당하는 것이었다. 윌러스를 지지한 5개 주와 닉슨을 지지한 32개 주를 합쳤을 경우 정말 오싹한 것은 현재 공화당이 지도의 이쪽 바다에서 저쪽 바다까지 나라 전체를 지배하게 되었다는 점이다. 텍사스는 여전히 민주당을 지지할 것처럼 보였지만 결과는 정반대였다. 험프리는 북동부 해안지역과 최북단 3개 주에서만 승리했을 뿐이었다. 40년 뒤 우리는 그 모습을 다시 보게 된다.

그러나 1968년에 우파는 아직 본격적인 궤도에 진입하지 못하고 있었다. 1972년 선거에서 압도적인 승리로 재선되었음(닉슨의 상대자 조지 맥거번George McGovern은 작은 매사추세츠 주에서만 승리했을 뿐이다)에도 불구하고 닉슨은 워터게이트 스캔들로 사임하지 않을 수 없었고, 그로 인해 공화당은 더러운 술수를 부렸다는 오명만을 뒤집어썼다. 거의 무명의 지미 카터Jimmy Carter가 1976년 닉슨의 과거 부통령이었던 제럴드 포드Gerald Ford와의 접전에서 승리했지만 1980년 선거에서는 패배했다. 이때 로널드 레이건이라는 신성이 공화당의 하늘을 밝히게 된다. 레이건의 당선은 28년 만에 처음으로 공화당이 상원을 지배하는 보너스까지 안겨주었다. 레이건과 더불어 우리는 마침내 진정으로 신자유주의적이고 신보수주의적인 영토에 발을 디디게 되었고, 그때부터 우리는 이 영토에 계속 머물게 되는 것이다.

네트워크에서 은하계로

이제 미국에서 신자유주의적 경제와 사회 정책이 어떻게 체계적으로 확산되었는지 살펴보자. 이러한 정책은 미국인의 삶에도 영향을 끼쳤지만 미국의 국경 너머에도 해악을 끼쳐왔다. 경제·사회적 사상의 신자유주의적 강탈에 관해 주목해야 할 첫 번째 사실은 미국 내외의 진보세력, 심지어 온건세력조차 그것에 충분한 주의를 기울이지 못했다는 점이다. 은밀한 혁명이 등잔 밑에서 일어나고 있었지만 그들은 낌새조차 알아채지 못했다. 하물며 그것을 억제하려는 시도는 생각도 못하고 있었다. 우파는 자신의 이데올로기 사업을 감시당하지도 않았고 저지당하거나 방해받지도 않으면서 열심히 펼칠 수 있었다.

이러한 혁명을 알리는 전조가 하이에크가 1950년에 교수로 재직하고 있던 시카고 대학에서 일어났다. 하이에크는 주변에 열정적인 추종자 소모임을 형성했는데, 시카고학파Chicago School라 불리는 이들은 나중에 칠레와 여타 다른 곳에서는 다소 불길한 의미로 '시카고 보이들Chicago Boys' 이라 알려지게 된다. 1947년에 이미 하이에크는 젊은 밀턴 프리드먼Milton Friedman의 도움으로 열렬한 신자유주의적 경제학자들의 비밀 공동체 〈몽페를랑협회Mont Pèlerin Society〉를 창설했는데, 마가렛 대처는 지금까지도 이 협회 회원으로 남아 있다.

대개 국내외에는 잘 알려져 있지 않지만 이 씨앗들은 더딘 출발에도 불구하고 중요한 역할을 맡아 수행해왔다. 1985년과 2002년 사이에 〈몽페를랑협회〉는 다양한 보수 기금으로부터 50만 달러 이상을 제공받았으며 최상의 신자유주의 사상가를 끌어 모았다. 현재는 40개국에서 500명 이상을 회원으로 거느리고 있다. 하이에크와 프리드먼을 제외하면 가장 잘 알려진 몽페를랑협회 전 회장에는 노벨 경제학 수상자 조지 스티글러George Stigler, 제임스 뷰캐넌James Buchanan, 게리 베커Gary Becker 등이 있다.

보수적 시카고학파의 일원인 리처드 위버Richard Weaver는 1948년 자신의 책에 『사상이 중요하다Ideas Have Consequences』는 제목을 붙였다. 네오콘에게 이 제목은 일종의 모토 구실을 하였다. 우파 가문 재단들은 이 진술을 액면 그대로 수용하고 오늘날 우리가 '신자유주의' 혹은 '네오콘' 이라 부르는 이론과 실천을 국가 · 국제적 지도 위에 새겨 넣기로 결심했다. 그들은 자금력과 함께 밀턴 프리드먼의 가장 성공적인 책 제목 하나를 그릇되게 인용하여 '선택할 자유' 를 전략적으로 활용했다. 그들은 거대한 핵심그룹 학자와 전문 언론인을 학문·비학문적 제도와 두뇌집단의 네트워크 속으로 끌어들이고 막대한 연구비를 지불했다. 오늘날 우리가 살고 있는 사회세계를 몹시 위협하는 이데올로기적 분위기—즉, 지구온난화가 자연세계를 위협하듯이—를 그들은 실질적으로 무에서 창조했다.

자신의 사상적인 힘과 정당성을 확신하고 있는 진보세력은 이런 위협을 인식하는 데는 믿을 수 없을 정도로 느려터졌다. 그들은 문화전쟁이 끝날 무렵까지 논쟁 한 번 제대로 못해보고 어느새 네오콘에 패배하고 말았다. 신자유주의 이데올로기에 대한 최초의 진보적 비판 중 하나가 1991년에 출간된 제임스 알렌 스미스James Allen Smith의 세밀한 연구 분석인데, 그 시점은 이미 로널드 레이건이 백악관을 장악하고 수십 가지의 네오콘 제안을 입법화하고 난 뒤로도 10년이 더 지난 후였다. 그 일 년 전에 존 위너Jon Wiener가 쓴 짧은 글이 주간 『네이션The Nation』에 실리기도 했고 소수 학자들이 보수적인 기금에 관해 글을 쓰기도 했지만, 오랫동안 레이건주의와 대처주의 뒤에서 움직이고 있는 사람과 계획과 제도에는 거의 주목하지 못했다.[19]

내가 1997년 『르몽드 디플로마티크Le Monde Diplomatique』와 『디센트Dissent』에 실었던 짧은 글을 비롯하여 1990년대에는 다양한 글이 기고되었다. 그 글에서 나는 우파의 지적 중심이동의 성공적인 역사를 추적할 뿐만 아니라 진보세력의 잠재적 후원자들이 〈초국적 연구소Transnational Institute〉의 내 동료나 여타 비슷한 생각의 연구기관이 생산하는 그런 사상을 지지하는 것이 아니라 우파 프로젝트를 지지하고 있는 어리석음을 일깨워주려 했다. 하지만 그런 시도는 거

---

19) James Allen Smith, *The Ideal Brokers* (The Free Press: New York, 1991); Jon Wiener, "Dollars for Neocon Scholars," *The Nation* (January 1, 1990)

의 반응을 끌어내지 못했다. 적어도 너무나 중요한 부분에서 그러지 못했다. 내가 썼던 글 일부를 인용해보겠다.

> 오늘날 우리가 다양한 불평등과 일상적 폭력이 수반된 시장 지배적이고도 극도로 경쟁적인 전 지구화 사회의 실질적인 지배하에서 살고 있다는 것을 부정하는 사람은 거의 없을 것이다. 우리는 우리 스스로 가져야 하는 헤게모니를 갖고 있는가? 나는 그렇다고 생각한다. 이때 '우리' 란 진보적 운동이나 그 진영에 남아 있는 사람을 의미한다. …… 비극적이게도 '사상의 전쟁' 은 정의의 편에서는 간과되고 있다. 진정으로 더 평등한 세계를 위해 일하고 있다고 믿는 많은 공적·사적 제도는 사실상 신자유주의의 승리에 적극적으로 기여하거나, 아니면 이러한 승리가 가능하도록 소극적인 묵인을 하고 있다. …… (하지만) 만일 우리가 시장 지배적인 불평등 세계가 자연적이지도 필연적이지도 않음을 인식한다면, 다른 세계를 꿈꾸는 대항 기획을 세울 수 있어야 한다. …… 오늘날 지배적인 경제 교리는 하늘에서 내려온 것이 아니다. 오히려 그것은 수십 년 동안 사고와 행동과 선전을 통해 조심스럽게 키워졌고, 긴밀하게 구성된 여러 조직이 이를 구매하고 지불해왔다.…… [20]

이러한 구매와 지불은 항상 결정적이었다. 제임스 알렌 스미스는 자신의 책에서 네오콘 운동을 형성했고 거기에 중추적 기여를 한 여러 **극적 인물**을 소개한다. 스미스는 그들이 활약하는 제도와

---

20) Susan George, "How to Win the War of Ideas: Lessons from the Gramscian Right," *Dissent* (Summer 1997)

그들에게 기금을 대주는 자금의 복잡한 기제에 대해 기술한다. 이런 창설의 아버지(창설의 어머니는 거의 등장하지 않는다)들이 어떻게 해서 미국적인 경험적 전통의 사회과학과 저널리즘에서 벗어나 자신의 메시지를 노골적인 이데올로기적 틀로 위장하고 있는지를 보여준다.

또한 그들은 주류 언론, 라디오, 텔레비전 저널리스트들이 적절하게만 가공되면—게으름 때문에 그리고—균형이라는 이름으로 자신들의 작업을 이용하게 될 거라는 사실을 잘 알고 있었기 때문에 놀라운 확산력과 홍보 기술을 전개한다. 많은 네오콘이 갖춘 핵심 장기(長技) 중에는 수많은 기자회견, 공식설명, 시사해설을 준비하는 작업, 그리고 말 잘하는 전문가를 토크쇼와 광범위한 주제를 다루는 CNN이나 전국 공영방송의 뉴스 네트워크에 출현시키는 작업 등이 포함되어 있다. 좌파는 네오콘이 동원할 수 있는 기구나 자금이나 언론에 정통한 지식, 또는 인력을 전혀 갖추지 못하고 있다. 바로 이것이 '균형'을 점점 더 우측으로 기울일 수 있었던 그들의 방식이다.

한때 네오콘을 '현실에 두들겨 맞는 자유주의자'라 말하기도 했던 이 운동의 대부 어빙 크리스톨Irving Kristol은 네오콘을 '새로운 계급New Class'과 동일시했다. 어빙의 분석에 따르면 이 새로운 계급은 사적 부문에 적대적일 뿐 아니라 사상의 보루—즉 '사상을 합법화하는 기관'으로 기능하는 대학, 두뇌집단, 재단—를 성공적으로 접수해왔다. (미국에서 온건한 좌파의 의미로 사용되는) '자유주의적인' 이데올로기 헤게모니에 대한 대응으로 어빙은 기업과 보수 재단 기금 지원으로 유지되는 우파의 경쟁적인 제도를 세우고자 했다. 네오콘 재단과 연구자들의 네트워크를 창조하려는 크리스톨의 목적은 처음부터 명백했다. 그의 전략은 워싱턴 안팎에서 국가적인 정책 토론에 영향력을 행사할 수 있는 능력에 집중하는 것이었다. 이런 발상은 탁월했고, 그 전략은 놀라운 성공을 거두었다.

느슨한 네트워크로 시작된 것이 이제는 하나의 은하계가 되었다. 외부 시각에서 판단해볼 때, 광대하게 확대된 네트워크의 다양한 접점—기금제공자, 두뇌집단, 대학교, 단일 쟁점의 정책개발센터, 저변 조직, 출판물, 개별 지식인과 운동가—의 결집력은 주목할 만하다. 그들을 연구하는 가장 좋은 방법은 커다란 종이 하나에 기부자와 수령자 이름을 모두 써보는 것이다. 관련된 하위범주(가령, 연구지원금을 받고 있는 특정 대학 내 연구센터의 개별 연구자)는 모두 다루고 그들 사이의 연결 관계는 꼭 그려야 한다. 다양한 색깔의 비슷한 선들은 돈이 아니라—이를테면, 같이 일하는 조직, 출판물, 미디어 간의—긴밀한 관계를 나타낼 것이다. 하나의 접점으로 이어지는 선 대부분이 각 행위자의 권력과 범위와 영향력을 이해하게 해줄 것이다.

그럴 때 개별적인 '별', 대부분의 행성이 선회하는 '태양', 나아가서 행성과 그 행성 간의 중력장을 돌고 있는 '달'의 위치를 설정함으로써 은하계에 대한 정확한 지도를 그릴 수 있을 것이다. 또한 이런 과정은 그람시가 말한, 새로운 문화 헤게모니로 나아가고 자신의 '유기적 지식인'을 개발해가는 과정에 대한 개념을 잘 설명해줄 것이다. 지난 4반세기 동안 이들은 이데올로기적 분위기를 근저에서부터 변화시켜왔다. 비록 그들 중 상당수가 허위적으로 계속 미디어·대학·타기관이 여전히 '자유주의자'나, '좌파'—자신들이 공격을 위해 사용하는 용어—에 의해 지배되고 있다고 떠들어대고 있더라도 말이다.

새로운 재단의 창설자와 자금제공자

은하계의 지도 중심에 서면 자금제공자들을 볼 수 있다. 그들이 없다면 나머지 하부구조는 곧 붕괴되고 말 것이다. 그들은 사상의 중요성을 신속히 알아채고 '크리스톨 프로그램Kristol program'을 열렬하게 받아들인다. 이 프로그램은 바로 전국적 정책 논쟁을 변화시킬 수 있는 대안적인 우파 엘리트와 기관을 설립하는 것이다. 신보수주의 재단 가운데 가장 중요한 것으로 〈브래들리Bradley〉, 〈올린Olin〉, 〈스미스-리처드슨Smith-Richardson〉, 〈찰스 코크Charles Koch〉, 〈스카이퍼-멜론〉(이 재단은 동일한 철강 부호 가문에 기반을 두고 있는 독립 재단 네 개로 구성되어 있다) 등이 있다. 〈엘리 릴리Eli Lilly〉, 〈JM〉, 〈이어하트Earhart〉, 〈캐슬 락Castle Rock〉, 〈데이비드 코크David Koch〉 같은 더 작은 재단 여럿도 같은 목표를 추구한다. 이른바 '네 자매Four Sisters'—〈브래들리〉, 〈올린〉, 〈스미스-리처드슨〉, 〈스카이퍼〉—는 종종 힘을 합쳐 수령자 하나에 막대한 후원금을 제공한다. 크든 작든 이런 재단은 자신들이 모두 함께 "하나의 운동을 건설하고 있다"는 사실을 명확하게 인지하고 있다. 개인 기부자나 개별 기업은 주로 이들이 주도하는 방향을 뒤따르는 경향이 있다(마지막 장에서 문화기획의 기업적인 차원을 살펴볼 것이다).

"하나의 운동을 건설하기" 위해 이런 재단은 어떻게 전략적으로 기금을 사용하는가? 가장 간단한 답은 그들이 진보적 기부자들이 수행하기를 꺼려하는 거의 모든 일을 한다는 것이다. 네오콘은 정교하고 세밀한 사상을 생산하는 데는 시간이 꽤 소요된다는 걸 알고 있다. 그들은 다년에 걸쳐 예측 가능한 대규모 기금을 제공한다. 그들의 비호 아래 있는 사람은 글자 그대로 수십 년 동안 기금을 받는다.

수령자는 자신이 장기 프로젝트에 착수할 수 있다는 걸 알고 있다. 자신의 이데올로기 작업 완성을 기부자가 기다려줄 것을 알고 있는 것이다.

진보적인 기부자들은 어떠한가? 그들은 단기지원을 선호한다. 보통 1년으로 시작하고, 가뭄에 콩 나듯이 갱신해준다. 길면 3년까지도 제공해줄 수 있지만, 비록 성공적으로 작업이 완성된다 하더라도 그때는 새로운 일이나 새로운 사람으로 나아가야 하기 때문에 지원을 중단할지도 모른다. 네오콘은 자신의 미래 스타를 알아보는 한편 미숙한 단계에서 성숙한 단계로 성장해갈 수 있도록 도와줌으로써 기금수령자를 양성한다. 〈브래들리재단〉 회장이 자신의 기금 정책과 젊은 보수 학자를 위한 장학 프로그램에 관해 말했듯이, "그것은 하나의 와인 컬렉션을 만드는 것과 같다."

진보적 기부자들은 일반적으로 개별 학자에 대한 기금 제공을 불편해한다. 즉 그들에게는 멋진 와인 컬렉션이 없는 것이다. 개별 학자가 연구와 사고에 전념하고 풀타임으로 글을 쓰게 하기보다는 개괄적으로 정리하거나 관리, 협력할 정도의 기획에만 기껏해야 기금을 줄 뿐이다.

우파 재단은 개별 학자에게 아낌없이 기금을 제공할 뿐 아니라 네오콘 기관에 '핵심적 운영지원시스템' 을 풍부하게 제공한다. 왜냐하면 이런 괜찮은 하부구조 없이는 아무것도 제대로 이루어질 수 없기 때문이다. 진보적 기부자들은 '핵심' 예산에 후원하기를 꺼린다. 그들은 일반적으로 프로젝트의 10퍼센트 남짓인 소규모 '일반경비' 에 기금을 줄 뿐이고, 수령자는 '핵심' 에 기여하는 보조 지위만을 담당할 뿐이다.

진보 기부자와 우파 재단의 가장 눈에 띄는 차이는 목표에 있어서 엄청난 대조를 보인다는 데 있다. 진보 기부자 가운데 사상의 생산과 전파에 의미 있는 뭔가를 기여할 준비를 갖춘 사람은 별로 없다. 그들의 전략 중심에는 분명하게 판단할 수 있는 성과를 염두에 둔—뭔가 바로잡을 필요가 있는 일과 관련하여 잘 정리된 목표인— '프로젝트'가 놓여 있다. 물론 이 프로젝트는 좋은 것일지 모른다. 하지만 기금 제공자는 뒤바뀐 이데올로기의 분위기 속에서 그 프로젝트가 독립적일 수 없고 기금이 중단될 경우 쓰나미가 휩쓸고 간 해변 가옥처럼 붕괴하고 말 것임을 깨닫지 못한다.

더욱이 재단 활동 내부에 고유한 경제적 성과제도는 진보 사상의 확산을 위해서는 반생산적일 수 있다. 재단에 고용된 인력은 반드시 자신의 존재가치를 정당화해야 한다. 그들은 기금수령자를 위해 일해야 하고 그것을 두고 동료와 토론하고 비판하고 평가할 수 있어야 한다. 진보적 기부자들은 심지어 기금을 효과적으로 사용할 능력을 지속적으로 보여준 사람이나 조직에게조차 기금을 넘겨주면서 "이것으로 잘 해보시오"라고 말하려 하지 않는다. 왜냐하면 이런 방식은 채 5분도 걸리지 않을 것이기 때문이다. 따라서 기금제공자와 지속적으로 관계를 맺거나 갱신하고자 하는 기관이나 개인은 사상을 생산하고 전파하는 '핵심 작업'에 매달려야 할 시간에 제안서와 보고서를 작성하고 서식을 채우거나 질문지에 답변하며 기금제공자에게 구애하는 데 엄청난 시간을 소비해야 한다. 반면, 우파는 자기 사람을 신뢰하고 관료 행정을 최소화하면서 사실상 "잘 해보시오"라고 말한다.

미국의 거대한 주류 재단 중 하나와 프로그램 진행 경험이 있는 어떤 연구책임자는 나한테 (익명을 요구하면서) 이런 설명을 하였다. 자신에게 기금을 제공한 재단은 전반적인 그 어떤 제도적 정책도 갖고 있지 않았을 뿐 아니라 재단 전체의 목표를 설정해두지도 않고 있었다는 것이다. 각 프로그램 책임자는 다른 연구 단위가 무엇을 하는지 전혀 아랑곳하지 않고 자신의 연구 단위를 세우는 데만 관심을 기울일 수 있었다. 반면 진보 작업에 기금을 제공하는 것은 프로그램 책임자의 개인적인 선호도와 정치에 굉장히 의존하게 된다. 그에 의하면 잠재적으로 진보적이거나 적어도 공평성을 추구하는 거대 재단들은 극도로 소심하거나 비판에 민감했다. 그들은 조금이라도 논란의 여지가 있으면 회피하려 하고 전혀 민감하지 않은 '더 안전한' 영역으로 몰려드는 경향이 있다. 그런 상황에서 그어떤 진보 연구가 제대로 이루어지겠는가? 그 어떤 진보 사상이 대중에 도달하거나 정책 의제로 구체화될 수 있겠는가? 불가능한 일이다.

다시 말해, 그들이 깨닫고 있든 아니든 진보적이거나 잠재적으로 진보적인 기부자들은 종종 자신의 권력을 상당히 행사하려 들고, 진보적 분석과 제안과 행동의 생산·확산을 저지하지는 않는다고 하더라도 적어도 그것을 제한하는 여러 가지 행위를 한다. 그들이 선량한 개인 연구자나 기관의 생존을 힘들게 하는 반면,[21] 우파의 기금 전략은 반동적인 연구자나 기관이 번성할 수 있도록 해준다. 우파가 발판을 확보하고 우파의 언론·커뮤니케이션 전문가들이 '균형'을 더욱더 네오콘 쪽으로 기울게 하는 데 반해, 진보적인 사고는 끊임없이 수세에 몰리고, 중심에서 벗어나 훨씬 더 주변화되기 시작한다.

---

21) 이 논평은 TNI의 미국 기금제공자들과 특히 감탄스러울 정도로 지속적인 관심을 기울여준 〈사무엘루빈재단Samuel Rubin Foundation〉에는 적용되지 않는다. 하지만 그들은 네오콘의 거인재단에 비하면 너무 왜소하다.

은하계 속에서 가장 빛나는 별

여기서 모든 네오콘의 재정 정보를 상세하게 검토하는 것은 불가능한 일이겠지만 〈브래들리재단〉을 시작으로 소수 재단의 중요성을 살펴보는 것은 유용하다고 본다. 위스콘신 주 밀워키의 브래들리 형제는 1950년대 초부터 극우파 〈존 버치 협회John Birch Society〉의 회원이었다. 형제는 최첨단 정밀 유도 기계를 만들어 돈을 벌었는데, 그 기업은 같은 기계를 돌리는 남성보다 여성에게 월급을 적게 지불했고(1966년에 여성노동자들은 그들에 대항한 소송에서 승리했다) 1985년 16억 5,000만 달러에 거대한 군산복합기업 록펠러에 팔렸다. 브래들리 재단은 졸지에 미국에서 가장 큰 재단 중 하나가 된 것이다.

브래들리는 또 다른 네오콘 조직 올린재단(이 재단은 화학무기를 판매한 돈으로 설립되었다)에서 매우 영향력 있는 인물 마이클 조이스Michael Joyce를 이사로 데려왔다. 조이스는 2006년에 63세의 나이로 죽었지만 전통적인 자선활동과 미국문화의 지적 풍경을 결정적으로 바꾸어놓은 인물이다. 2004년 〈브래들리재단〉의 연차보고서는 총 금액 5억 2,700만 달러에 이르는 재단의 ‘20년 동안의 전략적 자선활동’ 을 극찬했다. 이 재단은 여전히 7억 달러 이상의 자산을 소유하고 있다.[22]

주로 상류층을 겨냥하는 잡지 『애틀랜틱 먼쓰리Atlantic Monthly』는

---

22) 조이스는 〈공동체와 신앙 중심의 기업경영을 추구하는 미국인들Americans for Community, Faith-Centered Enterprise〉이라는 새로운 조직을 건립해야 한다는 조지 부시와 칼 로브Karl Rove의 청을 들어주기 위해 15년 동안 실권을 쥐고 있던 〈브래들리재단〉을 2002년에 물러났다.

조이스를 미국 보수주의 운동의 성공에 가장 큰 공이 있는 세 명 중 한 명으로 거명한 바 있다. 조이스는 일관되게 보수 지식인에게 후원금을 제공했을 뿐 아니라 브래들리의 고향도시 밀워키와 재단 본사가 위치한 위스콘신 주에서 시범 프로그램을 펼치기도 했다. 조이스는 공화당 주지사들과 협력해서 복지 개혁 조치를 밀어붙이기도 했는데, 이런 시도는 그 뒤 1996년에 국가 차원에서 복지를 정리하려고 했던 의회와 클린턴 대통령에게 모델 역할을 했다. 조이스는 가난한 아이들이 주정부, 즉 납세자의 비용으로 사립학교에 다닐 수 있게 하는 '학교이용권제School Voucher' ―아직 전국적으로 확산되지 않았지만 여기저기서 수용되고 있는 프로그램―를 장려했다.

1970년대 말 조이스는 〈자선원탁회의Philanthropy Roundtable〉를 설립하여 그 정치적 방향을 설정하는 데 핵심 역할을 했다. 〈자선원탁회의〉는 600개 이상의 작은 재단과 기업 및 개인 기부자를 결합한 조직으로 성장했는데, 이들은 대부분 우파 성향을 갖고 있었다. 그 이사회 또한 대부분 이 조직 출신이었는데 조이스는 2003년까지 회장을 역임했다. 1년에 약 400만 달러의 〈원탁회의〉 조직 예산은 대부분 보수 재단의 후원금으로 충당되었으며 이 돈으로 〈원탁회의〉는 회원을 위한 전국·지역 회의를 주최할 수 있었는데, 연사 대부분은 네오콘 전문가와 지식인들이었다. 〈원탁회의〉는 격월간 잡지를 발행하고 보수적인 기부를 위한 지침서를 발간하기도 했다. 그 안내책자의 제목 중 하나가 〈브래들리재단〉과 〈올린재단〉을 소개하는 "사상에 대한 전략적 투자: 두 재단은 미국을 어떻게 새롭게 형성했는가?" 이다.

〈브래들리재단〉은 개별 학자를 지원하기 위한 "발굴하고 모집하고 보상하라"는 철학을 잘 보여주었는데, 이 철학은 주로 기성학자와 연구센터에 대한 풍부한 연구비 지원이나 정기적 자금지원을 통해서 이루어졌을 뿐 아니라 매년 '탁월한 지적 업적'을 거둔 네 사람에게 각각 25만 달러라는 거금을 상금으로 지원함으로써 이루어지기도 했다. 최근 수상자 중 한 명이 〈미국민권연구소American Civil Rights Institute〉 소장 워드 코널리Ward Connerly이다. 코널리는 흑인으로 캘리포니아 주 전문대학과 일반대학교에서 소수인종 우대조치 affirmative action를 **폐지하는** 캘리포니아 투표 발의안("제안 209")을 성공적으로 주도한 인물이다. 소수민족 우대조치 때문에 간혹 더 나은 자격을 갖춘 백인후보자가 배제될 가능성이 있기는 했지만, 소수인종에게 교육제도에 들어갈 수 있는 우선권을 제공하는 관례는 "인종 문제는 미국 생활과 법률에서 아무런 지위도 갖지 않는다"라고 말한 수상자 코널리에 의해 무시당했다. 코널리는 '다양성'을 위해 정해놓은 우선권을 전혀 인정하지 않는 '색맹' 정책을 주장했다. 이런 주장은 부유한 백인 다수파에게 매우 적절한 것이었다.

비록 불만을 품은 일부 백인 지원자들이 자신을 배제하는 학문제도에 맞서 법적 소송을 벌이기는 했지만, 소수인종 우대조치는 지금까지 대체로 미국에 상존하고 만연된 인종차별을 다소나마 줄이기 위한 장치였다. 가난한 지역의 공립 초·중등학교가 소수인종 학생들에게 합당한 정도의 학문 성취를 이루어주지 못한다면, 혹은 그런 학문 성취가 이루어질 때까지, 소수인종 우대조치는 적어도 일부 가난한 유색인종 학생들이 그런 장애를 뛰어넘을 수 있도록 보장해줄 수 있었다.

〈브래들리재단〉의 또 다른 25만 달러 수상자는 찰스 크라우서머 Charles Krauthammer로서 그는 저널리스트로 진출하기 전에 하버드 대학에서 의사자격증(MD)을 딴 인물이다. 현재 그는 『워싱턴포스트

Washinton Post』에서 외교 문제에 관해 고정적으로 기고하는 보수주의 진영의 칼럼니스트이며, 루퍼트 머독의 〈폭스뉴스〉 단골 해설가이기도 하다. 크라우서머는 미국의 외교 정책에 관해 "우리는 지나치게 온건한 방식으로 제국을 운영하고 있다"[23]고 말한 바 있다. 조지 윌George Will 또한 보수주의 진영의 칼럼니스트로서 토머스 소웰처럼 탁월한 지적 업적으로 '브래들리 상'을 받았다. 소웰은 시카고 대학에서 박사학위를 받았고, 현재 스탠퍼드 대학에 자리 잡고 있는 유서 깊은 보수 두뇌집단 〈후버연구소〉의 '로즈 앤 밀턴 프리드먼 선임 특별연구원Rose and Milton Friedman Senior Fellow'으로 재직하고 있는 흑인 경제학자로서 네오콘으로부터 풍부한 지원을 받고 있다.

〈미국기업연구소American Enterprise Institute〉(1943년에 설립되었고 네 자매와 다른 우파 재단의 지원을 받고 있다)에서 활동하는 찰스 머레이Charles Murray는 1988년 이후 적어도 19번의 기금을 받았지만 〈브래들리재단〉으로부터는 단 한 번 받았는데 그 액수가 무려 2억 8,000만 달러에 육박하는 엄청난 돈이었다. 가장 잘 알려진 머레이의 책 두 권으로는 사람들에게 복지 혜택을 제공하는 것은 빈곤만 낳을 뿐이라고 주장하는 『기반의 상실: 미국의 사회정책 1950-80Losing Ground: American Social Policy 1950-80』(1985)과 흑인은 백인보다 태생적으로 정신능력이 낮다고 주장한 『종형 곡선: 미국 생활에서 지능과 계급구조The Bell Curve: Intelligence and Class Structure in American Life』(1994)가 있다. 이 책 두 권은 굉장한 논쟁을 불러일으켰는데, 핵심은 이 책들이 베스트셀러가 되었고 라디오와 텔레비전

---

23) 이 말은 2001년 6월 8일 『워싱턴포스트』 고정칼럼에서 한 말이다.

에서 토론과 논쟁의 대상이 되었으며 머레이는 이 문제에 관한 '권위자'가 되었다는 점이다. 복지의 부작용에 대한 머레이의 견해는 빌 클린턴과 민주당 의원의 정책을 포함하여 다양한 정책 형성에 특히 영향을 끼쳤다.

또한 '네 자매 재단'은 디네시 드수자Dinesh D' Souza에게도 아낌없는 지원을 해주었다. 드수자는 인도 태생의 젊은 네오콘으로 다트마우스Dartmouth 대학에서 소수민족 우대조치를 반대하는 호전적인 학생으로 두각을 드러냈다. 현재 드수자는 사회복지와 페미니즘에 대항해 싸우고 있으며, 워드 코널리처럼 미국에 제도적 인종차별주의가 있을 수 있다는 생각을 거부한다. 외교 관계에서도 드수자는 미제국주의의 존재를 부정하고 강경한 자유방임 경제학을 신봉하고 있다. 드수자가 자주 시사 행사나 해설 프로그램에 등장하기 때문에 그의 적들은 그를 '왜곡하는 드뉴자Distort D' Newsa'라고 부르기도 한다. 그럼에도 불구하고 드수자는 〈브래들리〉, 〈스카이퍼〉, 〈올린재단〉으로부터 150만 달러에 해당하는 21개의 각기 다른 기금을 받았고, 많은 다른 저명한 네오콘들처럼 기업의 행사장에서 연설을 하고는 1만 달러를 받고 있다. 훨씬 적긴 하지만 자매들에게서 기금을 받은 수령자 가운데는 그 유명한 사무엘 헌팅턴Samuel Huntington(「문명의 충돌Clash of Civilizations」)과 프란시스 후쿠야마Francis Fukuyama(「역사의 종말The End of History」－후쿠야마는 최근 들어 네오콘과 약간 거리를 두고 있다)가 있다.

〈올린재단〉은 재단 설립 후 50년이 지난 2005년 9월에 문을 닫았는데 3억 7,000만 달러어치의 기금을 소유하고 있다. 이 재단은 우파 재단과 개인을 지원하는 데 특히 앞장을 섰다. 그 재단 이사장은 "우리는 사회의 상층부에, 특히 워싱턴의 두뇌집단과 최상의 대학들에 투자를 했다. 이런 곳은 특히 영향력이 있어 더 많은 영향을 끼칠 수 있을 거라고 생각했기 때문이다"라고 말했다.

1988년 〈올린재단〉의 연차보고서는 이미 "사기업의 논리를 세워줄 경제적, 정치적, 문화적 제도를 강화하기 위한" 대학 프로그램을 지원하는 데 5,500만 달러를 사용했음을 보여준다. 〈올린재단〉의 회장 윌리엄 사이먼William Simon은 레이건 행정부의 실력자였으며 기업들로 하여금 "자신을 파괴하는 데 재정지원"을 중단할 것을 설득하기도 했다. 사이먼은 "왜 기업가들이 자신의 가치와 정반대되는 좌파지식인이나 제도에 재정지원을 해야 하는가?"[24]라고 반문했다. 그는 기업가들로 하여금 네오콘 기금 지원 단체에 동참을 촉구했다.

선별된 보수 학자에 대한 〈올린재단〉의 기금 지원에는 시카고 대학의 〈민주주의 이론과 실천 탐구를 위한 존 M. 올린 센터John M. Olin Center for Inquiry into the Theory and Practice of Democracy〉를 이끌도록 앨런 블룸Allan Bloom에게 제공한 360만 달러가 포함되어 있다. 보수적인 지적 운동을 위한 청사진을 작성한 어빙 크리스톨은 뉴욕 대학교의 경영행정대학원 석좌교수로서 37만 6,000달러를 지급받았다. 크리스톨은 나중에 올린 특별연구원으로 〈미국기업연구소〉에 참여하면서 비슷한 액수를 수당으로 받게 된다. 1980년대 후반에 시작하여 지난 15년 동안 크리스톨은 올린 기금을 열여섯 번이나 받았으며 그 액수는 총 140만 달러에 이른다.

---

24) 브래들리와 올린에 관한 매우 유용한 정보로는 〈자선원탁회의〉의 책자에 실린 John J. Miller, "Strategic Investment in Ideas: How Two Foundations Reshaped America" (Washington, DC)를 참조하라.

"전통 가치"

기부자는 예측 가능한 가치에 지원한다. 브래들리는 자신이 "미국식 민주주의적 자본주의를 강화하는 데 전념하며" "자유 기업, 전통 가치, 강력한 국가방위를 지지하는 공공정책 연구"를 지원한다고 명확하게 밝힌다. 이 재단은 "개인적 책임을 지향하는" 한편 "중앙집중적이고 관료적이며 '서비스 제공적인' 제도(즉 복지)"로부터 거리를 두어야 한다고 믿는다. 이런 제도는 "시민을 희생자나 고객으로 만들어버림으로써 시민권을 박탈하는 것"이라고 주장한다. 이 재단은 사람들에게 '선택(choice)'이 필요하다고 말한다. 하지만 그 선택이 좌파가 지지하는 '낙태 찬성(pro-choice)'이라는 표현의 법안에서처럼 낙태의 '선택'에는 적용되지 않는다.

사람들에게 더 많은 개인 책임을 제공하는 예에는 '학교이용권제'가 포함되는데, 부모는 이 제도를 이용하여 자식을 종교 학교나 가정을 포함한 자신들이 선택한 학교에서 교육시킬 수 있다. 부모는 공립학교를 선택할 수도 있고, 더 나은 교육시설에 보내면서 그 비용을 지불하기 위해 이 제도를 이용할 수도 있다. 또한 〈브래들리재단〉은 개인의 책임을 강조함으로써 사회보장제도 '개혁'을 요구한다. 핵심은 모든 공적 제도를 하이에크식의 개인적 '선택의 자유'라는 윤리로 전환하는 것이다. 뿐만 아니라 〈브래들리재단〉은 전통적인 종교의 이데올로기적 가치를 높이 평가하고—전부는 아니지만 대부분 지역에 존재하는—교회와 '신앙에 기반을 둔 조직'에 직접적으로 기금을 제공한다.

〈브래들리재단〉의 전략(이 전략은 네오콘 세계의 그 어떤 조직에도 적용될 수 있다)은 탁월한 〈미디어 투명성Media Transparency〉 웹사이트에 다음과 같이 요약되어 있다. "〈브래들리재단〉은 공공정책의 핵심 쟁점에 관하여 전국적인 논쟁에 개입할 수 있는 저자나 작가, 특정 프로그램을 개발할 수 있는 두뇌집단, 그러한 프로그램을 실행할 수 있는 운동가 조직, 그리고 이러한 프로그램을 법정에서 방어하고 나아가서 다른 목표물에 대한 법률 공격을 수행할 수 있는 법률사무소 등에 기금을 제공했다." [25]

자신들 말로 "자유를 옹호하고 진전"시키기(즉 '대테러 전쟁'을 비롯하여 미국의 방위 및 보안정책을 지지하기) 위해 〈브래들리재단〉은 워싱턴의 〈미국기업연구소〉, 스탠퍼드 대학의 〈후버연구소〉, 그리고 워싱턴 존스 홉킨스 대학의 〈고등국제학대학원School for Advanced International Studies〉(SAIS)에 막대한 기금을 제공하고 있다. SAIS는 폴 월포위츠Paul Wolfowitz가 정부에서 물러나 세계은행 총재로 가기 전에 도피했던 곳이며, 후쿠야마와 브레진스키Zbigniew Brzezinski가 가르치고 있는 곳이다.

일반적으로 네오콘 우파는 진보적 입법 철폐를 지원하기도 하지만 자신들이 순진무구할 뿐 아니라 엄청나게 진보적인 것처럼 보이도록 하기 위해 단체 이름을 작명할 때 매우 모순된 논리를 드러내기도 한다. 이를테면, 〈독립여성포럼Independent Women's Forum〉은 그 이름과는 달리 낙태 반대파이고 반페미니스트적이며 남편에 대한 순종을 장려한다. 〈미국민권연구소〉(이미 언급한 워드 코널리의 조직)는 "인종적, 젠더적 선호에 관한 대중 교육을 위해 창설"되었다. 사실 그것은 소수인종과 여성의 선호에 대항하기 위해 싸운다. 〈평등기회센터Center for Equal Opportunity〉와 〈개인권리센터Center for

---

25) www.mediatransparency.org를 보라.

Individual Rights〉 또한 유사한 목적을 위해 활동하고 있으면서도 우호적인 것처럼 들리는 명칭을 갖고 있는 〈브래들리재단〉의 기금수령자들이다. 〈건전한 경제를 위한 시민들Citizens for a Sound Economy〉은 감세를 위해 발로 뛰고 싸우는 활동가들의 모임이다.

네오콘이─세금, 복지, 사법부, 사회보장, 소수인종 권리 등의─'개혁'에 관해 말할 때는 언제나 폐지, 폐기, 해체, 민영화를 염두에 두고 있다. 그 적합한 예가 〈세금 개혁을 원하는 미국인들〉이라는 가게를 운영하는 그로버 노퀴스트Grover Norquist이다. 노퀴스트는 '개혁'을 원한다기보다는 "정부를 욕조에 익사시켜버릴 수 있을 정도로 축소시키려는" 목표를 실현하고자 한다. 그러나 이 축소 프로그램에 펜타곤은 포함되지 않는다.

극우파의 정책을 방어하는 데 만족하지 않는 우파 인사들은 정책의 장 자체를 장악하려고 한다. 노퀴스트는 "(진보적이거나 자유주의적인 조직을) 하나씩 찾아내 자금줄을 끊어버리겠다"고 공언한다. 또한 노퀴스트는 가공할 만한 조직가이며 네오콘 내에서 〈워싱턴 수요일 조찬 모임Washington Wednesday breakfast meeting〉으로 명성이 자자한 인물이다. 이 모임에는 의회 간부, 언론인, 정부 관료─간혹 백악관 직원─를 포함한 백 명이 넘는 보수단체 대표자들이 정책 설명을 듣기 위해 모이고 그 주에 수행해야 할 명령을 하달받는다. 『월스트리트저널Wall Street Journal』은 노퀴스트를 "세금 반대 운동의 레닌"이자, "모든 기차가 그의 사무실을 경유하기 때문에 우파의 중앙역"이라 부른다. 일반 보수재단뿐만 아니라 마이크로소프트나 AOL 타임워너 같은 기업도 노퀴스트에게 기부를 한다.

두뇌집단

네오콘 재단은 당연히 네오콘 두뇌집단에 기금을 제공한다. 네 자매는 육 형제Six Brothers, 즉 〈헤리티지재단Heritage Foundation〉, 〈미국기업연구소〉, 스탠퍼드의 〈후버연구소〉, 〈맨해튼연구소〉, 〈카토연구소〉, 그리고 〈허드슨연구소〉를 집중 지원한다. 규모가 더 작은 두뇌집단도 있는데, 대부분 지역에 기반을 두고 있다. 이들은 전국적으로 미디어의 '균형' 을 우측으로 기울게 만드는 데 유용하다. 이런 두뇌집단 출신 '전문가' 를 인용하는 언론인들은 그 자금의 출처가 어디인지, 어떤 색깔을 갖고 있는지에 대해서는 전혀 언급하지 않는다.

1973년에 설립된 〈헤리티지재단〉을 예로 들어보자. 〈헤리티지재단〉은 〈브래들리재단〉이나 〈올린재단〉과 같은 의미의 재단은 아니다. 그러나 이 재단이 비록 네오콘 재단을 훨씬 넘어서서 모금을 하고 수천 명의 개인들에게 기부요청을 하고는 있지만, 이 재단은 〈브래들리재단〉이나 〈올린재단〉의 기금수령자라고 할 수 있다. 2004년에 〈헤리티지재단〉은 1억 5,000만 달러의 자산, 205명의 직원, 20만 명의 기부회원, 약 4,000만 달러의 연간 예산을 자랑했다. 이 재단은 로널드 레이건의 첫 임기 동안 입법제안서를 책으로 준비했고, 거의 모든 제안이 법으로 제정되었다. 뒤에 이 재단은 부시 행정부의 고위 간부직에 200명이나 추천을 했다.

〈헤리티지〉는 네 가지 M, 즉 사명Mission, 자금Money, 경영 Management, 마케팅Marketing을 강조하는데, 그 성과로 판단해보면 마지막 범주에 특히 강한 재단이다. 이 재단은 재단의 커뮤니케이션과 마케팅 부서가 "근무하는 날 수로 계산할 때 평균 하루 6.5회나 언론

인터뷰를 하고 있다"고 자랑한다. TV 방영물은 그 90%가 전국적·국제적 네트워크로 방영되는 것이다. 〈헤리티지〉는 자체 라디오 명사 대담프로를 운영하고 있고, 자사 건물 내에 TV 스튜디오를 두 개나 갖추고 있다. 〈헤리티지〉는 의회 간부 회원을 위한 교육 프로그램을 구상하고, 의회, 무역연합, 여론조사기관, 신앙조직, 그리고 최근에는 대학교에 네오콘의 일자리 마련을 위한 '은밀한 최상의 무료서비스'를 제공한다.

더욱 최근의 몇 가지 성과물에 근거해서 볼 때, 국제관계에 있어 〈헤리티지〉가 친(親)폴 월포위츠이고 반(反)유엔이며 '미국 애국법 US Patriotic Act'이라 불리는 반-테러주의의 지지자임을 입증할 수 있다. 국내적으로는 사회보장을 민영화하고 의료보험과 복지를 한층 약화시키며 세금과 정부 예산 삭감을 추진하기 위해 활동한다. 2004년에 부시 대통령의 내각에 들어간 회원 6명은 〈헤리티지〉의 다양한 역할에 대해 언급한 바 있다. 언젠가는 1973년 낙태를 합법화한 '로우 대 웨이드 Roe v. Wade' 소송과 같은 대법원 판결이 뒤집히기를 바라고 있다.

설립된 지 가장 오래되고(1943년) 혹자는 미국에서 가장 강력한 두뇌집단이라고 하는 〈미국기업연구소〉(AEI)는 완벽한 '회전문식' 기관이다. 즉, 공화당이 집권하면 이 연구소에서 행정직원들이 대거 백악관으로 입성하고, 그렇지 않을 때는 이곳으로 물러난다. 이런 양방향 흐름은 1976년 선거에서 포드 대통령이 지미 카터에게 패하면서 자신의 고위간부 수십 명을 AEI로 데리고 가면서 시작되었다. 로널드 레이건이 자신의 행정부를 채우기 위해 이 재단을 실질적으로 텅텅 비게 하는 통에 부지불식간 재단은 심각한 조직·재정적 위기를 겪기도 했다. 2003년 AEI에서 부시 대통령이 어빙 크리스톨의 삶과 업적을 예찬하는 연설을 했을 때, 크리스톨은 이 재단이 "우리나라에서 가장 멋진 정신의 소유자 몇 명을 데리고 있다"고 한껏 치켜세우면서 "나의 행정부가 그런 사람 20명을 빌렸을 정도로 훌륭한 일을 하고 있다고"고 덧붙였다.

한편 뉴트 깅리치Newt Gingrich는 미 하원 대변인직을 그만두자 AEI로 갔다. 부시 행정부 시절 유엔 대사였던 존 볼튼John Bolton도 부통령 체니의 아내 린Lynne, 부시의 이전 연설문 작가 데이비드 프럼David Frum, 이전 국방부 차관이던 '어둠의 황태자' 리처드 퍼얼Richard Perle 등과 함께 거기에 있다. 〈연방준비은행〉 총재 앨런 그린스펀Alan Greenspan이 1996년에 그 유명한 "터무니없는 과찬" 연설을 했던 곳도 AEI였다. 만일 다음 대통령이 공화당에서 나온다면, 그 대통령은 이미 AEI와 긴밀한 관계를 맺고 있을 가능성이 매우 높다. 상원의원 존 매케인John McCain도 예외는 아닐 것이다. 이 두뇌집단과 강력한 관계가 있는 또 다른 상원의원이 2000년 선거에서 앨 고어의 부통령 후보였던 조지프 리버만Joseph Lieberman이다. 리버만은 계속 우향우하고 있으며 2006년 자신의 상원의원 자리를 무소속으로 유지하고 있다.

AEI 사람들은 〈헤리티지재단〉 출신들처럼 미디어의 터줏대감이지만 "연구와 정책의 교차점에 서서"라는 재단 슬로건을 추종하는 훨씬 더 위험한 지식인이다. 국내외 정책에서 그들의 책과 정책보고서는 반드시 고려해야 할 것이 되었고 단순한 선동으로 무시할 수 없는 것이 되었다.

(때로는) 칼보다 펜이 더 강하다

학문적이고 대중적인 출판물은 네오콘의 성공을 구축하기 위한 또 다른 도구이다. 보수재단은 대학 신문에서부터 『코멘터리 *Commentary*』, 『공공의 이익*The Public Interest*』과 같은 더욱 엘리트적인 잡지에 이르기까지 후원을 제공한다. 『코멘터리』의 편집장 노먼 포도리츠*Norman Podhoretz*는 네오콘 재단에서 '연구비'를 열세 번이나 받았는데 그 액수가 거의 80만 달러에 이른다. 『주간 스탠더드 *Weekly Standard*』는 이데올로기로 치장된 뉴스를 공급하고 있는데 그 소유주는 루퍼트 머독*Rupert Murdoch*이고 어빙 크리스톨의 아들 빌 *Bill*이 편집장으로 일하고 있다. 『뉴크라이테리온*New Criterion*』과 『아메리칸스펙테이터*American Spectator*』 또한 재단의 기부명단에 올라 있다. 『주간 스탠더드』는 일 년에 약 백만 달러나 손실을 본 것으로 알려지고 있지만, 잡지가 영향력이 있고 자주 인용되기 때문에 그 정도는 루퍼트 머독이 메워줄 수 있는 금액이다.

기부자들은 특정한 책의 기획이나, 예를 들어 〈후버연구소〉가 후원한 프로그램(레이건에 관한 TV 연속기획물은 2002년에 12만 달러를 받았다)처럼, 텔레비전 프로그램도 후원한다. 〈올린재단〉의 기금 수령자나 다른 네오콘의 지원을 받는 학자들이 쓴 수많은 기사가 『뉴욕타임스』, 『워싱턴포스트』, 『타임지』와 같은 주류 출판물에 실리고 있다. 머독 미디어 제국의 일부인 〈폭스뉴스〉는 1주일 즉, 7일 24시간 내내 네오콘이 출현하는 뉴스를 방영한다. 네오콘 출신 학자가 책 한 권을 출판하면 재단은 그 책이 곧장 베스트셀러 목록에 진입하고 자동으로 평론과 토론 대상이 될 수 있도록 수천 권을 사들일 정도로 충분한 돈을 푼다는 소문이 자자하다. 그럴듯하지만 아직 그 증거는 찾지 못했다.

법조계의 신자유주의자

미국 법조계와 사법부는 특히 〈올린재단〉의 공략대상이었다. 초기 혁신가 올린은 '법 경제학Law and Economics' 이라는 새로운 학과를 창안했고 바로 시카고 대학—이곳 말고 어디에 가능했겠는가?— 첫 학과장에게 기금을 주었다. 기본 발상은 법률적 의견의 "개념적 기반으로 경제적 효율성과 부의 극대화"를 강조함으로써 '자유시장 경제' 원리가 법에 적용되도록 교육하는 것이다. 궁극적으로 〈올린재단〉과 비슷한 기관은 기업이익과 개인의 부를 안전하고 손댈 수 없는 것으로 만드는 한편, 사회정의와 개인의 권리를 축소하기 위해 미국 법률체계를 바꾸고자 한다. 이들의 장기 목표에는 동성애 결혼과 낙태를 전국적으로 금지하는 것과 노년 생활을 위한 개인 설계를 지지하고 사회보장을 제거하는 것이 포함되어 있다.[26] 이런 일은 네 자매의 집중적인 공략대상이며 그들은 이를 위해 매년 수십만 달러를 기금으로 제공받고 있다.

또 다른 '법 경제학' 연구소와 연구프로그램들이 미국의 가장 유명한 대학, 즉 예일, 하버드, 존스 홉킨스, 뉴욕, 조지타운, 프린스턴, 스탠퍼드, 매사추세츠 공대에 설립되어 있다. 이들은 정말로 '사회의 최상류층' 에 투자한다. 로스앤젤레스에 있는 캘리포니아 대학(UCLA)만이 "특정 이데올로기 주입을 위해 학생들의 주머니를 이용하고"[27] 있나고 불만을 토로하면서 1년의 시범운영 끝에 올린재단

---

26) 미국에서 '사회보장' 은 유럽처럼 보건의료가 아니라 은퇴연금 지불을 의미한다.

의 법 경제학 프로그램을 거부했을 뿐이다.

자신의 비전을 법제화하기 위해 네오콘은 전략적 위치에 있는 법
학교수, 법률가, 판사를 필요로 한다. 법조계에 신자유주의 교리를
전파하기 위한 탁월한 기관은 〈연방주의협회Federalist Society〉이다.
이 협회는 1982년에 만들어졌고, 특이하게도 웹사이트에서 쓸 만한
정보를 거의 찾을 수 없지만, 2만 5,000명의 법학교수 회원(3만
5,000명이라는 주장도 있다), 미국 내 182개 법학대학원 중 최상위
대학을 비롯하여 150개 법학대학원의 학생 회원 5,000명, 그리고 60
개 도시에 지부를 갖고 있다고 한다. 협회는 얼마나 많은 법학대학
교수와 학장이 회원으로 있는지 밝히지 않는다. 1985년과 2002년 사
이에 협회는 총액 900만 달러에 이르는 기금 122개를 수령했다. 〈연
방주의협회〉 회장은 〈올린재단〉이 없었다면 협회는 결코 존재할 수
없었을 것임을 인정한다.

〈연방주의협회〉 회원 가운데 잘 알려진 사람으로 로버트 보크
Robert Bork(그는 또한 〈미국기업연구소〉 내에 올린 기금으로 운영되
는 '올린 특별연구원' 으로서 대규모 기금을 받았다), 클린턴의 복수
의 화신인 연방검사 케네스 스타Kenneth Starr, 대법원 판사 앤토닌 스
캘리어Antonin Scalia, 클라렌스 토머스Clarence Thomas 등이 있다. 〈미
국기업연구소〉와 더불어 이 협회는 또한 'NGO 감시' 라는 프로그램
을 운영하고 있는데, 이것은 자유주의 NGO에 도전하는 것이 그 목
표이다.

---

27) 나는 각 재단에 관한 정보를 얻기 위해 〈미국적 방식을 추구하는 사람들People for
the American Way〉의 웹사이트를 이용했다. 비록 시간이 지난 자료들이지만 그 작
업은 여전히 매우 유용하다. 적어도 1990년대 중반 이후 네오콘에 대한 연구를 진행
하고자 하는 사람은 이 사이트에서 엄청난 각주가 붙은 참고자료를 찾아볼 수 있다.

정책을 시험하기 위한 법률 소송은 미국적인 특성이다. 네오콘은 최종 승리가 법정에서 확정될 때까지는 안전하지 않음을 잘 알고 있다. 그리하여 그들의 사법 전략은 판사들에게 자신의 교리를 주입하고 연방법원의 결원이 있을 때 판사를 추천하는 일에 집중하는 것이다. 속단은 금물이지만 부시가 젊고 잘생긴 존 로버츠John Roberts를 대법원 수석판사로 선택한 것은 미국 사법부의 풍경을 완전히 바꾸어놓은 사건일 수 있다. 비록 〈연방주의협회〉가 로버츠의 임명을 뒤에서 조종했음을 증명할 수는 없지만, 2006년 대법원에 지명된 사무엘 알리토Samuel Alito가 그 임명 뒤에 있었다는 사실은 의심의 여지가 없다. 부시의 법무부에도 이전 협회의 고위급 인사였던 알베르토 곤잘레스Alberto Gonzales를 포함하여 협회 회원이 대거 포진하고 있었다.

부시가 임명한 두 명의 판사 로버츠와 알리토는 오랫동안 유지되고 있는 대법원 판결을 뒤집으려는 경향을 강화할 가능성이 높다. 예를 들어 〈헤리티지재단〉은 사회보장을 완전히 민영화하고 '로우 대 웨이드' 판결을 뒤집는 데 앞으로 10년이 더 걸릴 수 있다고 본다. 이 두 가지는 네오콘의 목표이며 〈연방주의협회〉도 당연히 그 목표를 공유한다. 그것의 장기적인 의제는 광범위한 산업 영역을 다루는 다수의 규제적이거나 환경적인 건강 안전 관련 법안을 폐지할 뿐 아니라 특히 시민과 개인의 권리 영역에서 1950년대 이후 통과된 엄청난 양의 법률을 철폐시키는 것이다.

네오콘 재단의 기금을 수령하면서 법률 쟁점을 전문으로 하는 또 나른 단체에는 노퀴스트의 〈세금개혁을 위한 미국인들〉, (노동자의 권리에 맞서 싸우는)〈노조감시Union Watch〉, 〈평등기회센터〉, 〈개인 권리와 공공이익의 법 및 법률개혁을 위한 센터Center for Individual

Rights, Public Interest Law and Legal Reform〉가 있다. 〈사법연구소Institute for Justice〉라 불리는 거대한 보조 조직은 1985년과 2002년 사이에 총 금액 665만 달러에 상응하는 기금을 80차례나 수령했다. 그것은 "경제적, 개인적 사안에 대한 정부의 간섭"에 맞서 싸우고 규제 법안과 '복지국가'에 맞서 전략적 소송을 수행하고 있다.

(석유사업에 기반을 둔) 〈코크재단〉은 '법정의 친구들friends of the court'과 이해 당사자의 소송사건에 적극적으로 기금을 제공해왔다. 이 재단은 '대기오염방지법Clean Air Act'을 폐지하는 데 60만 달러를 사용했는데, 다임러-크라이슬러와 제너럴 일렉트릭 같은 기업 또한 이 법의 폐지를 위해 노력하고 있다.

코크의 또 다른 프로젝트 〈경제와 환경을 연구하기 위한 기금 Fund for Research on Economics and the Environment〉은 몬태나 주에 있는 목장으로 판사들을 초청했는데, 그곳에서 그들은 한두 차례 세미나에 참석하고는 멋진 경치, 음식, 스포츠 활동을 즐겼을 것이다. 2000년에 미국 연방판사 전체의 6%가 모든 비용을 대주는 이 유람에 참석했다.

이런 활동은 〈코크재단〉에도 큰 도움이 되었을 것이다. 왜냐하면 그들의 석유산업은 법적 분규에 휘말리는 일이 잦았기 때문이다. 그들은 송유관 시설 결함과 기름 유출 때문에 수차례나 벌금을 부과받았고, 연방 부지나 인디언 부족 부지에 마음대로 천공을 뚫기도 했다. 2000년 이전 클린턴 행정부의 법무부는 코크 회사가 '대기오염방지법'과 '유해폐기물법'을 위반한 사례 97건을 제시한 적이 있다. 부시 행정부는 편리하게도 이 모든 고발을 기각했고, 법원은 이전에 구형받은 3억 5,000만 달러와 인신구속형 대신에 인신구속 없는 2,000만 달러 벌금으로 대체해주었다. 데이비드 코크는 2000년 선거에서 공화당 선거운동에 50만 달러를 후원하기도 했다. 데이비드와 동생 찰스 코크는 미국에서 50위 안에 들어가는 갑부다. 때문에 그들은 〈연방주의협회〉를 마음껏 후원할 수 있는 것이다.

헌법을 찢어버려라 : "들어본 적도 없는 가장 강력한 사람"

이 말은 『US뉴스와 월드리포트US News and World Report』가 데이비드 애딩턴David Addington을 두고 한 말이다.[28] 만일 미국 헌법이 얼마나 산산이 조각나 있는지를 알고 싶다면 다른 곳을 살펴볼 필요가 없다. 은밀하고 신중한 애딩턴은 20년 동안 부통령 딕 체니Dick Cheney 밑에서 활동해왔다(2007년 현재는 명예가 실추된 수쿠터 리비Scooter Libby의 뒤를 이어 체니의 핵심 참모로 남아 있다). 애딩턴은 살펴볼 만한 가치가 있는 인물이다. 애딩턴은 "부시보다는 체니를 눈여겨보라"는 많은 워싱턴 소식통의 말을 확인시켜주는 인물이다. 총명하고 냉정한 일벌레 변호사로 널리 알려진 애딩턴은 워싱턴 정가에서 자타가 공인하는 국가안전법의 권위자이다. 이런 지식은 고위간부 대부분이 변호사가 아닌 행정부 내에서 특히 강점이 된다. 그러므로 애딩턴은 실질적으로 자신이 원하는 대로 법을 주무를 수 있었고 결코 시간을 허비하지 않았다.

애딩턴의 의제는 한 가지 최우선 목표, 즉 대통령의 행정 권한을 확대하고 입법부를 무력화할 정도로 축소시키는 목표를 냉정하게 실현하는 데 있다. 애딩턴은 제네바 협약을 "시대에 뒤떨어진 것"이라 말하고 고분을 정당화하는 2002년 1월의 악녕 높은 문서를 비롯

---

28) "Cheney' s Guy," *US News and World Report* (May 29, 2006)

하여 검찰총장 곤잘레스가 서명한 문서 대부분의 초안을 작성했다. 애딩턴의 행동은 이른바 '단일행정이론Unitary·Executive Theory'을 근거로 했다. 체니가 옹호한 이 이론은 대통령의 통제 권한을 박탈하려는 의회의 그 어떤 시도도 격퇴되어야 한다고 주장한다. 전시체제의 대통령은 군 최고통수권자로서 평상시보다 훨씬 큰 권한을 갖는다. 이것이 '테러(혹은 테러리즘)에 대한 전면전'이 무한히 지속되어야 하는 이유 가운데 하나이다. 애딩턴은 자신이 '뉴 패러다임'이라 부른 것, 즉 이 끝없는 전쟁에 수반되는 법률 전략을 정교하게 만들어냈다.[29]

9·11 바로 뒤 애딩턴은 자신의 입장을 강화했는데, 〈뉴욕변호사협회New York Bar Association〉의 '국제법위원회' 회장을 맡고 있는 한 법학 석좌교수에 따르면, 그 목적은 "행정부의 한계를 정의해온 지난 200년 동안의 법체계를 뒤집으려는" 데 있다. 이 교수는 "그들이 전쟁을 독재 권력의 문제로 이용하고 있다"[30]고 말한다. 만일 대통령이 법원의 명령 없이 정보를 수집하고, 미국(혹은 외국) 시민을 도청하고, 메일을 열어보고, 가택에 침입하여 서류와 컴퓨터를 압수하고, 누군가를 '불법 전투원'이라 선언하고, 재판 없이 영구히 관타나모 감옥에 가두거나 고문을 하고자 한다면, 할 수 있는 것이다. 애딩턴의 태도는 "법원뿐만 아니라 의회도 우리를 멈추게 할 수는 없다"는 것이다.

---

29) 애딩턴에 관한 가장 상세한 정보는 Jane Mayer, "Letter from Washington: The Hidden Power," *The New Yorker* (March 7, 2006)를 보고 체니와 애딩턴, 그리고 그들의 진영에 대해서는 Joan Didion, "Cheney: The Fatal Touch," *The New York Review of Books* (October 5, 2006)를 보라.

30) Jane Mayer, "Letter from Washington: The Hidden Power". 이 정보는 콜롬비아 법학대학원의 외래교수이자 탁월한 인권 변호사인 스콧 호턴Scott Horton에게서 가져온 것이다.

애딩턴은 필요하다면 국무장관과 펜타곤 담당 수석법률가도 모르게 일을 처리함으로써 정보의 흐름을 은밀하고 긴밀하게 통제해 왔다. 또한 그는 '서명지침signing statement' 이라고 하는 잘 알려지지 않은 법률 수단을 엄청나게 남발했다. 일반적으로 대통령이 의회가 서명한 입법안을 받으면, 서명을 하거나 거부권을 행사하는 것이 관례이다. 첫 6년 동안 부시는 결코 단 한 건의 법안에 대해서도 거부권을 행사하지 않았다. 대신 반복적으로 '서명지침' 을 덧붙임으로써 훨씬 더 음흉한 방식을 취했다. 서명지침은 행정부가 법을 어떤 식으로 해석할 것인지를 잘 보여주는데, 역사적으로 볼 때 대개의 행정부가 이를 악의적으로 사용한 적은 없었다.

먼로(1817)부터 카터(1981)에 이르기까지 미대통령은 입법안에 대해 총 75개의 서명지침을 부가했다. 레이건(1981)에서 클린턴(2000)에 이르기까지는 그 속도가 빨라져 247개 서명지침이 추가되어 183년 동안 총 322개의 서명지침이 부가되었다. 2006년 부시의 두 번째 임기 중반쯤에 이미 부시는 750개의 서명지침을 부가했는데, 대부분 혹은 전부 애딩턴이 작성했을 것이다. 비록 부시가 의회 다수석을 갖고 있고, 사람들은 대통령이 싫어할 법안을 의회가 통과시키지 않았다고 생각할지 모르지만, 실제 부시의 서명지침 남발은 의회가 법을 투표에 붙일 때 의원들의 생각을 바꾸어놓았다. 역사교과서는 미국의 건국자들이 대통령의 권력 남용에 대해 얼마나 주의했던가를 잘 보여준다. 그들은 얼마나 옳았던가!

가엾은 공화국의 아버지들을 무덤 속에서 뒤척이게 만든 더 심각한 사안은 애딩턴의 두뇌에서 나온 또 다른 산물이다. 바로 2002년 〈군사위원회〉을 창설한 일이다. 〈군사위원회〉는 어떤 외국인이 테러리즘에 "관여했거나" "선동했거나" "범하려고 공모했다"고 대통령이 지명만 하면 재판에 회부할 권한을 가진다. 이 위원회의 창설 문헌에 따르면, 전통적인 방어 권리는 철회될 수 있고, 법원은 소문에 의한 증거나 "신체적 강요"('고문'으로 읽힌다)를 통해 획득한 증거를 받아들일 수 있다. 애딩턴은 노인이나 환자를 포함하여 관타나모의 모든 수감자를 '적 전투원enemy combatant'으로 간주한다. 심지어 CIA조차 다른 식으로 보고했음에도 불구하고 말이다.

그러나 희소식도 있다! 군은 〈군사위원회〉를 싫어한다는 것이다. 왜냐하면 〈군사위원회〉가 군의 오랜 전통과 군사재판 판례를 더럽히고 있기 때문이다. 2006년 6월에 대법원 또한 이 위원회를 불법으로 판결했다. 대법원은 5대 3으로 이 위원회가 군사재판 판례와 제네바 협정을 위반한 것으로 판결했다.

안 좋은 소식은 극보수파 대법원 판사 세 명(스캘리아, 토머스, 그리고 부시의 새로운 임명자인 알리토)이 반대의견을 제출했고 영장 없는 구금에 찬성표를 던졌다는 사실이다. 신임 수석판사 또한 부시가 선택한 인물로서 판결에는 참여하지 않았다. 왜냐하면 워싱턴의 항소법원 판사로 재직하고 있을 당시 동일 사례에 대해 판결을 내린 적이 있기 때문이다. 이전 재판에서 그는 〈군사위원회〉가 전적으로 합법이라고 판결한 바 있다. 유사 사건에 대한 또 다른 판결이 5대 4로 결정 난 것은 전혀 무리가 아닐 것이다. 만일 부시가 백악관을 지키고 있을 때 나이 들고 병약한 판사들이 물러나게 되면 부시는 또 다른 젊고 극보수적인 판사를 지명할 테고 그는 향후 임기 동안 판사석에 앉아 있게 될 것이다.

애딩턴을 뒤에서 조종하는 체니와 그 보좌관은 부통령 집무실을 미국 역사상 가장 강력한 곳으로 만들어왔다. 지금까지 부통령은 화환이나 선사하고 기공식 초석을 놓거나 외국 지도자의 장례식에 참석하는 등 실권이 별로 없었다. 앨 고어의 경우처럼 대통령이 간혹 실질적인 서류를 넘겨주는 것은 흔한 일이 아니었다. 하지만 체니는 능수능란하게 대통령 집무실과 부통령 집무실을 단일한 행정실로 통합했다. 기업에 비유하자면, 체니는 부시 이사회 회장의 CEO 역할을 한 셈이다.

부시야 속으로 "내가 결정자야"라고 생각했겠지만 부시가 내린 결정을 실행에 옮긴 것은 체니였다. 결정자가 어떤 결정을 내리든 그것은 정의상 법적인 것이다. 애딩턴은 법률적인 세부사항을 완성했다. 체니가 부시의 CEO이듯, 애딩턴이 바로 체니의 CEO이기 때문이다. 아주 총명한 어떤 논평자가 언급하듯이, "만일 행정부가 절대 권력을 노리고 자신의 주장을 정당화하기 위해 전쟁을 필요로 했다면, (2001년 9월 12일 럼스펠드의 말에서 알 수 있듯이) 그 목표물은 이라크였다." [31]

이제 그 결과는?

최종적으로 분석해보면, 우파는 무엇을 원하는가? 대략적으로 말해, 그들의 목적은 2차 세계대전 이후(간혹 그 이전부터) 실행된 모든 진보적인 정치적, 사회적, 혹은 환경적 법률을 원상태로 돌리는 것이다. 우파는 물불을 가리지 않는다. 하지만 자신들과 공개 토론을 했던 진보 잡지 편집장 로버트 커트너Robert Kuttner에게 말했듯이, 우파는 "이런 일에는 몇 십 년이 걸릴 것이다"라고 공개적으로 인정하면서, 착실히 그러나 서두르고 있다. [32]

---

31) Joan Didion, "Cheney: The Fatal Touch."

스스로를 '명색뿐인 자유주의자'라 말하는 커트너는 〈헤리티지〉
의 수장들과 〈카토재단〉, 〈맨해튼재단〉, 그리고 〈미국기업연구소〉
를 크게 띄워주는 "자선, 두뇌집단, 그리고 사상의 중요성
Philanthropy, Think Tanks and the Importance of Ideas"이라는 제목의 행사
에 참여했다. 이런 재단은 모두 우파 재단 후원자들한테 적어도 1년
에 7,000만 달러를 받고 있다. 특히 이런 후원자들은―1980년대부
터―지난 20년 넘게 10억 달러 이상이 이데올로기의 생산과 전파(그
들은 당연히 이를 다른 식으로 부를 것이다)에 사용되었다는 데 동
의하고, 청중들에게 "당신들의 돈으로 엄청난 영향력을 얻게 되었
다"는 확신을 심어주었다.

이런 영향력이 내가 이 장에서 보여주고 싶었던 내용이다.

---

32) Robert Kuttner, "Comment: philanthropy and Movements," *The American
Prospect*, vol. 13, no. 13 (July 15, 2002)

2

외교 문제

제**2**장

외교 문제

악의와 원한에 자극받는 국가는 최선의 정책적 계산과는 반대로 정부를 전쟁으로 몰아갑니다. 때때로 정부는 …… 이성이라면 거부하고 말 것을 열정을 통해 받아들이는 경우가 있습니다. 또 때때로 정부는 국민을 자만심, 야망, 그리고 여타의 사악하고 유해한 동기에 의해 선동되는 적대적 사업으로 몰아넣습니다. 국가의 평화, 때로는 국민의 자유가 그 희생자가 되었습니다.

조지 워싱턴 대통령, 『고별사』(1796)

서곡

잠시 당신이 미국 신보수주의 진영의 관료 내지 두뇌집단의 일원이라 상상해보라. 그러면 당신은 세계 속에서 미국의 위치를 가늠하고, 미국의 안보와 복지에 장기간 위협이 되어온 것들을 조사하는 한편, 그것의 취약성에 관해 생각하는 외교 업무를 맡게 될 것이다. 당신은 가장 적절한 정책을 수립하려고 노력해야 할 뿐만 아니라 그 정책을 관료와 국민 앞에서 옹호하는 방법 또한 알아야 할 것이다. 당신이 직면하는 문제 가운데 하나는 당신이 냉전이 끝난 세계에서 활동하고 있다는 것이다. "공산주의와 맞서 싸우라"는 슬로건은 더 이상 어떤 정책을 공적으로 정당화하는 근거가 되지 못한다. 당신은 동맹 관계를 유지하려고 하지만, 다른 나라의 관심사가 당신과 같지는 않다. 당신은 "우방이란 존재하지 않는다. 오로지 이해관계뿐이다"라는 샤를르 드골Charles de Gaulle의 말에 동의할 것이다. 당신 업무의 핵심은 '아메리카 넘버원'을 유지하는 것이고, 당신이 맡은 역할은 요직에 있는 사람에게 정책 조언을 해주는 것이다.

만약 당신이 정말 그러한 관료나 두뇌집단의 일원이라면, 현재 전략적으로 중요한 미국 기업들에 대한 지배적 이권은 물론이고 '엠파이어스테이트빌딩'을 살 정도로 충분히 달러를 축적한 중국에 대해 심각하게 걱정하지 않겠는가? 만일 중국이 달러 보유고를 팔아치우기로 결정한다면 달러는 엄청나게 평가절하될 것이고 경제는 아수라장이 되고 말 것이다. 당신은 중국에게 전 지구적 체계 내에서 책임 있는 일원이 되어줄 것을 간청할 것이고 미국 정부와 경제에 대한 중국의 잠재적 영향력을 줄일 수 있는 방안을 궁리할 것이다.

『뉴욕타임스』의 칼럼니스트 토머스 프리드먼Thomas Friedman은 신자유주의적 전 지구화에 대한 찬가를 써서 베스트셀러가 되었다. 바로 『세계는 평평하다The World is Flat』인데, 당신은 그 책에서 보여준 프리드먼의 견해를 맹목적으로 따르는 대신에, 또 다른 아시아의

거대 급부상 세력으로 눈길을 돌려서 인도 대륙을 더욱 면밀히 살펴
보기로 결심할 것이다. 소설가이자 정치평론가인 아룬다티 로이
Arundhati Roy는 주저 없이 인도가 혁명 직전에 있다고 주장한다. 만
약 로이가 인도를 프랑스의 혁명 직전 상황에 비유하면서, 그것이
"폭력의 가장자리에 있다"고 주장할 때 그 주장이 틀리지 않다면 어
떠할까? 로이도 알고 있듯이, 그녀의 조국은 결속되어가는 것이 아
니라 '자본주의적 전 지구화'에 의하여 전례 없는 속도로 분열되어
가고 있다. "불평등은 유지될 수 없게 되었다." 더 이상 유지될 수 없
는 인도의 불평등은 미국에 어떤 영향을 미치고 있는가? 다른 아시
아 국가들은 또 얼마나 취약한가?

극지방의 만년설에서 떨어져 나온 거대한 빙하처럼, 산업 기지
대부분이 당신의 나라 미국에서 떨어져 나와 아시아와 그 외 다른
지역으로 떠내려가고 있다. 이제 미국 경제를 떠받치는 것은 제조업
이 아니라 압도적으로 많은 정보와 서비스이다. 물론 당신은 당신
나라의 초국적 기업들이 여전히 이러한 이주기업을 통제하고 있음
을 알고 있다. 하지만 이주기업은 세금에 있어서 미국 재정에 전혀
보탬이 되지 않는다. 이주기업이 버뮤다와 같은 조세 회피지역에서
그들의 이윤을 상승시키고 있을 때, 미국의 세금부담은 개인과 순수
국내기업에 전가된다. 이러한 흐름은 미국 경제의 건전성에 어떤 영
향을 미치게 될 것인가? 미국은 앞으로 자신이 원하는 정책을 추진
하기 위해 어떻게 돈을 마련할 수 있을 것인가?[1]

---

1) David Cay Johnson, "US multinationals shift their tax burden: profit taken in offshore havens rose 68% over three years, report finds," *New York Times* (September 13, 2004). 『텍스 노츠*Tax Notes*』의 연구와 상무부Commerce Department의 자료를 인용한 것이다.

당신은 아마도 동반구 쪽 전문가라기보다는 서반구 쪽의 전문가일 것이다. 당신은 미국에 대한 라틴아메리카의 역사적 중요성에 관해 생각하고 있을 것이다. 1822년에 미국은 아르헨티나, 칠레, 페루, 콜롬비아, 멕시코 등과 같은 신생 독립국을 인정하고, 바로 이듬해인 1823년에 최초의 독립적인 외교 정책 선언문 중 하나인 '먼로독트린Monroe Doctrine'을 공표했다. 이 선언문에서 미국은 유럽 강대국들에게 (그 당시 유럽의 많은 정치가들이 탐욕의 눈빛으로 바라보고 있던) 남아메리카의 독립 국가들로부터 손을 떼라고 말했다. 이 독트린에 의하면, 미국이 유럽의 전쟁과 유럽 내부 문제에 간섭하기를 삼가는 것과 마찬가지로, 유럽 또한 아메리카에 일체 관여하지 않아야 한다. 그 후 유럽 국가는 실제 그렇게 해왔다. 하지만 지금은 오히려 라틴 국가들이 위험스런 독립의 징후를 보여주고 있다.

당신은 미국이 어떻게 자신의 식민주의를 라틴아메리카에서 시작했는지, 그리고 어떻게 다양한 파시즘적 군사정권을 지원해왔는지 기억하면서 비교적 근래의 일에 대해 생각할 것이다. 1950년대부터 1980년대까지 미국은 과테말라, 엘살바도르, 니카라과와 같은 중앙아메리카의 작은 국가들을 황폐화시키는 데 일조했다. 미국이 원조하고 선동했던 독재자들, 특히 칠레의 피노체트Pinochet와 브라질, 아르헨티나의 장군과 같은 당신의 추종자들은 불신, 고통, 증오라는 유산을 남겼다.

2007년 초 당신의 최고 보스인 부시 대통령은 잠시 라틴아메리카를 방문했고 도처에서 분노한 군중을 만났다. 멕시코의 일간지 『라호르다나La Jornada』가 질분했듯이, 당신은 부시가 제안할 것도 아무것도 없으면서 왜 애써 거길 갔는지 묻고 싶을 것이다. 그리고 당신은 미국이 차제에 무엇을 제안할 수 있을지 궁금할 것이다.

특히 당신은 우고 차베스Hugo Chavez를 주의 깊게 관찰하게 될 터인데, 그것은 차베스가 바로 당신의 '뒷마당'에서 점차적으로 당신 나라에 저항하는 국가를 규합하고 있기 때문이다. 당신은 차베스가 그 지역의 〈국제통화기금〉(IMF)에 맞서기 위해 남아메리카 대륙과 〈남부은행Southern Bank〉을 위한 독립적이고 대안적인 에너지 및 산업정책을 준비하는 것을 목격하게 될 것이다. 요컨대, 당신은 지구적인 관계와 라틴아메리카에서 차지하는 미국 이권의 장래에 관해 생각하고 있을 것이다.

또한 당신은 1992년에 폴 월포위츠 팀이 작성한 『국방계획지침서Defense Planning Guidance』라는 문서에 관해 곰곰이 생각해볼 것이다. 이 문서는 미국의 최우선 목표를 제시하고 있는데, 그것은 그 어떤 경쟁 권력은 물론 지역 권력조차 출현하지 못하게 하는 것이다. 이러한 '핵심적 고려'는 "우리는 어떤 적대 세력이 공고한 통제하에 있으면서 전 지구적 권력을 생산할 정도로 충분한 자원을 가진 어떤 지역을 장악하지 못하도록 차단하고자 노력한다"는 것을 뜻한다. 미국은 잠재적인 경쟁자들에게 "그들은 더 큰 역할을 열망할 필요도 없고, 자신의 합법적인 이익을 보호하기 위해 더욱더 공격적인 입장을 취할 필요도 없다"는 것을 확신시키려고 한다. 동시에 국방과는 관련 없는 지역에서 미국은 "선진 산업 국가들이 미국의 지도력에 도전하거나 이미 확립된 정치적, 경제적 질서를 전복하려는 것을 단념시키기 위해 그들의 이해관계"를 적극적으로 고려해주어야 한다. 종국적으로 문서는 "우리는 잠재적인 경쟁자들이 보다 큰 지역이나 전 지구적인 역할을 열망하지 못하게 하는 메커니즘을 유지해야 한다"고 말한다. 그러한 잠재적 경쟁자로 간주되는 것은 서유럽, 동아시아, 구 소비에트 연합의 영토, 그리고 서남아시아이다.

1992년 이후로 이런 지역에서는 어떤 주요 변화가 일어났는가? 이런 잠재 경쟁자들을 다루기 위해서는 어떤 정책이 적절하겠는가?

이 외에도 전 세계적으로 당신이 직면하게 될 미묘하고도 난해한 문제가 산적해 있다. 하지만 보수주의적 관료이자 두뇌집단의 일원인 당신은 이러한 방향에는 전혀 눈길을 주지 않을 것이다. 왜냐하면 당신은 중동에 완전히 빠져 있기 때문이다. 그리고 비록 당신이 정책 수립 기관의 한 축을 담당하는 정보통이라고 할지라도 당신이 이 핵심 지역에 관해 솔직하게 사고할 수 있을지조차 확신할 수 없다. 잘 훈련된 당신의 지성조차 이데올로기가 무겁게 짓누르고 있기 때문이다. '테러와의 전쟁'은 냉전을 대체할 수 있는 편리한 다목적 카드—미디어와 대중에 던져줄 수 있는 미끼—로 매우 유용하겠지만 어떤 분석적인 도구가 되지는 못한다. 당신은 승리를 주장하겠는가, 패배를 인정하겠는가? 아니면 무턱대고 돌진만 하겠는가?

매혹적인 중동

짧은 단어 하나가 이 지역에 대한 집중을 정당화하는 데 번번이 이용되었다. 우리는 모두 그 단어를 알고 있다. '석유'. 그것이 유일한 이유는 아니겠지만 너무나도 중요한 이 자원은 이라크 침공 결정을 내리는 데 가장 중요한 역할을 했다. 석유를 통제하는 데는 두 가지 측면이 있다. 첫째는 당신 나라의 경제와 (역시 석유로 운영되는) 군에 석유가 안전하게 공급될 수 있도록 하는 것이고, 둘째는 필요하다면 경쟁자에게는 공급을 차단하는 것이다. 바로 이것이 1992년 월포위츠가 경쟁자들이 "공고한 통제하에 있으면서 전 지구적 권력을 생산할 정도로 충분한 자원을 가진 어떤 지역을 장악하는 것"을 사전에 막아야 한다고 썼을 때 의도한 바인가? 그런 것 같지는 않다. 왜냐하면 그가 말하는 '자원' 은 다양한 자원이기 때문이다. 월포위츠가 단지 석유만을 염두에 두었던 것은 아니다. 중동 지역이 발휘하는 매력에는 또 다른 설명이 있어야 한다.

정책 전문가조차 외교 정책의 난제에 관해 명확히 사고할 수 없다면, 평범한 시민은 더 말할 나위도 없을 것이다. 편견과 선동이 너무나 자주 정보와 합리적인 논의를 대신해왔기 때문에 미국 국민은 세계에 대한 그 어떤 논의로부터도 쉽게 배제되어왔다. 이라크 전쟁의 맥락에서 볼 때, 현재 중동이 대중적인 관심과 공식적인 미국 정책 둘 모두와 첨예하게 관련되어 있다는 것은 이해할 만하다. 하지만 문제는 마치 중동을 제외하고는 지구상에 그 어떤 다른 지역도 존재하지 않는 것처럼 행동한다는 것이다. 아마도 이상한 '불량국가' 를 제외하고는 말이다. 물론 국무부 내부 깊숙한 곳에는 다른 지역에 관한 정책 수립에 주력하는 관료가 틀림없이 있을 것이다. 하지만 당신이 미국인의 일상적인 '대화' 에서 다른 지역을 떠올리기란 거의 불가능할 것이다. 그들의 과거 행적으로 볼 때 이는 당연하다고 할 수 있다.

중동은 그러한 관심 부족을 겪어본 적이 없다. 그리고 이 지역에서는 특정한 네오콘 집단의 활동이 특히 두드려졌다. 이들은 '환생한 급진주의자들' 이라고 할 수 있다. 왜냐하면 이들은 한 번 이상의 정치적 삶을 살아왔기 때문이다. 네오콘의 대부 어빙 크리스톨은 자신을 포함한 이들을 한때 좌파였다가 '현실에 두들겨 맞은 자유주의자들' 과 동일시했다. 다른 많은 인물 또한 마찬가지이다. 이 지식인들은 트로츠키주의와 공산주의에 잠시 물들었었고 그 전망에 있어 국제주의자들이었다. 그들은 『파르티잔 리뷰*Partisan*

Review』와 같은 저널에 기고했고, 대다수는 뉴욕에 살았으며, 서로 모두 알고 있었다. 많은 이들이 유대계 급진주의자들이었고, 미국의 국내 정치뿐 아니라 국제 정치 움직임과 세계 속 미국의 위상에도 깊은 관심을 갖고 있었다. 현재 이들의 초점은 미국과 중동의 관계, 이라크 전쟁, 이슬람 테러리즘, 이란, 그리고 이스라엘에 맞추어져 있다.

전통적으로 동부 연안과 뉴욕에 위치한 유대계 사회는 좌파적인 신념을 갖고 있었고 확고하게 민주당을 지지해왔다. 때때로 나이든 세대는 스스로를 "붉은색 기저귀를 찬 아기들red diaper babies" 이라 칭하곤 했다. 그들은 좌파 정치학을 모유와 함께 흡수했다. 현재 그들 가운데 상당수는 부시와 그의 추종자들과 한편에 서 있는데, 이런 이유 때문에 이전의 좌파 동료들은 그들을 철저하게 혐오한다. 어떤 비평가는 네오콘의 또 다른 '대부' 인 노먼 포도레츠에 관해 그는 항상 "가장 최신 자유주의 좌파의 회전목마에 언제 올라타야 할지—그리고 더 중요하게는 언제 뛰어내려야 할지 알고 있었다"[2]고 말한다.

포도레츠는 이라크 전쟁을 반대하는 사람을 비판하면서 다음과 같이 말했다.

최초에 이런 중상모략(전대 조지 W. 부시 행정부 내의 유대계 관료집단이 미국의 이익이 아닌 이스라엘의 이익을 촉진해왔다는 비난)의 프레임을 짜고 유포한 자들은 그 집단을 유대계가 아닌

---

2) Justin Raimondo, "Norman's Narcissism: Podhorez in love," a column on the site of antiwar.com (October 16, 2000)

'신보수주의자'로 간주하는 훨씬 나은 신중함을 보여주었다. 유대인이 참회한 자유주의자 내지 좌파의 상당수를 차지했고, 이들은 20~30년 전에 이미 좌파와 관계를 청산하고 우파로 이동해갔으며 신보수주의자가 되었다는 점에서 그것은 영리한 책략이었다.[3]

이 특정한 네오콘 운동의 또 다른 신참들은 적어도 명목적으로는 민주당 출신이다. 한꺼번에 우파로 이동한 이 집단은 '스쿱 잭슨 민주당원Scoop Jackson Democrats'으로 알려져 있다. 워싱턴 주를 대표하는 상원의원 헨리 '스쿱' 잭슨Henry "Scoop" Jackson은 (비록 면전에서 그렇게 불린 것은 아니지만) '보잉사 출신 상원의원'이라 불렸다. 그는 매파 중에서도 매파였고 방어 군비 증강을 옹호한 인물로서 여러 매체 중에서 유독 『뉴욕타임스』로 하여금 자신의 견해를 수용하고 확산해줄 것을 설득했다.

젊은 좌파 출신 네오콘 신참자의 또 다른 좋은 예는 현재 최정상 네오콘 두뇌집단인 〈미국기업연구소〉의 연구원 조슈아 무라브치크Joshua Muravchik이다. 그의 정치 인생은 청년 사회주의자로 시작했다가 민주당의 좌파로 옮겨갔고, 그 뒤 스쿱 잭슨의 측근이 되었다가 최종적으로는 노골적인 신보수주의자가 되었다. 2006년 말 무라브치크의 노선은 "우리는 이란에 폭탄을 퍼부어야 한다"는 것이었다.

『외교 정책Foreign Policy』에 글을 쓰면서 그는 동료 네오콘을 변호하고 그들의 기본 세계관을 명확히 한다. "지난 세기에 우리의

---

3) Norman Podhoretz, "World War IV: How it started, what it means and why we have to win," *Commentary* (September 2004). 거의 한 권의 책에 달할 정도로 엄청나게 긴 이 글은 전후 세계의 전 역사를 네오콘의 관점에서 바라보는 탁월한 자료이다.

지적인 기여가 공산주의를 쳐부수는 데 도움을 주었고, 이번 세기에는 신의 뜻으로 지하드주의를 쳐부수는 데 도움을 줄 것이다." 그에게 전쟁에서 승리하는 유일한 길은 "중동의 정치 문화를 독재와 폭력에서 관용과 타협으로 전환시키는 것"이다. 그런데 이것은 어떤 기준으로 봐도 지나친 요구이고 군사 개입을 확고하게 의제에 올려놓는 것이다. 따라서 '독재와 폭력'의 책임은 중동의 지배자로부터 일방적으로 무력 사용을 결정하는 미국으로 넘어온다. 하지만 무라브치크는 이런 아이러니를 의식하지 않는 듯하다. 혹자는 그가 과연 사우디아라비아 같은 미국 동맹국이 '관용과 타협'을 실천하고 있다고 믿는 것인지 궁금할 것이다. 무라브치크의 글에 단 한 마디도 석유에 관한 언급이 없다는 사실은 자못 흥미롭다.

네오콘의 야심찬 목표—지역 전체 정치문화의 전반적 변화—를 염두에 둘 때, 무라브치크는 핵으로 무장한 이란은 용납할 수 없다고 경고한다. "세계 평화는 분열될 수 없고, 사상은 강력하며, 자유와 민주주의는 보편적으로 타당하고, 악은 존재하며, 거기에 맞서 싸워야 한다"는 것이다. 따라서 비록 네오콘이 이라크가 미군에게 손쉬운 상대일 거라고 오판을 했다고 하더라도, 이 문제에 대한 답변은 중동에서 철수하는 것이 아니라 오히려 동일 강도의 정책을 더 장기적이고 더 강력하게 적용하는 것이다.[4]

따라서 무라브치크는 (이번에는 『LA타임스*Los Angeles Times*』에서) 다음과 같이 말한다.

---

4) Joshua Muravchik, "Operation Comeback," *Foreign Policy* (November-December 2006)

현실은 우리가 핵무장한 이란과 함께는 안전하게 살아갈 수 없다
는 것이다. 한 가지 이유는 테러리즘 때문이다. 이란은 오랫동안
하마스와 헤즈볼라 같은 테러 집단을 지원해온 핵심 국가이다.
지난주 런던의 『데일리 텔레그래프*Daily Telegraph*』 보도에 의하
면 현재 이란은 자기 사람인 사이프 아델Saif Adel을 병약한 오사
마 빈 라덴의 후계자로 앉힘으로써 알카에다를 접수하려고 시도
하고 있다. 도대체 우리는 어떻게 이란이 핵무기를 테러분자들에
게 넘겨주지 않으리라고 보장할 수 있겠는가?[5]

노먼 포도레츠처럼 조슈아 무라브치크는 네오콘들이 받게 될
'냉정한 비난'에 정면 대응하는 한편, 그 또한 그러한 비난을 다수
네오콘이 유대계라는 사실과 결부시킨다. 무라브치크는 "네오콘은
이제 '극보수주의자', 혹은 혹자들에게는 '더러운 유대인'과 동의
어로 통하고 있다"고 주장한다. 그는 이러한 견해를 린든 라로쉬
Lyndon La Rouche와 같은 음모이론가나 이전의 스탈린주의자들 탓으
로 돌리지만, 이스라엘이나 팔레스타인인에 관한 주제를 제기하는
법은 없다.

미국의 정치 담론에서 지속되고 있는 문제는, 일반적으로는 중동
정책에 관해 그리고 구체적으로는 이스라엘과 팔레스타인에 관해
이성적인 토론을 하기가 어렵다는 사실이다. 노골적이고 예민한 양
측의 신경과민 상태는 이스라엘과 팔레스타인 간의 갈등에 대해 비

---

5) Joshua Muravchik, "Bomb Iran: Diplomacy is doing nothing to stop the Iranian
nuclear threat; a show of force is the only answer," *Los Angels Times* (November
19, 2006)

판은 고사하고 언급조차 하기 힘들게 만들고 있는 상황이다. 일부 이스라엘 옹호자는 가장 온건한 비판자조차도 곧바로 '반유대주의자'로 낙인찍는다. 만약 비판자가 공교롭게도 유대인이라면, '자기 혐오적인 유대인'이라고 치부당한다. 가령 노암 촘스키Noam Chomsky뿐 아니라 중동 전문가이자 평화운동가인 나의 TNI 동료 필리스 베니스Phyllis Bennis도 이런 일을 경험했다.

정치가는 대부분 그런 비판으로 매도당하는 것을 몹시 두려워하기 때문에 그런 주제를 회피하거나 아니면 아예 침묵의 법칙에 맡겨버린다. 정작 이스라엘에서는 정부 정책이 워싱턴과 달리 신랄하지는 않지만 활발한 논쟁에 부쳐진다(예를 들어, 일간지 『하레츠Ha'aretz』를 보라). 2007년 초에 이스라엘 총리 에후드 올메르트Ehud Olmert는 자신의 나라에서 2%의 지지율―인쇄 잘못이 아니다―을 자랑했다. 하지만 당신은 지역민들이 워싱턴 순환도로라 부르는 벨트웨이Beltway, 즉 워싱턴 정가에서 그가 어느 정도의 지지율을 갖고 있는지에 대해서는 결코 알 수 없을 것이다.

네오콘 진영의 이러한 극단적 반응은 무라브치크가 말한 것처럼 "중동의 정치 문화는 독재와 폭력의 문화"이고 이스라엘만이 그 지역에서 민주주의의 유일한 전초기지라는 인식과 연결되어 있다. 네오콘에게 이것은 포기할 수 없는 가장 기본노선이다. 이스라엘은 그 지역의 모든 다른 국가와 달리 민주적이기 때문에 어떤 이스라엘 정부가 집권하더라도 그들에게 무조건적 지원을 제공하는 데에는 아무런 문제가 없다는 것이다. 이런 인식에 있어 그들은 혼자가 아니다. 다음 장에서 살펴보겠지만 그들은 우파 기독교 복음주의자들 사이에(비록 다른 이유 때문이긴 하지만) 확고한 동맹군을 갖고 있다.

많은 비유대계뿐 아니라 유대계 네오콘 지식인들이 영향력 있는 워싱턴의 두뇌집단인 〈국가안전을 위한 유대인 연구소Jewish Institute for National Security Affairs〉(JINSA)에서 활동한다. 이 연구소는 후원 회원이 2만 명이나 되고 55명의 매파로 구성된 국방정책위원회가 주도하여 작업을 수행한다. 그들은 미국이 더 많은 군비 지출을 하도록 로비하고 이스라엘 정책을 지속적으로 후원한다. 그들의 기본 주장은 미국의 국가안보 이익과 이스라엘의 이익 간에는 아무런 차이가 없다는 것이다. 왜냐하면 이스라엘의 정책은 미국의 이익을 '뒷받침하고' 있기 때문이다.

상원의원 조지프 리버만Joseph Lieberman은 미국과 이스라엘 간의 더욱더 긴밀한 유대관계를 주장해왔다. 2000년도 앨 고어 측의 부통령 후보로 뛴 코네티컷 주의 중도우파 민주당 의원 리버만은 이라크 전쟁이 쟁점이 된 2006년 선거에서 근소한 차이로 간신히 상원의원 자리를 유지했는데, 그는 고집스럽게 이라크 전쟁을 옹호했다. 여기서 잠시 그가 〈미국이스라엘공공문제위원회American Israel Public Affairs Committee〉(AIPAC)에서 연설한 「미국의 주도적인 친이스라엘 로비America's leading pro-Israel lobby」라는 글을 인용해보자. 이 연설문은 현재 우파 측에서 사고하는 미국 외교 정책의 양상을 많은 부분 압축하여 보여준다. 리버만은 이스라엘에 대한 지지를 설득력 있게 전개하고, 미국의 정치적 분위기를 잘 이해하고 있으며, 자신이 진정으로 두려워하는 것이 이스라엘이 아니라 미국의 안보임을 강조한다. 리버만은 위원회의 청중들에게 다음과 같이 말했다.

나는 여러분에게 이란의 체제—즉 핵무기를 확보하려는 그들의 결정, 테러리즘에 대한 지원, 시민에 대한 압제—에 관해, ……
그리고 알카에다, 헤즈볼라, 하마스—폭력에 대한 그들의 집착,
미국과 이스라엘에 대한 병적인 증오, 정복에 대한 야심—에 관
해, …… 그리고 이런 다양한 집단을 연결하는 광신적 이데올로
기—이슬람 극단주의 이데올로기, 파시즘과 공산주의만큼이나
폭력적이고 사악한 전체주의적 이데올로기—에 관해 더 이상 말
할 필요가 없을 것이다. …… 하지만 불행하게도 오늘날 우리나
라에는 우리가 직면하는 그러한 위협에 대하여 비판적 이해를 공
유하는 이들이 많지 않은 것 같다.

그는 국가를 양극화하는 폭풍의 중심에 대통령이 있다고 생각한
다. 부시가 '네' 라고 하면 적대자들은 '아니오' 라고 한다. 이런 반
사 반응이 리버만에게는 대단히 우려스럽다. 리버만은 자신이 이라
크에 대한 미국의 분노를 이해한다고 말하지만, 그가 진짜 문제로
간주하는 것은 오히려 위험한 적에 대한 유화정책이다.

부시 대통령에 대해 많은 사람들이 갖는 적대감은 이라크 너머에
서 일어나고 있는 일과 그 속에서의 미국의 역할에 관해 우리가
말하고 생각하는 방식에 영향을 미치기 시작했다. 이라크 전쟁에
대한 반대가 이슬람 극단주의에 대한 반대보다는 오히려 더 큰
열정을 불어넣는 것처럼 보일 때, …… 그리고 일부 미국인이 이
란이 우리에게 가하는 위협에 관한 명백하고도 불길한 사실을 의
심할 정도로 우리의 정보기구를 의심할 때, …… 이슬람 급진주
의자의 공격에 직면하여 우리가 퇴각함으로써, 적과 대화하고 적
을 수용하고 친구와 우방을 포기함으로써 우리의 안전과 안정을

유지할 수 있다고 생각할 때 …… 뭔가 중요한 것이 잘못되고 있는 것이다.[6]

무라브치크와 같은 네오콘 지식인, JINSA와 AIPAC 같은 친국방, 친이스라엘 로비단체, 그리고 리버만 같은 이라크 전쟁 옹호자들은 스스로를 점차 경청을 거부하는 국민들에게 엄중하면서도 필수적인 메시지를 전달하려고 하는 카산드라와 같은 역할을 한다고 생각한다. 아니면 적대자들에 유화정책을 펼친 네빌 챔벌레인Neville Chamberlain에 맞섰던 윈스턴 처칠Winston Churchill과 같은 역할을 한다고 상상한다. 그들은 이란 대통령 아마디네자드Ahmadinejad와 히틀러를 거의 구분하지 못하고(홀로코스트를 부정하는 아마디네자드의 회의는 이런 입장을 확증해줄 뿐이다), 동료 미국인들에게는 이제 막 퇴색되기 시작하는 9·11 테러의 교훈을 잊지 말 것을 광적으로 당부한다.

달리 말하면, 그들은 미국 외부에 정말 위험스러운 적이 있다고 생각한다. 그 가운데 가장 두드러지는 것은 "히쉬HISH"라는 건데, 이는 현재 일부 네오콘이 하마스, 이란, 시리아, 헤즈볼라의 첫 글자를 따서 부르는 용어이다. 하지만 그런 입장에 동의하지 않는 사람도 있고, 나 역시 그렇게 생각하지 않는다. 그러나 그런 입장에 동의하지 않는다고 해서 미국의 이익을 무시한다고 비난하는 것은 정당하지 않다. 적어도 그들의 시각에 비춰보면, 그렇다. 그들은 적이 미국에 무슨 짓을 할지 극도로 걱정한다. 이 복잡한 세계에서 위험해

---

6) "Lieberman speech to AIPAC National Policy Conference" (March 12, 2007, http://leberman.senate.gov)

보이는 것은 국제정치에 대하여 흑백과 선악으로만 구분하려는 이
원론적 논리이다.

또 하나 걱정스러운 것은 그들이 이러한 이해관계를, 가령 미국
이 석유의 가격과 분배와 방향에 대한 통제력을 유지해야 한다고
생각하는 전통적인 '현실주의' 관점에서 바라보고 있지도 않다는
것이다. 만약 그들이 솔직하게 권력 관계의 투영에 관해 말한다면
훨씬 더 다양한 의견과 정직하게 대면하기가 쉬울 것이다. 하지만
그들은 결코 그에 관해서는 언급하지 않기 때문에 현실적 질문과
직접적으로 대면하지 않으려는 경향이 있다. 그들의 태도는 "한밤
중에 개가 짖지 않은 별난 사건"[7]과 같은 것인가? 네오콘은 실제
몽상적인 이상주의자들이기 때문에 권력에 관해 말하지 않는 것인
가?

미어샤이머 – 월트 사건

존 미어샤이머John Mearsheimer와 스티븐 월트Stephen Walt의 글을
둘러싼 논쟁은 그 논쟁의 양측이 열정적으로 신봉하고 있는 믿음을
드러내는 데 도움이 될 수 있다. 미어샤이머는 시카고 대학 국제정
치학 교수이고, 월트는 하버드 대학 행정대학원 교수이다. 그들은
2006년 3월 『런던 리뷰 오브 북스London Review of Books』에 「이스라
엘 로비The Israel Lobby」라는 제목의 논문을 기고했고, 동시에 그 논

---

7) 코난 도일Conan Doyle의 '셜록 홈즈Sherlock Holmes' 이야기인 「은빛 불길Silver
   Blaze」에서 '별난 사건'은 개가 짖지 않았다는 사실이다. 만약 살인자가 이방인이었
   다면, 개는 짖었을 것이다. 하지만 살인자는 이방인이 아니었고 개와 매우 친숙했다.
   말할 것도 없이 홈즈는 단박에 미스터리를 해결했다.

문의 확대 버전을 케네디스쿨의 '연구논문' 웹사이트에 게시함으로써 관심 있는 사람은 그들의 자료와 결론에 대한 증거를 검토해볼 수 있다.

두 교수가 보고하는 것처럼, "반응은 …… 뜨거웠다. 2006년 7월 중순 당시 케네디스쿨 '연구논문'의 다운로드 횟수가 275,000번을 넘었고, (항상 교양을 갖춘 것은 아닐지라도) 활발한 논쟁이 진행 중이었다." 학자에게—심지어 논픽션 작가에게도—그런 수치는 꿈도 꾸기 어려운 것이다. 그것은 거의 학문세계의 『다빈치코드*Da Vinci Code*』 내지 『해리포터*Harry Potter*』와 같은 것이라 할 수 있었다.

격월간지인 『외교 정책』은 즉각 이 논쟁에 주목했고 2006년 7~8월호의 커버스토리로 다루었다. 그 기사는 "이스라엘의 로비가 미국 외교 정책에 끼친 영향력에 관해 질문을 제기했을 때 이미 엄청난 논쟁을 점화시킨 것이다"라는 논평으로 시작했다.

잡지는 미어샤이머와 월트에게 그들의 주장을 요약할 지면을, 비판자 세 명에게는 반박할 지면을, 그리고 즈비그뉴 브레진스키*Zbigniew Brzezinski*에게는 지미 카터*Jimmy Carter*의 국가안전보장 담당 보좌관으로서 쿠바와 미국, 아르메니아와 미국, 그리고 그 밖의 몇몇 나라와 미국의 로비를 다루었을 때, 왜 이스라엘과 미국의 로비만 비판에서 제외되었는지를 설명할 수 있는 지면을 제공했다. 이 시점에서 학술 계간지 『중동 정책*Middle East Policy*』은 이 논쟁에 뛰어들어 두 저자가 불러일으킨 수많은 논평과 비판에 대한 답변을 포함한 확장된 글을 둘에게 요청했다. 2007년 가을에 이 확장판이 책으로 출판되었는데, 출판사는 이 책이 베스트셀러가 될 것이라 확신했다.[8]

미어샤이머와 월트 논의의 실체로 들어가기 전에 먼저 로비가 미국 정치에서 오랫동안 지속되어온 일반적 특징임을 이해할 필요가 있다. 이런 로비 활동의 노골성은 로비스트 수천 명이 가능한 한 은밀하게 업무를 수행하는 유럽과는 극히 상반된다. 〈유럽집행위원회 European Commission〉는 현재 비록 우스꽝스러운 해결책—로비스트가, 만약 그렇게 하고 싶다면, 누구를 위해서 일하는지, 돈의 출처가 어디인지 밝힐 수도 있는 자발적 등록부를 만드는 것[9]—을 제안하고 있지만 가능하면 사람들의 이목을 피하려고 한다.

이와 달리 미국 로비스트는 의회에 등록을 해야 하며 자신의 업무에 관해 한 치도 숨기지 않는다. 그들의 작업은 일반적으로 민주주의 절차의 정상적인 부분으로 간주된다. 그들은 아마 스스로를 '로비스트'라고 하기보다는 '대변인advocates'이라 할 것이다. 하지만 이 둘이 같은 거라는 사실은 누구나 알고 있다. 따라서 미국 로비스트는 음모자들과는 현격한 거리가 있다. 그들에게 돈을 지불하는 사람이 누구인지 알고 싶은 사람은 누구라도 그들이 종종 후원자를

---

8) 미어샤이머와 월트의 최초 기사인 「이스라엘 로비」는 『런던 리뷰 오브 북스』(March 23, 2006)에 실렸다. 『외교 정책』(July-August 2006)의 글은 「이스라엘의 영향을 둘러싼 전쟁The War over Israel's Influence」이라는 제목이 붙어 있는데, 이 글은 아론 프리드버그Aaron Friedberg, 데니스 로스Dennis Ross, 쉴로모 벤아미Shlomo Ben-Ami의 반박주장과 함께 실렸다. 훨씬 더 긴 『중동 정책』의 글 「이스라엘 로비와 미국의 외교 정책The Israel Lobby and US Foreign Policy」(MEP, Vol. 13, no. 3 September 2006, pp. 29-87)이 따로 각주가 없으면 내가 참조하고 있는 글이다. 『이스라엘 로비 The Israel Lobby』는 2007년 9월 패러 스트라우스Farrar Strauss와 지루Giroux가 출판하였다.

9) 유럽의 로비 관행을 폭로하는 나의 〈초국적연구소〉와 협력 관계에 있는 〈유럽기업감시단Corporate Europe Observatory〉의 활동을 보라. 이 문제를 다루는 활동가들은 〈유럽집행위원회〉의 소심한 제안에 만족하지도 않고 만족해서도 안 된다. 그리고 그들은 EU 로비스트들이 보다 투명해질 것을 요구하는 투쟁을 계속해나갈 것임을 약속한다. www.alter-eu.org를 보라.

찾아내고 대중한테 기부를 요청하며 자신의 이름으로 자료를 출판하기도 한다는 사실을 알 수 있다. 미국 로비스트는 자신의 목표를 공개하고 업적을 과시한다.

따라서 미어샤이머와 월트가 「이스라엘 로비」라 부른 글에서 주요 목표로 삼은 〈미국이스라엘공공문제위원회〉는 "이스라엘에 중대한 외교적·군사적 원조를 제공한 것, …… 하마스에 대한 국제적 압력을 지속한 것," 그리고 11가지 성공적인 발의권을 포함하는 자신의 성과를 웹사이트에 나열하고 있다. 〈미국이스라엘공공문제위원회〉와 같은 로비스트 대변인 단체는 지지자에게 어떤 쟁점에 따라 행동해야 하는지 알려주고, 선출 의원에 영향을 끼칠 수 있는 최상의 방안을 소개하며, 그것을 매우 효율적으로 진행한다. 다양한 로비의 영향력을 평가하기 위해 1997년과 2005년 사이 의원들에게 실시한 세 번의 설문조사에서 〈미국이스라엘공공문제위원회〉는 매번 상위 2위, 3위, 4위 내에 들었다. 〈전미퇴직자협회〉(AARP), 〈전미총기협회〉(NRA), 〈미국노동총연맹산업별회의〉(AFL-CIO)만이 의회에 대한 정치적 영향력 관점에서 더 상위에 랭크되었을 뿐이다.[10)]

내가 이 글을 쓰는 이유는 미어샤이머와 월트의 주장, 비판자의 반박, 그리고 저자의 재반박을 재추적하고 반복하고자 하는 것이 아니다. 그것은 이미 출간된 이들의 책을 반복하는 작업을 수반할 것이고, 중동 전문가도 아닌 내 능력을 넘어서는 일이기도 하다.

---

10) Jeffrey H. Birnbaum, "Washington's Power 25," *Fortune* (December 8, 1997); Jeffrey H. Birnbaum and Russell Newell, "Fat and Happy in DC," *Fortune* (May 28, 2001); Richard Cohen, Peter Bell, "Congressional Insiders Poll," *National Journal* (March 5, 2005)

나는 단지 내가 이전에 했던 주장을 설명하고 싶을 뿐이다. 다시 말해, 미국의 많은 일반 대중뿐 아니라 지적, 학문적, 정책적 공동체가 이 논의에 너무 매혹되어 있다는 것이다. 이 논의가 중요한 것은 사실이지만 냉정하게 이루어져야 하며, 마찬가지로 중요한 다른 문제가 많은데 그런 논의를 배제하는 위험한 방향으로 나아가서는 안 된다는 것이다.

바로 여기가 미어샤이머와 월트가 개입한 지점이다. 그들의 결론이 무엇이든 워싱턴을 지배하는 쥐죽은 듯한 침묵의 분위기 속에서 이스라엘의 영향력에 관한 주제를 제기해준 것에 대해서, 이 민감한 문제에 보다 냉철하고 사실적인 접근법을 취한 것에 대해서, 그리고 엄청난 자료에 대한 객관적인 평가를 추진하려고 한 것에 대해서 우리는 그들에게 감사해야 한다. 그들의 긴 논문은 24쪽에다 출처(그중 상당수는 이스라엘 미디어와 학자를 인용한 것이다)를 밝히고, 다양한 주장에 대하여 깨알 같은 글씨로 상세하게 설명한 꼼꼼한 주석 227개를 포함한다. 그들의 논문은 조잡한 학문적 비난을 비롯하여 긍정적이고 부정적인 다양한 반응을 유발했다. 하지만 각주를 볼 때 비전문가들은 미어샤이머와 월트가 학자로서 자신의 임무를 완수하기 위해 어떤 다른 연구를 더 수행할 수 있을지 궁금할 것이다.

미어샤이머와 월트가 논쟁의 여지가 없는 공식 정보를 통해 제시하는 사실 가운데에는 이스라엘이 끌어 모은 상당한 양의 원조가 있다. 이스라엘은 확실히 세계의 궁핍한 국가 부류에 속하지도 않고 미국의 원조금이 사전에 합의되고 규정된 목적에 사용되어야 한다는 통상적인 요구조건을 준수하는 국가도 아니다. 만약 이스라엘이 점령지역에 정착촌을 건설하는 데 미국 자금을 사용하고자 한다면,

(미국이 반대한다고 말해도) 이스라엘은 그렇게 할 수 있다. 2차 세계대전 이후로 이스라엘은 미국으로부터 (2003년 달러 기준으로) 140억 달러어치의 원조를 받아왔다. 이는 1년에 평균 30억 달러를 받은 것이고, 그것은 미국의 연간 해외 원조 전체의 약 20%를 차지하는 금액이다. 바꿔 말하면, 미국은 모든 이스라엘 국민 한 사람당, 즉 1인당 소득이 스페인과 거의 같은 국민 한 사람당 1년에 약 500달러씩을 제공한 것이다.[11]

더욱이 이스라엘은 이렇게 많은 원조에 대한 대가로 항상 미국에 충실한 동맹국처럼 행동하는 것도 아니다. 예를 들어 이스라엘은 미국의 군사기술을 미국의 잠재 경쟁국인 중국에 넘겼고, 이에 대해 미국 국무부 감찰관은 이스라엘이 "기술을 무단 이전하는 체계적 경향을 확대"시키고 있다고 지적하였다. 미국 회계감사원에 따르면, 이스라엘은 "모든 동맹국 가운데 미국에 대하여 가장 공격적인 스파이 활동을 펼치고 있다." 미국의 반대자인 프랑스인들조차 아마도 경험이 풍부한 저널리스트 짐 호글랜드Jim Hoagland의 견해를 알게 되면 매우 기쁠 것이다. 호글랜드에 따르면 "드골을 예외로 하면 그 어떤 우호적인 외국 지도자도 아리엘 샤론Ariel Sharon만큼 현대 미국의 외교 정책을 복잡하고 심각하게 만든 지도자도 없었다."[12]

미어샤이머와 월트는 또한 이스라엘이 JINSA와 AIPAC이 주장하듯이 미국을 위한 전략적 자산이라기보다는 오히려 '전략적 빚' 내

---

11) 『CIA 팩트북』에 따르면, 이스라엘은 세계에서 가장 낮은 영아사망률(1,000명당 6.9명)과 가장 높은 평균 수명(79.5세)을 자랑한다. 이스라엘 인구의 95% 이상이 글을 읽고 쓸 줄 안다. 명백히 '제3세계'가 아니다. 아마도 이런 성공에는 미국의 원조가 중요한 원인이 되었을 것이다.

12) *MEP*에 게재된 미어샤이머와 월트의 글 21, 22, 23쪽 그리고 7쪽을 보라.

지 '부담' 이라고 주장한다. 팔레스타인의 테러리즘이 오직 이스라 엘만을 표적으로 삼고 미국을 직접 위협하지 않는다 하더라도 팔레스타인인에 대한 이스라엘의 처사는 아랍과 이슬람의 여론을 자극하고, 이것은 미국 안보를 심각한 위험에 빠뜨린다. 그들이 볼 때 이스라엘의 행동은 영구적인 불만을 일으키고, 테러리스트 모집, 은닉, 자금제공 등을 훨씬 더 용이하게 만든다.

미어샤이머와 월트는 설령 이란이 핵무기를 확보한다고 하더라도 그것이 미국에 '전략적인 재앙' 이 되지는 않을 것이라고 말한다. 미국은 핵무기를 보유한 중국, 인도, 파키스탄, 그리고 심지어 북한과도 어떻게든 살아갈 수 있다. 왜 이란의 핵무기와는 그럴 수 없단 말인가? 이란이 핵무기를 미국에 대항해 사용하지는 않을 것이고, 테러리스트들이 사용하도록 넘겨주지도 않을 것이다. 왜냐하면 어느 경우든 미국의 핵무기 보복은 신속하고 끔찍할 것이라는 사실을 잘 알고 있기 때문이다. 다른 한편 미어샤이머와 월트는 그 지역의 다른 국가들이 핵무기를 원하는 것은 이스라엘이 핵무기를 보유하고 있기 때문이라고 주장한다. 하지만 미국은 이스라엘의 병기고에 대해서는 "모르쇠로 일관한다."

이런 종류의 이야기는 수도 없이 많다. 하지만 이 실례는 미어샤이머와 월트가 리버만이나 무라브치크의 견해와 전혀 별개로 존재할 수 없다는 것을 보여주기에 충분하다. 이런 이유 때문에 그들의 작업은 '엄청난 후폭풍' 을 낳았던 것이다. 미어샤이머와 월트는 자신들이 인용한 영국 외교관 52명의 견해를 공유한다. 이 외교관들은 토니 블레어에게 이스라엘과 팔레스타인의 상황은 "서구와 아랍 및 이슬람 세계 간의 관계를 악화시키고," 부시의 정책은 "일방적이고 불법적이라고" 주장하는 글을 전달했다. 만약 이 외교관들과 미어샤이머와 월트가 옳다면, 미국과 이스라엘의 특별한 관계는 미국의 현실 이익을 위태롭게 할 것이다.

그리고 만약 그들이 옳다면, 누가 이 이익을 위험에 처하게 만든 책임을 지겠는가? 미어샤이머와 월트는 자신들이 이스라엘의 존재 권리를 지지하고 "이스라엘을 위해 로비하는 미국인이 어떤 방식으로든 조국에 불충을 저지르는 것이라고는 믿지 않는다"고 말하려 애를 쓴다. 하지만 저자들에 따르면, 미국이 이스라엘에, 그리고 그 지역 전체와 관련한 이스라엘 정부의 견해에 압도적인 지지를 보내는 직접적인 원인은 미국에서 이루어지는 '이스라엘 로비'의 막강한 힘 때문이다. 여기서 '이스라엘 로비'는 그들이 조직, 개인, 네트워크 등의 느슨한 조합을 지칭하기 위해 사용하는 용어이다.

'이스라엘 로비'는 어떤 식으로 움직이는가? 미어샤이머와 월트에 따르면 그것은 "미국 의회에 대한 확고한 장악력"을 갖고 있다. 그들은 전직 상원의원 어니스트 홀링스Ernest Hollings의 말을 인용하는데, 홀링스는 의원직을 떠나면서 "의회 주변에서 AIPAC이 제공하는 것 말고는 그 어떤 이스라엘 정책도 가질 수 없다"는 말을 남겼다. 이스라엘 지도부는 확실히 이 조직에 감사해야 할 것 같다. 아리엘 샤론은 국민들이 자신에게 AIPAC이 이스라엘을 위해 무엇을 해줄 수 있느냐고 물었을 때 항상 이렇게 대답했다. "만약 이스라엘을 돕고 싶다면, AIPAC을 도와라." 샤론의 계승자 에후드 올메르트 역시 이에 동의하면서 "우리가 전 세계에서 가장 훌륭한 지원군과 친구인 AIPAC을 가지고 있음을 신께 감사해야 한다"고 말한다.

선거운동을 전적으로 개인 돈에 의존해야 하는 미국 같은 선거 체제에서 AIPAC의 가장 큰 강점 중 하나는 이 쟁점에 적극 투표해준

전력의 후보자에게 정치적 기부를 하고 그렇지 않은 후보자는 외면할 수 있는 능력이 있다는 점이다. AIPAC이 '의회를 장악한' 실례는 2002년도에 부시가 아리엘 샤론에게 점령지 철수를 압박하던 때로 거슬러 올라간다. 로비는 신속하게 펼쳐졌고 강력한 친이스라엘, 반철군 결의안을 이끌어냈다. 결의안은 하원에서 352 대 21로, 상원에서는 94 대 2로 통과되었고, 부시는 굴복했다. 미어샤이머와 월트는 로비가 없었더라면 미국은 "2003년 3월에 (이라크에서) 전쟁을 개시했을 가능성이 훨씬 더 적었을 것"이라고 믿는다.

미어샤이머와 월트가 많은 예를 제시했듯이, AIPAC은 미디어에도 상당한 영향력을 끼쳤지만 학계에서는 그 활동이 훨씬 제한적이었다. AIPAC은 대학에 연사를 보내고, 학생을 동원하여 교수가 쓰고 가르치는 것을 감시하고 반론을 제기하게 만들었다. 이런 행동은 효과가 있었던 것으로 보인다. 『외교 정책』이 조사한 바에 따르면 국제관계학 교수의 2/3가 "이스라엘 로비는 미국 외교 정책에 지나친 영향을 끼치고 있다"는 진술에 '강력히' 혹은 '보통' 동의한 반면, 학생들은 동의하지 않았고 교수의 견해에 거의 영향을 받지 않는 것 같았다. 『외교 정책』은 또한 12개 대학의 국제관계학 개론 수업을 듣고 있는 학생 700명을 조사했는데, "수업을 듣기 전보다 듣고 난 후에도 학생들은 '이스라엘 로비가 미국 외교 정책에 지나친 영향을 끼치고 있다' 는 사실을 믿지 않는 것 같았다"[13]고 밝혔다.

하지만 미어샤이머와 월트에 따르면 로비가 휘두르는 가장 강력한 무기는 그들이 '위대한 침묵의 장치the great silencer' 라 부른 것, 즉

---

13) "A Bad Influence?" *Foreign Policy* (March-April 2007), p.66

반유대주의라는 비난이다. "사실상 로비는 자체의 힘을 자랑하고 로비를 눈여겨보는 사람을 공격한다. …… 반유대주의는 혐오스런 것이고 책임 있는 사람은 반유대주의자라는 비난을 받고 싶어 하지 않는다." 그래서 그들은 종종 침묵하는 쪽을 선택한다. 반면에 이스라엘의 미디어들은 허술하여 '미국의 유대계 로비'를 자주 언급한다.

미어샤이머와 월트의 입장은 다음을 위해 미국이 자신의 힘을 사용해야 한다는 것이다.

이스라엘과 팔레스타인 사이에 정의로운 평화를 이룩하는 것을 중동에서 극단주의에 맞서 싸우고 민주주의를 촉진하는 더 넓은 목표를 진전시키는 데 이바지할 것이다. 하지만 이런 일이 가까운 시일 내에 일어날 것 같지는 않다.

로비의 영향력은 미국과 그 동맹국에 대한 테러리즘의 가능성을 증가시켰을 뿐 아니라 이스라엘 자체 또한 위험에 빠뜨린다. 저자들은 AIPAC과 그 추종자들이 이스라엘로 하여금 "자국 국민의 생명을 구할 수 있고 팔레스타인 극단주의자들을 위축시킬 수 있는 …… 기회 포착"을 포기하도록 만들었고, "역설적이게도 만약 로비가 덜 강력했더라면 이스라엘이 훨씬 더 나아졌을 것이다"라고 주장한다. 미어샤이머와 월트는 이러한 비관적인 어조로 논의를 마친다.

비판자의 반론 또한 만만치 않았다. 우선 프린스턴 대학의 교수이자 체니의 안보 담당 보좌관이었던 애런 프리드버그Aaron Friedberg는 유화정책이 낳게 될 결과에 대하여 집중적으로 비판한다. 프리드버그는 수사적으로 만일 미국이 미어샤이머와 월트가 바라는 것처럼 이스라엘에 대한 지원을 중단한다면 과연 어떤 일이 벌어질 것인지 묻는다. 비판자들에 의하면 그런 조치는 "이스라엘을 좀 더 유순하게 만들지" 않을 것이고 (반대로) "확실히 이스라엘의 적을 대담하게 만들고 더욱더 급진적인 세력에 힘을 불어넣어줄 것이다." 지하드는 진정되지 않을 것이고 이스라엘과 거대한 사탄에 대한 전쟁을 멈추지 않을 것이며 오히려 승리를 주장하고 더 많은 추종세력을 규합할 것이다.

또 다른 비판자인 데니스 로스Dennis Ross는 클린턴 재임 시 미국 측 협상가였던 부시를 전쟁에 뛰어들게 만든 것은 로비도 아니고 네오콘도 아니며 9·11 사태라고 말한다. 더욱이 로스는 로비가 반드시 성공적인 것은 아니라고 말한다. 즉 로비는 아랍 국가에 몇 가지 중요한 무기를 판매하는 것을 막지 못했고 자신들의 뜻과 달리 의제로 상정된 다양한 평화 발의를 반대하지도 못했다. 로스는 "내가 중동 평화과정에 대한 미국 측 협상을 주도하던 시절 우리가 '로비' 때문에 조치를 취한 적은 결코 없었고, '로비'가 반대한다고 해서 우리가 협상을 그만둔 적도 없었다"라고 썼다.

세 번째 비판자인 전직 이스라엘 외무장관 쉴로모 벤아미Shlomo Ben-Ami는 로비의 영향력에 대한 미어샤이머와 월트의 설명이 "엄청나게 과장된 것"이라고 하면서 (《팔레스타인해방기구, PLO》에 대한 레이건의 공식 인정처럼) 로비가 미국 대통령들에게 아무런 영향도 끼치지 못한 구체적인 사례 몇 가지를 제시한다. 그리고 다음과 같이 덧붙인다.

미국은 팔레스타인인들의 치욕을 끝장내기 위해 더 많은 일을 해야 한다. 그러나 이스라엘이나 로비가 …… 미국의 테러 문제에 책임이 있다고 주장하는 것은 터무니없는 일이다. …… 미어샤이머와 월트는 중동에서 벌어지는 미국 이해관계의 복잡한 구조에 대해서 너무나 무관심한 태도를 보이고 있다. …… 현재 이라크 전쟁은 이스라엘에 득이 될지 모르지만 이란에도 그만큼, 혹은 그 이상으로 득이 된다. 그러나 그 누구도 전쟁이 이란의 요청에 의해 이루어졌다고는 말하지 않을 것이다. …… 미국이 이스라엘과 긴밀한 관계를 갖지 않는다면, 이란, 이라크, 혹은 시리아와 같은 위협적인 국가에 대해 관심을 끊을 것이라는 주장은 부적합하다.[14]

벤아미는 이라크 전쟁이 중국, OPEC의 산유국, 알카에다에게도 득이 되지만 이들이 전쟁을 유발하는 데는 아무런 영향도 끼치지 못했음을 덧붙였을지도 모르겠다.[15]

대대적인 홍보 전략: 미국의 브랜드화

'로비의 힘' 이라는 주장에 대한 반박은 예상치 못했던 곳에서도 생겨났다. 미디어 전문가이자 이라크 전쟁 반대자인 셸던 램튼 Sheldon Rampton과 존 스토버John Stauber는 『대중 기만의 무기: 부시의 이라크 전쟁과 선동의 이용 *Weapons of Mass Deception: The Uses of Propaganda in Bush's War on Iraq*』에서 2003년 이라크 침공을 위한 이데올로기 강화 전략을 멋지게 설명한다.[16]

---

14) 이 글은 『외교 정책』에 발표된 미어샤이머와 월트의 글에서 재인용한 것이다.

15) "Who Wins in Iraq," *Foreign Policy* (March-April 2007)를 보라.

16) Sheldon Rampton and John Stauber, *Weapons of Mass Deception: The Uses of Propaganda in Bush's War on Iraq* (Jeremy P. Tarcher/Penguin USA, New York, 2003)

비록 상당수의 네오콘들이 여기에 편승하려고 했고 또 편승했다고 하더라도, 이 침공 전략은 전적으로 정부가 담당했다. 전쟁 준비를 위해 정부가 의지한 것은 AIPAC이나 여타 로비단체가 아니라 여론조작에 능한 전문가들의 힘이었다.

부시-체니 체제는 9·11 이후 곧바로 여론을 조성하기 시작했는데, 처음에는 아랍 세계에서 미국의 이미지를 제고하기 위한 목적이었고, 이를 위해 의회는 수천만 달러를 할애했다. 행정부도 알고 있듯이, 문제는 음료수나 샴푸, 혹은 대중시장의 다른 상품을 판매하듯 미국을 판매하는 것이었다. 국무장관 콜린 파월Colin Powell이 설명한 바와 같이 "그것은 …… 정말로 외교 정책을 브랜드화하려는 시도였다."

미국은 브랜드 천국이 될 것이다. 행정부는 "훌륭한 브랜드와 함께, (가장 가치 있는) 자산이 정서적 공감을 갖게 된다"고 설명하는 성공적인 여성 홍보 담당관을 고용했다. 안타까운 것은 아랍세계 대부분의 사람들에게 '정서적 공감'은 두려움, 불신, 그리고 분노로 이루어졌다는 것이다. 그들은 무슬림 미국 여성이 뉴저지의 멋진 주방에서 얼마나 행복한지에 대해서는 전혀 관심이 없었다. 그들은 미국 정책, 특히 아프가니스탄의 시민을 폭격하고 자기 나라의 독재정권을 지지하며 팔레스타인인의 곤경을 완화하기 위해서는 그 어떤 일도 하지 않는 미국의 방식에 분노하고 있었던 것이다.

어떤 이집트 상인이 『뉴욕타임스』 기자에게 명백한 사실을 지적하면서 말했듯이, "아랍세계에서 미국이 이미지를 바꾸기 위해 아무리 열심히 노력하더라도 우리에게는 우리의 눈으로 보고 있는 현실이 훨씬 더 강력하다." 몇 번 참담한 실패를 맛본 후 이라크를 침략하기 보름 전 홍보 담당관은 사임하고 말았다. 『아랍-아메리칸 뉴스*Arab-American News*』의 발행인 오사마 시블라니Osama Siblani 같은 사람은 이런 실패를 예견한 바 있다. 시블라니는 "미국은 오래전에 무슬림 세계에서 여론 전쟁에 패배했다. 설령 그들이 예언자 무하마드를 데려와서 홍보를 한다 하더라도 도움이 안 될 것이다"[17]라고 말했다.

하지만 이렇게 패했다고 해서 정부는 다른 홍보 작전에 또다시 수억 달러의 돈을 낭비하는 행태를 그만두지 않았다. 정부는 사담 후세인에 대항하는 야당 지도자, 가령 아마드 찰라비Ahmad Chalabi와 같은 꼭두각시들에 대한 지지를 과시하기 위해 백악관에 〈이라크국민의회Iraqi National Congress〉와 같은 위장기관을 비롯하여 〈글로벌커뮤니케이션국Office of Global Communications〉과 〈이라크공공외교Iraq Public Diplomacy〉를 설립했다. 또한 『PR 위크*PR Week*』와 같은 경제지가 정기적으로 다루는 그런 활동을 수행하는 정부 협력기관 전문가 팀으로부터 자문을 얻기 위해 다양한 PR 전문가를 고용했다.

『PR 위크』는 또한 부시-체니 진영의 관점에 따라 납세자의 세금이―아랍세계가 아닌 국내 전선에―잘 쓰였다는 견해를 갖고 있었다. "부시 행정부는 오늘날 미국에서 가장 정치적이라 생각되는 질문 '우리가 이라크를 공격해야 하는가?'라는 질문을 제기하는 데 성공했다"는 것이다. (엔론 등의) 기업 범죄, 휘청거리는 경제, 시민 자유에 대한 위협―심지어는 오사마 빈 라덴의 행방―과 같은 모든 질문은 무대 밖으로 밀려났고, 미국의 1면 관심사에서 사라지고 있었다.[18] 민주당은 2002년 중간선거 기간에 맞춰 자신의 쟁점 사안을

---

17) Rampton and Stauber, ibid., chapter 1, "Branding America."

18) 앞의 책, p. 41

정치적 의제에 올리지 못했기 때문에 크게 격분하고 있었고, 마침 부시가 당선되었다.

이런 와중에 '이스라엘 로비'는 그 어디서도 찾아볼 수가 없었다. 예견되는 바와 같이 AIPAC이 있든 없든 상관없이, 상당수의 신보수주의자들은 정부를 부추겼으며, 행정부에 있던 신보수주의자들은 정부의 정책 형성에 기여했다. 이라크 전쟁옹호자 가운데 특히 눈에 띄는 인물은 〈미국의 새로운 세기를 위한 프로젝트Project for a New American Century〉(PNAC) 회원들이었다.

다른 수단에 의한 전쟁으로서의 정치: 미국의 새로운 세기를 위한 프로젝트

일단 좋은 소식부터 말하자면, 〈미국의 새로운 세기를 위한 프로젝트〉(PNAC)가 시행된 끔찍한 10년을 설명하기에 앞서 우리는 PNAC이 거의 폐기된 프로젝트나 다름없고 현재로서는 거의 죽은 프로젝트가 되었다고 봐도 무방하다는 것이다. 2007년 초반 즈음 PNAC는 여전히 웹사이트를 갖고 있었지만 (BBC의) 보도에 따르면, 직원 한 명만 남아서 업무를 마무리하고 프로젝트를 끝내려고 하고 있었다고 한다. 운명을 시험하려고 하지 말고, 이 사건을 과거시제로 한번 이야기해보자.

PNAC이라는 이름은 우연의 산물이 아니다. 그 이름에 대해서도 설명할 필요가 있다. PNAC 설립자들은 대량부수로 발행되는 잡지 『타임지』, 『라이프Life』, 그리고 『포춘Fortune』의 영향력 있는 발행업자인 헨리 루스Henry Luce에게 찬사를 보냈는데, 루스는 진주만 전쟁 10개월 전인 1941년 2월 『라이프』의 유명한 사설에 "미국의 세기The

American Century"라는 제목을 붙인 바 있다.

루스는 동부 해안 특권계층의 일원이었지만 미국의 참전을 원하지 않던 많은 공화당 불간섭주의자들에 반대했다. 루스는 나치의 승리에 놀라 만약 영국이 히틀러를 저지하지 못한다면 전쟁으로 너무나 피폐해져 더 이상 거대한 세계 권력으로 기능하지 못할 거라고 동료들에게 말할 정도로 선견지명을 갖고 있었다. 루스에 따르면 미국은 '불가피한 현실', 즉 유럽을 구하기 위해 무장 개입을 해야 한다는 것과 미국이 전후 세계질서를 지배해야 한다는 것을 받아들여야만 했다. 20세기는 미국의 세기가 될 운명이었다는 것이다.

미-소 동맹이 결렬되기 훨씬 전인 1944년에 이미 루스는 소련과 전후 세계에 대한 소련의 구상을 불신하고 있었다. 곧 루스의 영향력 있는 잡지들은 수백만 명의 독자들에게 미국이 다시금 이 새로운 적과 맞서 싸워야 할 거라는 사실을 확신시켜주었다. 그는 10년 넘게 상원위원회 앞에서 말했던 신념을 결코 굽히지 않았다. "나는 공산주의 제국과 자유세계 사이에 평화로운 공존이 있을 수 있다고 믿지 않는다." 1967년 사망할 때까지 루스는 베트남 전쟁에 대한 지지를 포함하여 반공주의 입장을 고수하면서 계속해서 미국의 헤게모니를 주장했다.

미국의 전후 외교 및 국방 정책은 항상 반공주의라는 토대와 '반공주의적' 외국 지도자에 대한 지지를 기반으로 했다. 그 지도자들이 얼마나 독재적이든, 얼마나 높은 수준의 군비를 갖추고 있든, 자원 획득, 특히 원유와 관련하여 얼마나 믿을 만한 제국주의적 전략을 갖고 있든 간에 말이다. 여러 측면에서 이라크는 전통적인 미국 개입의 가장 최신판에 불과하지만 상황이 달라졌다. 일단 공산주의가 지정학적인 권력의 자리에서 사라지게 되자 신보수주의자들은 그들이 관심을 갖고 있는 세계의 특정 지역에 침투하기 위한 새로운 구실을 찾지 않을 수 없었다. 미국의 정책 결정 기관들은 필요하다면 예방 전쟁, 불량국가, 민주주의 확산을 위한 사명감, 확실한 총아, 테러리즘에 대항한 세계 전쟁 등과 같은 새로운 안보 개념을 만들어낼 수 있다.

이러한 새로운 맥락에서 PNAC의 원칙과 기획은 호전적이며 헤게모니적인 이데올로기를 창조하고 전파하는 데 가장 성공적인 주도세력이 될 터였다. 1997년에 경험 많은 네오콘 정책전문가들이 미국의 미래 위상을 기획하기 위해 자리를 같이했다. 이 프로젝트는 미 정부에 깊은 영향을 끼쳤다. 왜냐하면 이 프로젝트를 설립한 사람들 가운데 많은 이들이 조지 부시가 취임한 그날부터 바로 정부가 **되었기** 때문이다.

헨리 루스가 자신의 프로젝트 기틀을 마련한 지 56년 만에 PNAC의 〈성명서〉는 루스의 생각을 반영했다. 다음은 그 내용 가운데 일부이다.

현재와 미래의 도전에 직면할 태세를 갖춘 강력한 군대, 해외에서 대담하고 충실하게 미국의 원칙을 밀어붙일 외교 정책, 그리고 미국의 세계적 책임을 수용할 수 있는 국가 지도력(이 필요하다). …… 미국은 유럽, 아시아, 중동지역에서 평화와 안전을 유지하는 데 중추적인 역할을 담당하고 있다. 만약 우리가 책임을 회피한다면 우리는 우리의 근본 이익에 도전을 받게 될 것이다. …… 위기가 발생하기 전에 상황을 정리하고, 위협이 끔찍한 결과를 초래하기 전에 대처하는 것이 중요하다. 지난 세기의 역사는 우리가 미국 지도력의 대의를 받아들일 것을 가르쳐주었다.

미국적 유일성과 개입에 대해 이보다 더 열렬히 변호하는 말은 상상하기 어려울 것이다. PNAC이 설정한 목표를 달성하기 위해 미국은 미리 준비해야 하고 대담해야 한다. 따라서 2001년 9월 20일, 즉 국제무역센터 공격 후 9일 만에 PNAC의 지도부는 사담 후세인 처벌 권고 서한을 부시 대통령에게 보냈다. 그들의 논리는 뒤틀려 있어도 그들의 의도는 명확했다.

이라크 정부는 미국에 대한 최근의 공격에 어떤 형태로든 원조를 했을 것이다. 비록 이번 공격과 이라크를 직접 연결해주는 증거는 없다 하더라도 테러리즘과 테러 지지자 근절을 목표로 하는 그 어떤 전략도 반드시 이라크에서 사담 후세인을 권력에서 제거하려는 단호한 노력을 포함해야 한다. 그러한 노력에 실패한다면, 우리는 국제적 테러리즘에 대한 전쟁에서 조기에, 그리고 결정적으로 패하게 될 것이다.

이 부분은 참 이상하다. PNAC은 외교 정책 전문가들의 온상이다. 동시에 이들은 9월 11일에 일어난 테러가 사우디인들이 적극 가담한 이슬람 종교 지하드 차원이라는 사실에 모두 동의한다. 그렇다면 미국은 바티스트 민족주의당이 지배하고 있으며 극히 드물게 전적으로 세속적인 이슬람 국가 가운데 하나인 이라크에 왜 이렇게 열을 올리는 걸까? 오사마 빈 라덴과 사담 후세인은 교황과 마틴 루터의 관계만큼이나 서로에 대해 형제애적 반감을 느끼고 있었다. 사실 빈 라덴은 사담을 '이단자'로 간주했다.

더욱이 PNAC 전문가들은 '대량살상무기'가 이라크에서 발견되지 않을 거라는 사실을 알고 있었음에 틀림없다. 이라크는 일찍이 1990년대 초반부터 중반까지 대량살상무기를 없애버렸던 것이다.

하지만 이라크에 대한 PNAC의 집착은 전례 없는 것이었다. 공동 창립자 중 한 명인 폴 월포위츠는 이미 그 악명 높은 1992년의 『국방계획지침서*Defense Planning Guidance*』에서 이라크에 대한 공격을 조언한 바 있다. 이 책자는 『뉴욕타임스』로 흘러 들어가 엄청난 논란을 일으켰다. 1998년에 PNAC 회원들은 클린턴 대통령에게 '사담 후세인을 권력에서 제거할 것'을 권고하는 글을 썼다. 별다른 반응이 나타나지 않자, 공화당 내 소수파 지도자인 뉴트 깅리치Newt Gingrich 하원의원과 트렌트 로트Trent Lott 상원의원에게 '대통령의 통솔력 부재'에 결정적인 조치를 취해줄 것을 촉구하는 서한을 보냈다. 만약 클린턴 대통령이 국가의 지도자답게 미국을 온당하게 통솔하지 않는다면, PNAC이 깅리치와 로트가 해주기를 원했던 것은 무엇일까? PNAC은 "미국 정책은 사담 후세인 권력을 제거하고 대신 평화롭고 민주적인 이라크 건립을 목표로 삼아야 한다고"고 말했다.

PNAC은 영향력이 있었던가? 그 소속 회원 중 상당수는 과거 정부의 요직에 몸담고 있었거나 몸담고 있는 상태이고, 그 회원들은 여전히 미디어와 여타의 다른 여론 형성 기관에 정기적으로 참여하고 있다. 부통령 딕 체니와 전 부통령 댄 퀘일Dan Quayle, 체니의 참모장 루이스 리비Lewis Libby, 그리고 국방부 고위관료 도널드 럼스펠드Donald Rumsfeld와 폴 월포위츠는 PNAC의 '성명서'에 서명한 사람들과 그들의 서한을 특히 소중하게 생각했다. 이들을 좋아한 몇 사람을 더 추가하자면, 대통령의 형제이자 플로리다 주지사인 젭 부시Jeb Bush, 〈미국 특별무역대표부〉의 로버트 졸릭Robert Zoellick, UN

상임의원 존 볼튼, 그리고 그의 후임자 잘메이 칼릴자드Zalmay Khalilzad를 포함할 수 있다.

이러한 고위관료에 특별 고문위원, 이런저런 부서의 차관 및 보좌관들도 가세했는데, 이들 중에는 국무부의 폴라 도브리안스키Paula Dobriansky, 백악관의 엘리엇 에이브럼스Elliott Abrams, 국방부의 피터 로드만Peter Rodman, 체니의 보좌관 애런 프리드버그Aaron Friedberg를 들 수 있다. 프란시스 후쿠야마, 도날드 케이건Donald Kagan, 엘리엇 코헨Elliot Cohen 같은 저명하고도 영향력 있는 학자들도 빼놓을 수 없다. 또한 노먼 포도레츠와 그 아내 미지 덱터Midge Decter 같은 지식인, 〈전미민주주의기금National Endowment for Democracy〉(NED) 의장 빈 웨버Vin Weber, 우익 종교 단체에 영향력이 큰 복음주의 교파의 게리 바우어Gary Bauer와 가톨릭교의 조지 웨이글George Weigel도 여기에 포함된다. 이들이 이라크 침략을 결정하는 데 핵심 인물들이라는 데는 의심의 여지가 없다.[19]

2000년 9월에 PNAC은 '미 국방의 재건'을 요구했고 방위비 예산의 적정 수준으로 국민총생산(GNP)의 3.8%를 제시했다. 이내 곧 부시가 취임하면서 3,790억 달러로 방위비 예산 증액을 밀어붙였는데 이는 정확하게 국민총생산의 3.8%였다. 이 예산은 이후로도 꾸준히 증가하여 2007년에는 약 5,130억 달러에 달하게 되었다(이는 여전히 국민총생산의 3.8%에 해당한다).

같은 자료에서 PNAC의 서명자들은 자신들의 목표가 **"새로운 진주만 사건처럼 파국적이고 기폭적인 사건—**이 역할은 나중에 9·11이 편리하게도 기적적으로 수행해준다—**이 없이는"**(다시 한 번 헨

---

19) 이 사람들 전부가 PNAC의 모든 문서에 서명한 것은 아니다.

리 루스의 영향력을 느낄 수 있으며 강조는 첨가된 것이다) 현실화되기 어려울 것임을 인정했다. 이 말은 예지적이면서 동시에 혼란스런 것이다.

〈9·11 조사위원회〉의 『간부보고서 *Staff Report*』가 기록하고 있듯이, 2001년 4월과 9월 사이에 〈미연방 항공국 Federal Aviation Agency〉은 미국에 대한 공격 가능성에 관한 보고서를 52건이나 받았다. 많은 논자들은 이처럼 엄청난 위협 가능성에 대비해 정부 당국이 어떤 조치를 취했어야 했다고 결론 내렸다. 일부는 비록 거대한 관료주의 경쟁 시스템과 그것의 실패가 불을 보듯 뻔하지만 정부가 아무런 조치도 취하지 않았다는 사실에서 공모의 혐의가 있다고 보았다. 그들의 예언을 인정한다면, PNAC 회원들은 세계무역센터와 펜타곤에 대한 알카에다의 대담하고도 '파국적이고 기폭적인' 공격의 필요성을 내다보았던 것이다. 정말로 이 사건은 진주만에 버금가는 효과를 낳았다.

또한 PNAC은 일찍이 이라크에 영구 군사기지를 마련할 필요성을 주장하기도 했다. PNAC의 일원은 아니었지만 콘돌리자 라이스 Condoleezza Rice는 중동에 대한 미국의 개입이 '우리 세대의 의무'와도 같다는 확신을 의회에 심어주었다. PNAC 회원들이 9·11 사건과 관련하여 어떤 식으로든 공모했다고 주장하는 것은 불가능하겠지만, 그들이 9·11을 어떻게 이용할 것인가에 대해서 정확하게 알고 있었음은 분명했다. PNAC은 종종 국가의 표적을 설정하고, 내각의 다양한 전략적 위치에서 그러한 표적을 칠 수 있도록 돕는, 일종의 후방지원 정부 내지 그림자 정부로 보였다.

역사의 무게

미국 내부에서 신자유주의를 추진해온 비슷한 기관들은 항상 미국의 국가권력, 특히 국외에서 발휘하는 군사적 힘을 옹호해왔다. 조슈아 무라브치크의 이전 인용에서 알 수 있듯이 그들은 미국이 세계무대에서 적절하다고 생각될 때는 시기와 장소에 구애받지 않고 개입할 권리를 갖고 있다고 믿는다. 네오콘들에게 시민적 성격의 국가는 약해야 하고 시장의 힘을 따라야 하는 반면, 군사적 성격의 국가는 강력해야 하고 그 누구의 힘도 존중해서는 안 된다.

이데올로기적인 네오콘의 정력은 국내에서는 자신들의 사회적·경제적 교의를 국가 기관, 미디어, 그리고 대중의 정신 속에 심는 데 쏟아졌고, 그 결과 그들의 교의는 하나의 도덕 철학의 위상에 도달하게 되었다. 국제 외교관계에서는 애국주의, 국가안보, 미국의 '예외주의'와 절대적 독자성, 일방주의 권리가 항상 맨 앞에 위치했다. "옳든 그르든 나의 조국"이라는 문구는 정말 무익한 문구가 아닌 것이다.[20]

---

20) 자주 인용되는 "옳든 그르든 나의 조국"이라는 문구가 어디에서 유래했는지 궁금했던 나는 1872년에 카를 슈르츠Carl Schurz 상원의원이 실제로 이 표현을 사용한 또 다른 상원의원을 반박한 적이 있음을 알게 되었다. 그때 슈르츠는 "옳든 그르든 나의 조국이라는 말은 올바름이 옳게 유지될 때, 그리고 잘못됨이 올바르게 개선될 때 유효할 수 있다"고 말했다. 훨씬 뒤에 슈르츠는 1899년 10월 시카고에서 열린 〈반제국주의 회담Anti-Imperialistic Conference〉에서 이 주제를 더욱 확대시켰다. 슈르츠는 반제국주의자 동료들에게 자신은 미국인들이 "거짓 애국주의의 기만적 외침"에 귀 기울이지 않을 것이고 "자신의 나라가 올바로 유지되거나 개선되는 것"을 보게 될 것을 확신한다고 선언했다. 하지만 슈르츠는 틀렸다. 미국인은 대부분 스페인-미국 전쟁(1898)을 지지했고 이를 통해 푸에르토리코, 괌, 필리핀을 획득했다. 미국인은 또한 1899년에 촉발되고 10년 이상을 끌던 필리핀 해방운동에 대한 미국의 유혈 진압을 지지했다. 미군은 다양한 잔학 행위를 저질렀고 (어떤 장군은 "각자 10명 이상씩은 죽여라"고 명령했다) 집단수용소까지 지었다고 한다. 이 전쟁으로 인해 25만 명에서 100만 명에 이르는 사람이 전쟁, 기근, 콜레라로 숨졌을 뿐 아니라 4,300명 이상의 미군과 1만 6,000명의 필리핀군이 사망했다. 어디서 많이 들어본 것 같지 않은가?

하지만 이러한 태도에 어떤 새로운 점이 있는가? 신우파가 출현하기 오래전부터 이미 미국은 독자적인 입장을 취했고 국제협정 서명 거부로 유명했다. 미국은 결코 〈국제노동기구〉(ILO)의 주요 협약에 서명하지 않았고 미국 경제에 불리하다는 이유로 〈교토의정서 Kyoto Protocol〉도 거부해왔다. 심지어 〈유엔아동권리협약Convention on the Rights of the Child〉에 비준을 하지 않은 나라는 미국과 소말리아 단 두 나라뿐이다.

미국은 또한 국제법에 대해서도 제멋대로 정의하거나 아예 법 자체를 무시해버린다. '유전자변형농산품Genetically Modified Organism'(GMO)에 관한 (미국 대 유럽연합 간의) 논쟁에서도 세계무역기구의 〈분쟁해결기구Dispute Resolution Body〉는 처음에 유전자변형농산품의 수입을 금지 조치한 6개의 유럽 국가에 반하는 결정을 내렸다. 유럽 측 변호인단은 〈사전예방원칙Precautionary Principle〉과 〈바이오안전성협약〉, 즉 〈카르타헤나의정서Cartagena Protocol〉를 들어 반박했다. (그린피스 회담에서 연설한) 한 변호사의 말에 따르면 미국은 사전예방원칙을 인정하지 않는다(더 일반적으로는, 신자유주의적 WTO도 이를 인정하지 않는다)고 반박했다. 현재 〈바이오안전성협약〉은 미국이 서명하지 않았다는 이유로 국제법에 속하지 않는다.

〈국제형사재판소〉(ICC)는 네오콘, 특히 부시 법무부 내의 신보수주의자들을 분노하게 만들었다. 〈헤리티지재단〉은 미국이 〈국제형사재판소〉를 비준한 국가에 이들이 미국에 '적대 행위'를 했다는 사실을 알려야 한다고 선언했다. 이런 국가는 비준을 거부해야 하거나 외국의 도움을 받을 자격이 박탈되어야 한다는 것이다. 이런 맥락에서 〈국제형사재판소〉를 창설하려는 〈로마협약Rome Statute〉에 클린

턴 대통령이 서명한 것을 부시 행정부가 철회시켜버린 행위는 전혀
놀랄 일도 아니다.

앞 장에서 지적한 바와 같이, 하이에크의 철학은 내재적으로 적
극적 법과, 국내든 국외든 인권 준수를 거부한다. 이러한 거부는 일
관적인데, 왜냐하면 인권을 존중한다는 것은 일반화된 경쟁과 적자
생존을 의미하는 것이 아니라 부의 공유와 만인의 욕구 충족을 의
미하는 것이기 때문이다. 국제 영역에서 신자유주의 경제정책은 그
것이 어디에 적용되는지, 누가 그것을 적용하는지에 따라 다양한
명칭으로 통한다. 더 가난한 국가에서는 이 정책이 '구조조정' 혹
은 '워싱턴 컨센서스Washington Consensus'로 알려져 있으며 미국 정
부, 특히 재무부와 완벽한 합의하에 세계은행이나 IMF 같은 세계적
기관이 시행한다. 이들은 아시아, 아프리카, 남미 전역에서 적어도
100개 나라 이상이 이러한 경제적 충격요법을 경험하도록 만들었
다.[21]

이러한 지속적인 압력은 개인 은행에 대한 것을 포함하여 외채
상환을 보장해준다. 하지만 개인의 이윤을 보장해주기 위해 공적 개
입이 필요하게 될 때 이미 신자유주의 경제 이론은 붕괴한 거나 마
찬가지다. 어리석은 채무자는 처벌받게 되는 반면 어리석은 채권자
는 보상을 받게 된다. 구조조정 속에는 높은 이자, 공공 서비스의 일
괄 민영화, '수출 주도의 성장', 수입과 외국자본 투자를 위한 경계

---

21) 이 주제에 관한 좀 더 확장된 설명은 나의 글 "Brief History of Neo-liberalism,"
(www.tni.org/george), *A Fate Worse than Debt*(Penguin 1987), *Faith and Credit:
The World Bank's Secular Empire*(with Farizio Sabelli, Penguin 1995), *Another
World is Possible, If…*(Verso 2004)(『수전 조지의 Another world』, 정성훈 역, 산지
니, 2008)의 1장과 3장을 보라.

개방 등의 정책이 포함된다. 이러한 정책은 국가의 모든 방어 수단을 빼앗고 더욱 강력한 국가와 기업의 경제 공략에 취약하게 만듦으로써 국가 내 혹은 국가 간의 불평등을 심화시키는 결과를 초래했다. 그것은 예측 가능한 결과였다.

이러한 주제에 관해서는 엄청나게 많은 문헌이 존재한다. 그중 일부는 내가 쓴 것도 있는데, 안타깝게도 아직까지 큰 도움이 되었다고 말할 수는 없을 듯하다. 신자유주의 정책 때문에 얼마나 많은 사회 · 경제적 재난이 발생하든지 간에 이런 재난이 가장 가난하고 가장 취약한 국가에서 사라질 가능성은 없으며, 특히 부시 정권하에서는 더더욱 그러하다. 나는 외채와 구조조정 정책이 인간에게 끼친 가슴 아픈 결과를 몇 년 동안 연구한 뒤에 어떠한 차원의 인간적 고통도 그 자체로서는 정책 변화를 가져올 수 없다고 결론 내릴 수밖에 없었다. 폴 월포위츠를 세계은행 총재로 임명하고 존 볼튼을 UN 대사로 지명할 수 있는 정부가 그것을 잘 말해준다.

부시 대통령이 UN에 그 악명 높은 신보수주의자 볼튼을 지명하기로 마음먹은 것은 미국의 일방주의 정책을 노골적으로 드러내는 것이었다. 잘 알다시피 평범한 미국인은 자신의 생명에 큰 손실이 초래되지 않는 한 자기나라가 외국에서 무슨 짓을 하든 무관심한 편이다. 미국의 명예를 실추시키는—아주 주변적이긴 하지만 밝힐 수 없는 임무를 수행하기 위해 불길한 '블랙 헬리콥터'를 개발한 것을 포함한—군사 활동이 수십 년 동안 행해지고 있다. 더 심각한 것은 필리스 쉴라플리Phyllis Schlafly와 같은 우파의 견해다. 쉴라플리는 다른 많은 업적 중 특히 〈남녀평등권〉 개정을 좌절시키는 데 크게 공헌한 사람이다. 또한 쉴라플리는 볼튼의 임명이 미국으로 하여금 다른 나라에 "귀찮게 굴지 말라"고 말할 수 있는 절호의 기회가 될 거라고 점잖게 말하기도 했다..

볼튼이 사라지고 난 뒤 아프가니스탄과 이라크에서 미국 대사를 역임한 바 있는 잘메이 칼릴자드가 현재 그 자리를 대신하긴 했지만, 다음과 같은 볼튼의 견해는 그 누구보다도 신보수주의 외교 정책을 강력하게 표현하고 있다.[22]

UN과 같은 것은 없다. 간혹 세계 속에 존재하는 유일한 현실적 권력이 주도하는 국제 공동체가 있을 뿐이며, 그 공동체가 우리의 흥미를 끌고 우리가 다른 국가들과 잘 어울릴 수 있을 때 그것은 바로 미국이 된다.

(국제형사재판소는) 순진할 뿐 아니라 위험하기까지 한 경박한 낭만주의의 산물이다.

(이라크 침공에 반대하는 UN의 투표 결과는) 왜 UN에 아무런 자금도 제공하지 말아야 하는지를 보여주는 또 다른 증거이다.

만약 안전보장이사회를 새롭게 고친다면, 나는 단 하나의 상임이사국만 둘 것이다. 왜냐하면 그 이사국이 세계 속 권력 배분의 진정한 반영일 것이기 때문이다.

---

22) 볼튼주의Boltonism에 대하여 이렇게 간결하게 요약한 데 대해 『에콜로지스트 *The Ecologist*』(st)에 감사드린다. 더 상세한 정보에 대해서는 Tom Barry, "Bolton's Baggage"(International Relations Center, www.irc-online.org, March 11, 2005)를 보라.

아무리 단기적으로는 이득이 된다 하더라도 국제법에 그 어떠한 타당성을 부여하는 것은 엄청난 실수이다. 왜냐하면 장기적으로 볼 때 국제법이 진정으로 뭔가를 의미할 수 있다고 생각하는 사람은 미국을 규제하고 싶어 하는 사람들이기 때문이다.

이런 주장은 59명의 전(前) 미국 외교관들을 행동하게 만들기에 충분했다. 이 외교관들은 힘을 합쳐 상원외교위원회 의장 리처드 루거Richard Rugar 의원에게 서한을 보내 "(볼튼의) 과거 행적과 말로 볼 때 (그는) UN에서 미국의 국가 이익을 효과적으로 주창할 수 있는 사람이 아니다"라고 지적했다. 그들은 상원이 볼튼 임명을 차단해 줄 것을 희망했다.

하지만 아무 소용이 없었다. 부시는 건국 이래 전무후무한 교묘한 술책을 사용하여 (상원의) 임명 중지를 통해 볼튼을 임명했다. 이것이 바로 볼튼이 정상적인 상원 비준 절차를 교묘히 빠져나간 방식이다.[23]

도널드 럼스펠드와 마찬가지로 볼튼은 2006년 중간선거의 피해자가 되었다. 볼튼을 이은 UN대사는 훨씬 더 부드러운 신사였다. 잘메이 칼릴자드는 아프가니스탄 태생으로 파슈토어, 다리어, 아랍어, 그리고 프랑스어를 구사했지만 완벽한 미국적 정치 이력을 가지고 있었다. 20대에 미국에 도착한 이후 정치적으로 영향력 있는 고위급 우파 인사를 위한 일을 해왔다.

시카고 대학에서 박사 학위를 받은 뒤 칼릴자드는 콜롬비아 대

---

23) "American ex-diplomats urge to block Bolton nomination to US post," *USA Today* (Associated Press, March 28, 2005)

학의 신임 교수가 되었고 즈비그뉴 브레진스키와 긴밀한 관계 속에서 일을 해왔다. 33세에 〈외교관계위원회Council on Foreign Relations〉 위원이 되었고 월포위츠의 국무부 휘하에서 일하면서 신보수주의 쪽에 기울었다. 국무부에 있을 때 레이건 대통령에게 아프가니스탄에서 벌어진 소련 전쟁과 이란-이라크 전쟁에 관해 조언하는 특별 자문위원으로 일했다. 1992년, 아버지 부시 대통령 재임 시 킬릴자드는 국방부로 옮겨 다시 한 번 월포위츠 휘하에서 일하게 되었다. 혹자는 칼릴자드가 중요한 논쟁을 촉발시킨 악명 높은 『국방계획지침서』의 초안을 작성한 장본인이라고 말하기도 한다.

공화당이 권력을 상실하자, 칼릴자드는 국가안보 두뇌집단인 〈랜드연구소RAND Corporation〉로 옮겨갔다. 그리고 다시 권력을 잡자 〈국가안전보장회의〉로 들어가 아들 부시 대통령에게 중동 문제를 자문해주는 최측근이 되었다. 당시 외교특사였던 칼릴자드는 그 뒤 아프가니스탄 대사가 되었다가 최종적으로는 이라크 대사가 되었다. UN에 이런 특출한 인물을 임명한 것은 공화당 측에서 UN에 대해 새로운 관심을 갖게 되었음을 보여주는 것일지도 모른다. 일부 사람들은 칼릴자드와 같은 인재조차 공화당이 원하는 바를 이루어 낼 수는 없을 것이라고 말한다.

칼릴자드는 (팔레스타인을 제외하면) 세상에서 가장 불행한 국가(이라크)의 미국 대사관을 떠났다. 여론이 거세지기 전에 이라크 침공은 애국주의에 기대는 한편 감히 부시에게 적대적 태도를 취하는 '낡은 유럽인'에 맞서 대다수 미국인을 결속시켜주었다. 당시 미국에서 아주 인기 있던 자동차 범퍼스티커가 "일단은 이라크, 다음은 프랑스First Iraq, Then France"였다. 쉴라플리는 '소위 유럽의 우방'

을 비판하면서 그들의 "부적절한 처사는 응당 대가를 지불하게 될 것이다"라고 주장했다.[24]

일단 아프가니스탄과 이라크에 개입하면서 부시 정부는 목적을 달성하기 위해 부당한 법적 수단을 많이 사용했는데, '테러와의 전쟁'은 그것을 가리기 위한 편리한 위장수단이 되었다. 백악관 고문 변호사(이후 법무장관이 된) 알베르토 곤잘레스는 일련의 메모에서 제네바 협정 규약이 "무용하다"고 주장했다. 2002년에는 특히 아프간 수감자들은 제네바 협정의 적용을 받지 않는다고 선언하기도 했다.[25]

당시 곤잘레스의 법무차관은 장기 파손, 신체기능의 손상, 혹은 사망과 같은 심각한 신체적 상해에 준하는 고통을 유발하도록 '특별히 의도된' 방식을 제외하고는 모든 심문 방식이 합법적이라는 의견을 밝혔다. 당국에 따르면 그러한 고통을 초래하지 않을 정도의 방식은 모두 고문이라 할 수 없으며 따라서 관타나모나 아부 그라이브Abu Ghraib 수감자에게 사용할 수 있다는 것이다.[26] 하지만 곤잘레스(혹은 마찬가지로 이 일에 연루된 백악관 변호사 존 유John Yu)가 정말 이 메모의 배후였을까? 많은 사람은 체니의 오른팔 데이비드 애딩턴이 이 메모의 초안을 작성했다고 한다.

---

24) Phyllis Schlafly, "The impertinence of our so-called allies" (*Eagle Forum*, June 25, 2003)

25) 〈미국적 방식을 추구하는 사람들People for the American Way〉의 웹사이트 (www.pfaw.org)를 보라.

26) 〈미국적 방식을 추구하는 사람들〉에 관하여 풍부한 자료에 기초한 탁월한 보고서인 "UN-determined: The Right's Disdain for the UN and International Treaties," (2nd half 2005, www.pfaw.org)를 보라.

그리스어로는 '늙은old' 을 뜻하고 영어에서는 '무력한' 을 뜻하는 팔레오Paleo

비록 네오콘이 해외정책으로 개입주의를 지지한다고 하더라도, 모든 신보수주의자가 그런 것은 아니다. 전통적인 미국 보수주의는 항상 미국의 참전을 반대했고 건국의 아버지들이 "외교적 분규"라고 명명한 것에 휘말려들지 않기를 희망했다. 심지어 어떤 예비군 장교는 『미국의 보수주의자*American Conservative*』라는 잡지의 몇 쪽에 걸쳐 조지 부시의 개입주의와 '예방 전쟁' 개념을 비난한 바 있다.[27] 이란에 개입하려는 미국의 구상에 대한 세이무어 허쉬Seymour Hersh의 설명에 따르면 몇몇 고위급 장교는 만약 폭격(특히 핵 폭격)이 개시된다면 퇴역할 거라고 위협하기도 했다.[28]

이러한 고전적 미국인들은 간혹—'신' 혹은 '새로운' 과 대립되는 '구' 혹은 '낡은' 이라는 의미의—'팔레오-보수주의자paleo-conservatives' 라는 그룹에 속한다. 팔레오-보수주의자들은 1, 2차 세계대전 참전에 반대하고 1930년대에는 프랭클린 루스벨트Franklin Roosevelt 대통령의 뉴딜 정책에 적대적이었다. 그들은 보호무역주의자이며 불간섭주의자들이다. 전통을 강조하고 그것이 지방이든, 지역이든, 국가적이든, 기독교적이든, 백인이든, 서구적이든, 혹은 그 외 다른 어떤 것이든 간에 정체성에 강한 애착을 느낀다. 『미국의 보

---

27) Karen Kwiatowski, US Army Lieutenant Colonel (Ret); "In Rumsfeld' s Shop," *American Conservative* (1 December 2003), "The New Pentagon Papers" (www.slate.com, March 10, 2004)

28) Seymour Hersh, "The Iran Plans," *The New Yorker* (April 17, 2006)

수주의자』 외에도 그들은 아직 거의 알려지지 않은 『크로니클
Chronicles』이라는 잡지를 발행하고 있고, 락포드연구소Rockford
Institute에 (지난 십년 동안 많은 우파의 후원금을 상실한) 그들 나름
의 두뇌집단을 보유하고 있다. 하지만 정치적으로는 실체를 느끼기
어려운 집단이다. 그들은 로날드 레이건 시절 이후 정치권력으로부
터 전적으로 주변화되고 배제되었다. 그들 중 누구도 부시 내각에서
활동하지는 않았기 때문에 여기서 그들의 신조와 활동에 대해 더 상
세하게 논하지는 않을 것이다.

신-제국주의적 무역

모든 국가는 국가와 기업의 이익을 도모하고자 노력하지만—이
점이 현대국가의 핵심 특징이다—미국은 무역을 통해 다른 국가보
다 훨씬 더 철저하고 기술적으로 이를 도모하는 것 같다. 때때로 이
는 순수하게 숫자가 주는 비중 때문이기도 하다. 2003년 칸쿤Cancun
에서 6개월마다 거행되는 WTO의 장관급 회담이 열렸는데, 이때 미
국 대표단의 수는 600명이 훨씬 넘었다. 이는 아프리카 전체 대륙에
서 온 대표단 수보다도 많은 인원이었다. 어업 분야를 담당한 프랑
스 협상가 한 사람은 그날 자신이 단 한 명의 자문위원과 참석한 데
반해 미국은 27명을 대동하고 나타났다고 토로했다.

미국 정부의 관심을 끌지 못할 정도로 작은 시장도 없고, 하찮은
무역경쟁자도 없다. 미국은 면 생산업자—대략 3만 명의 대규모 농
업생산자—에게 한 해에 30억 달러에 달하는 보조금을 지급하고 있
다. 각 생산자가 매년 10만 달러씩 지원받는다고 칠 때 이 금액은 말
리 농부 1인이 말리의 1인당 GNP와 같은 금액을 받는다고 가정하면

265년간 벌어야 할 소득과 같은 금액이다. 이러한 보조금 덕택에 미국인은 자신의 상품을 생산가격 이하로 세계 시장에 판매할 수 있는데 반해 면 생산국의 가난한 아프리카 농민은 자신의 노동에 대한 정당한 대가를 받을 기회를 박탈당하게 된다. 그들에게는 너무나 안된 일이다. 미국 면 생산업자는 투표를 할 수 있는 반면, 그들은 투표조차 하지 못한다. 자유무역에 대한 신자유주의 이론에 대해서는 이 정도로 해두자.

WTO의 임원들도 인정하듯이 미국의 초국적 기업들은 WTO의 (농업, 서비스, 지적재산권 등등) 다양한 협정에 엄청난 영향을 끼쳐 왔다. 1997년에 WTO 서비스무역 분과의 전 위원장은 "미국 금융계, 특히 아메리칸 익스프레스American Express나 시티코프Citycorp와 같은 기업들의 엄청난 압력이 없었다면 〈서비스무역일반협정General Agreement on Trade in Services〉(GATS)은 없었을 것이고 〈우루과이라운드Uruguay Round〉나 WTO도 존재할 수 없었을 것이다. 미국은 서비스를 의제에 올리려고 부단히 노력했으며 결국 그들이 옳았다"고 말한 바 있다.[29] '빅 파마Big Pharma'나 거대 영화사들은 20년간 두둑한 로열티를 보장해줄 지적재산권의 초안을 작성하는 데 특히 적극적이었다. 이러한 로비는 계속해서 남부(아시아, 아프리카, 남미) 지역의 무역 장벽을 철폐하기 위한 강력한 압력을 행사했지만 미국의 철강 관세나 농산물 수출 보조금의 경우에서처럼 자신의 산업이 도전받을 때는 무역장벽을 세우려고 애를 쓴다.

---

29) 1997년 국제법률회사 〈클리포드 챈스Clifford Chance〉가 조직한 「세계은행을 위한 시장개방Opening Markets for Banking Worldwide」이라는 심포지엄에서 데이비드 하트리지David Hartridge가 발표한 것이지만 현재 이 발표문은 이 회사의 웹사이트에서 찾아볼 수 없다.

WTO 협상이 어떤 방향으로 이루어지든 간에(2007년 말 이 협상들은 답보 상태에 있다) 미국은 그들이 항상 가장 강력한 파트너로 남아 있을 수 있도록 양자 간 무역협정과 지역무역협정에 집중하고 있다. 이러한 협정은 개방 시장을 꾀하기 위한 유용한 도구일 뿐 아니라 더 광범위한 정치적 목적에 이바지하기도 한다. 예를 들어, 〈US 아프리카 성장 기회 촉진 법안US Africa Growth and Opportunity Act〉은 아프리카 국가(현재 37개국)에 무역 혜택을 확대하는 것이지만 오직 신자유주의 정책을 실행하고 광의로 정의된 "미국의 국가 안보와 외교 정책의 이해관계를 침해하는 특정 행위"에 참여하지 않을 때에만 이 혜택을 받을 수 있다. 2000년에 통과된 이 법안의 결과로 미국과 아프리카 간의 무역이 증가한 것은 사실이다. 하지만 아프리카 대륙에서 들여온 전체 수입품 중 원유가 87%를 차지하고 있으며 그 혜택은 대부분 몇몇 국가(나이지리아, 남아프리카, 앙골라, 가봉 등)에 흘러 들어갔다. 세계은행과 IMF의 구조조정이나 워싱턴 컨센서스 유형의 까다로운 조건과 마찬가지로 미국의 무역입법은 자신의 이데올로기적이고 시장 지향적인 목표를 달성하기 위한 의도를 갖고 있다.[30]

중동을 제외하면 종종 〈미국특별무역대표부US Special Trade Representative〉(USTR)가 국무장관보다 훨씬 더 많은 외교 정책 권한을 갖고 있는 것처럼 보인다. 이것이 바로 콘돌리자 라이스가 USTR의 전 위원장이었던 로버트 졸릭[31]의 쓸모를 인식하고는 그를 즉각 국무부 차관으로 앉혔던 이유일 것이다. '무역'은 더 이상 국

---

30) 통상위원회의 일원인 피터 맨덜슨의 경우처럼 유럽인도 이 분야에서는 미국인 못지 않다. 하지만 이 책은 일차적으로 미국의 신자유주의에만 관심을 두고 있다.
31) 졸릭은 세계은행의 폴 월포위츠가 사임한 뒤 후임으로 그 자리에 앉았다.

경에서 멈추지 않는다. 그것은 다른 국가로 하여금 ('적대 행위' 없이) 미국의 정책을 지지하게끔 만들기 위한 특별 도구이다. 양자 간 무역협정과 지역무역협정은 모두 〈US 아프리카 성장 기회 촉진 법안〉과 같은 규정과 동시에 제시된다. 이러한 협정은 또한 미국의 초국적 기업 투자에 문을 열어주기 위한 엄격한 규칙을 포함하고 있다. 이러한 협정하에서 국가는 투자자 수나 금액을 제한할 수가 없게 된다. 과거 일부국가는 전체 혹은 전략 부문에서 외국 자본의 투자를 49%로 제한하기도 했다. 하지만 만약 그들이 지금 미국과 무역협정을 맺기를 원한다면, 그러한 제한에 대해서는 전부 잊어버려야 한다. 지방 정부는 외국인이 그 지역의 협력 업체와 계약을 맺거나 일정 수의 지역 인재를 고용하고, 제품 생산에 일정량의 '지역 부품' 을 포함하라고 주장할 수도 없다.

냉전 기간 동안에는 지구상의 그 어떤 국가도 전적으로 초강대국의 이해관계 밖에 있을 수 없었다. 왜냐하면 전 지구상의 어떤 국가도 경쟁자 소련의 기지나 요새로 기능할 수 있었기 때문이다. 오늘날의 신자유주의적 세계에서는 일종의 전 지구적 차원의 아파르트헤이트가 건설 중에 있다. 어떤 장소는 흥미로운 데 반해 다른 장소는 전적으로 관심 밖에 있다. 가령 말리처럼 관심 밖에 있는 나라들은 서로 단결하지 않는다면 그 어디에도 기댈 곳이 없다. 적어도 WTO에서 이런 상황을 이해하고자 하는 긍정적인 조짐들이 나타나고 있는데, 이것이 무역협상이 세계적인 차원에서 답보 상태에 처한 한 가지 이유일지도 모른다.

'세계화' 는 우리로 하여금 우리 자신이 미래의 혜택을 공유하게 될 것이라고 믿게 만드는 교묘한 개념이다. 하지만 이보다 더 허위적인 것도 없을 것이다. 어쩌면 강력하기는 하지만 근시안적인 미국

조차 언젠가 현실 세계는 변하고 있는데 자신만 잘못된 방향을 쳐다
보다 권력을 잃어버림으로써 지구상의 가장 강력한 무기조차 자신
의 지위를 보장해주지 못한다는 사실을 깨닫게 될 것이다. 다른 국
가들이 이 틈새를 어떻게 이용할 것인지, 그리고 누가 이 공백을 메
울 것인지에 따라 세계는 더 안전해질 수도 있고 더 위험해질 수도
있다.

3

제도 속으로
진입하는
종교적 우파

제3장

제도 속으로 진입하는 종교적 우파

교회와 국가가 분리되어 있을 때는 그 결과가 만족스럽다. 이 둘은 서로를 침범하지 않는다. 그러나 이 둘이 서로를 간섭하는 경우, 그것이 야기하는 폐해는 그 어떤 말이나 글로도 표현하기 힘들다.

아이작 배커스Isaac Backus, 1773년.
뉴잉글랜드 목사이자 제1차 대륙회의 대표이며
'미국혁명의 성직자' 중 핵심인물

나는 교회와 국가의 분리에 절대적으로 찬성한다. 이 두 기관은 각각의 방식으로 우리를 충분히 옥죄고 있기 때문에 만약 이 둘이 결합한다면 우리에게 그것은 곧 죽음을 의미한다.

조지 칼린George Carlin, 1937년 생.
미국 희극배우 겸 작가

오늘의 미국문화를 연구하는 사람은 반드시 다음 문제에 봉착하게 된다. 이방인이 미국을 이해하는 것이 아직도 가능한가? 하물며 우리가 현재 직면해 있는 전 지구적 문제를 해결하기 위한 건설적인 대화를 수행하기는 더 어렵지 않은가? 이 장에서 내가 그렇다 혹은 아니다, 라는 직접적인 해답을 내리려는 것은 아니다. 다만 오늘날의 미국 정치에서 종교적 신념이 어떤 역할을 하는지 알아보고, 나아가 이보다 더 불합리하고 때로는 대단히 기괴하기도 한 세력이 미국인과 미국 정부를 좌지우지하고 있는 상황을 설명하려는 것이다. 미국에 그런 세력이 없다고 주장하는 사람들은 현재의 미국 상황을 수용하고 싶은 바람에서 그러는 것일 뿐이다. 그에 따르는 위험은 고스란히 그들의 몫이다.

제1장에서 나는 안토니오 그람시의 헤게모니 이론을 간략히 설명하였다. 이탈리아 출신 마르크스주의자 그람시는 때론 노골적이고 억압적으로 행사된 전통적인 권력의 운용방식을 누군가가 자신의 뜻대로 권력을 관철시켜나가는 보다 교활한 수단과 비교하기 위해 이 말을 사용했다. 지배자가 되고 싶은 자는 이 두 권력을 모두 사용해야 한다. 그들의 통제는 강제적이면서도 동시에 눈에는 덜 띌 것이다. 그런데 이러한 권력을 행사할 수 있는 위치에는 어떻게 올라갈 수 있는 것인가? 그람시의 해답은 이렇다. 경솔과 야만은 안 된다. 지배자가 되길 원하는 정치가는 문화적 헤게모니와 그에 따르는 장기간의 정치권력을 얻기 위해 "제도권 내로 장구한 행진"을 해야 한다는 원칙에 절대복종해야만 한다.

이들이 행진해나가야 하는 길은 결코 쉬운 길이 아니지만, 그 열매는 너무나 달콤할 것이다. 영화와 신문, 라디오와 TV를 장악하고 학교와 대학, 법원과 교회, 나아가 가정과 언어까지도 장악할 수 있기 때문이다. 일단 사회 제도를 확보하고 나면, 정치 제도는 자동으로 따라온다. 이는 특히 민주주의 사회에서 더 그럴 것이다. 이때부터 정치, 사회, 문화 제도는 국민들에게 엄청난 영향력을 순차적으로 발휘해나갈 것이다. 그러면 머지않아 사람들은 마치 물에서 헤엄치는 고기가 자신이 물속에 있다는 사실을 인지하지 못하듯, 부지불식간에 사고와 행동의 자유를 상당부분 상실하고 말 것이다.

나는 (내가 틀리기를 바라지만) 사실 두렵다. 2006년 선거에서 마침내 민주당이 승리했지만 미국은 이미 이 상태에 도달한 것 같다. 불굴의 투지를 자랑하는 미국 우익은 대담하고 저돌적인 '그람시적' 공세 끝에 이제는 일정한 수확을 거둬들이고 있다. 오늘날 미국 사회는 우익의 승리를 목격하고 있다. 이제는 어느 당이 정권을 잡느냐에 상관없이 문화의 전 영역에서 우익의 목소리가 들려온다.

보수파인 케빈 필립Kevin Philip은 현재 미국정치의 헤게모니를 "월스트리트, 거대에너지회사, 다국적기업, 군산복합체, 종교적 우파, 극단적 시장주의 두뇌집단, '러시 림보 축Rush Limbaugh Axis[1]의 연합'으로 규정한 바 있다. 이제부터 우리는 종교적 우파가 어떤 사람들인지 알아보고 이들이 '장구한 행진'에 참가할 박력 넘치는 불굴의 보병을 모집해온 연합의 한 구성원이며 미국 사회를 그 근저에서부터 변화시켜온 장본인임을 주장하고자 한다.

---

1) 러시 림보Rush Limbaugh는 보수 성향의 라디오 토크쇼를 20년 동안 진행하고 있는 유명한 토크쇼 진행자이다. 그 프로는 인기가 높아 매주 약 1,300만에 이르는 청취자가 듣는 것으로 알려져 있다.('러시 림보 축'이란 림보를 축으로 하여 형성된 언론계의 친공화당 계열을 가리킨다.–역자)

종교적인 사람들은 어떤 사람들이고 얼마나 되는가?

미국인은 미국 역사의 초기부터 종교적이었다. 미국인의 종교적인 면은 서구인 가운데서도 유별나고, 유럽인에 비하면 훨씬 강하다. 유럽인은 과거 수백 년간 급격하고도 대단히 스펙터클한 '탈-기독교화' 과정을 겪었고 교회를 저버렸다. 북미 지역을 차지한 상당수 유럽인은 종교적으로는 비주류였다. 영국 국왕이 자신의 부채를 청산하기 위해 가끔씩 분배했던 남부의 소위 '영주' 식민지 proprietary colony 내의 거주민은 대부분 영국 성공회 신도였고, 일부만이 가톨릭이었다. 그러나 초기 미주 지역의 식민지 거주민 대다수는 주류에서 이탈한 비국교도 WASP, 즉 백인 앵글로-색슨 프로테스탄트White Anglo-Saxon Protestant였다. 예컨대 매사추세츠 주에서는 청교도의 신정정치가 구현되었고, 다른 지역에서도 캘빈주의, 웨슬리주의, 혹은 경건주의의 교리를 어느 정도씩 따르는 조합파교회 Congregationalist, 장로교Presbyterian, 감리교Methodist, 퀘이커교Quaker 등이 있었다. 이후에는 루터파와 다른 북미 프로테스탄트도 이주해 들어왔다. 이런 다양한 교회들은 미국감독교회(미국의 영국성공회)와 더불어 오늘날의 소위 '주류' 프로테스탄트 교파(퀘이커교도들은 부정하겠지만)를 형성하게 되었다.

이들 초기 정착민들은 대다수 유럽 이민자보다 앞섰다. 이들은 대부분 계몽주의의 선각자들이었고 양심의 자유와 사회 정의를 실현하기 위해 앞장섰다. 영국성공회에서 침례교로 개종한 바 있는 로저 윌리엄스Roger Williams는 매사추세츠만 식민지Massachusetts Bay Colony 당국이 인디언의 토지를 아무런 보상 없이 몰수하는 걸 보고 그들과 충돌하였다. 윌리엄스는 자신이 속한 교구를 떠나 남쪽으로 내려가 오늘날 로드아일랜드Rhode Island로 불리는 지역을 인디언에게 구매하여 교회와 국가를 분리하는 원칙[2]하에 식민지를 설립하였다.

자신의 이름에서 펜실베이니아Pennsylvania라는 지명을 낳은 퀘이커교도 윌리엄 펜William Penn은 윌리엄스와 마찬가지로 인디언을 공정하게 대했다. 펜은 여성에게도 동등한 권리를 부여하고자 했으며 "어느 누구도 종교 문제에 대한 인간의 양심을 지배할 권력과 권위를 가질 수 없다"고 주장하였다. 가톨릭교도였던 발티모어 백작 2세 캘버트 경Lord Calvert, second Baron Baltimore은 국왕으로부터 메릴랜드 식민지 전 지역을 할당받은 직후 관용법을 공표하여 개신교도와 가톨릭이 평화롭게 공존할 것을 요구하였다. 어느 누구도 완벽할 수는 없겠지만, 그가 이 법안에서 삼위일체를 믿지 않는 자들은 사형에 처할 것을 명시한 것은 큰 결함이었다.

종교는 미국역사 초기부터 종종 정치투쟁의 원인으로 작용했다. 이번 장의 첫머리에 인용한 아이작 배커스와 같은 애국주의 목사는 미국독립혁명에 대한 대중의 지지를 획득하는 데에 지렛대와 같은 역할을 수행했다. 존 브라운John Brown과 같은 유명목사의 불같은 설교는 미국에서 노예제를 폐지하는 기폭제가 되었다. 남북전쟁 때 찬송가의 리듬에 고무된 병사들은 발을 맞춰 행진했다. 여성참정권운동이나 교정시설개혁운동, 심지어 금주운동[3]조차 종교적 담론을 활

---

2) 물론 신정정치가 무조건 비민주적이었던 것은 아니다. 나의 선조 가운데 일부는 1632년 매사추세츠만 식민지에 정착하였는데, 당시 각 교구는 교구목사 두 명을 자체적으로 선출할 수 있었던가 보다. 언젠가 한 목사가 사망하여 새 목사가 필요하게 되었는데, 다른 목사가 선거를 통하지 않고 자의적으로 목사 임명을 하려 했다. 이에 마을 사람들은 강하게 저항하여 우리 가족을 포함한 22가구가 마차를 몰아 아직 늑대가 어슬렁거리는 원시림으로 뚫고 코네티컷으로 이주해버렸다.

용하기도 했다.[4]

최초의 가톨릭교도는 메릴랜드에 정착한 사람들이지만 대다수 가톨릭교도는 19세기에 들어온 아일랜드와 이탈리아 출신 이민자들이다. 대부분 중유럽과 동유럽에서 이민 온 미국 유태인들 역시 대단히 종교적인 사람들이다. 남부 침례파를 포함한 소위 '복음주의파' 혹은 '거듭난born-again' 기독교도는 비교적 최근까지도 '성서지대Bible Belt'라고 불리는 땅, 즉 애팔래치아 산맥을 가로지르는 남부에 한정되어 있다.

이제 미국의 종교지도는 한층 복잡해졌다. 그러나 오늘날 미국에서 누가 '종교적'인지 아닌지 가늠하는 자료가 전혀 없는 것은 아니다. 우리는 미국 국세조사국의 『통계연감Statistical Abstract』에서 최근의 공식적인 수치를 확인할 수 있다.[5] 2001년 미국의 성인인구는 대략 2억 800만 명이다. 이 가운데 종교가 기독교라고 한 사람은 1억 5,900만(76.4%), 무신론자는 2,750만(13.2%), 응답거부는 1,100만(5%), 유대교는 770만(3.7%), 회교는 280만(1.3%)이다. 나머지 0.4%는 불교, 힌두교, 혹은 두르이드교Druids가 차지한다.

자신을 기독교도라고 규정한 1억 5,900만 가운데 로마가톨릭은 거의 1/3(31.9%)에 해당하며 21%는 침례교도이다. 우리는 전체 기독교도에서 주류 교파 개신교도와 로마가톨릭의 수를 빼면 '나머지' 기독교도 수를 얻을 수 있다. 약 7,000만에 달하는 이 복음주의

---

3) 금주법Prohibition은 1919년 수정헌법 제18조를 통해 시행되었고 1933년 수정헌법 제21조를 통해 폐지되었다.

4) 『통계연감 2004-5』의 표 67, 68, 69 및 2007년판의 표 73을 참조했다. 종교와 관련된 수치는 2001년부터 조사한 것이다.

5) 종교에 관한 강제 조사는 법으로 금지되어 있기 때문에 국세조사국이 밝힌 종교적 성향에 대한 자료는 모두 '자발적인 근거'에 따르고 있다.

개신교도 혹은 '거듭난' 기독교도에는 2004년 선거에서 당선된 조지 부시 대통령과 부시 행정부의 관료들, 그리고 전직 하원의장과 상원 다수당 원내대표를 포함한 민주당원과 공화당원들이 관계하고 있다. 그러나 이 계산법은 자신이 가톨릭이라고 응답한 사람은 제외하였기 때문에 수치를 아주 소극적으로 줄여 잡고 있는 셈이다. 왜냐하면 이 가톨릭 가운데 상당수는 특정한 도덕적 사안에 대해서는 가장 반동적인 '거듭난' 기독교도와 문화적으로 일치하기 때문이다.

이들 신자와 환경—이에 대해 앞으로 상세히 언급하게 될 것이다—의 관계에 관해 살벌한 기사[6]를 쓴 언론인 빌 모이어스Bill Moyers 역시 복음주의 기독교도의 수를 7,000만으로 잡고 있다. 〈도덕적 다수Moral Majority〉라는 정치단체를 설립한 근본주의 목사 고(故) 제리 폴웰Jerry Falwell도 "7,000만의 우리들이 있다"고 단정한 바 있다. 또 하나의 권위적인 준거자료가 되는 〈종교와 대중의 삶에 대한 퓨 연구소Pew Center on Religion and Public Life〉에 따르면 "백인 복음주의 기독교도는 전 인구의 24%를 차지한다." 이는 7,000만에서 7,500만 사이에 해당한다.[7]

작가이자 정치 분석가인 고 아서 슐레신저Arthur Schlesinger는 이보다 한발 더 나아가 "미국인의 1/3은 거듭난 복음주의 기독교도의 가능성이 있다"고 했다. 이들은 지리적으로 넓게 퍼져 있어 이들의 범주는 더 이상 소위 '한심한 성서지대 소수자disdained Bible-belt minority'에 머물지 않는다. 슐레신저는 이들이 선거인단의 최소 40%

---

6) Bill Moyers, "Welcome to Doomsday; *New York Review of Books*, March 23, 2005

7) Pew Forum on Religion and Public Life, survey by the Pew Research Center, August 2006

를 차지하는 것으로 본다.[8] 만약 그 말이 사실이라면 이들의 수는 7,000만을 훨씬 상회하여 8,200만에서 9,000만 사이에 이를 것이다.[9] 따라서 이들의 수를 7,000만으로 보는 것은 상당히 안전하고 보수적인 계산법이다. 오히려 지나치게 신중한 계산일지 모른다.

『통계연감』에는 정기적으로 신앙 활동에 관여하는 신도의 수도 나와 있는데, 이는 개인별로 질문하여 얻은 수치가 아니라 교회나 사원처럼 종교단체가 알려준 수치이다. 조사한 교회, 사찰, 회당, 사원 등이 전하는 바에 따르면 1억 3,300만 미국인들이 '정기 참석자'로 분류된다. 이 말은 '무종교'와 '무응답'으로 처리된 사람들까지 포함한 성인의 2/3(64%)가 신앙 활동을 한다는 뜻이다. 설문에 응한 종교단체의 말을 액면 그대로 받아들인다면, 자신을 종교인으로 응답한 사람의 79%가 정기적으로 종교단체에 가서 신앙생활을 한다는 말이 된다. 미국 50개 주의 절반은 거주민의 절반 이상이 정기 참석자라고 보고하고 있다. 11개 주는 40~50%라고 한다. 15개 주(대부분이 인구가 아주 작은 주이다)의 교회는 40% 이하만이 정기 참석자라고 한다.

위의 수치가 비록 정확한 수치는 아니라 하더라도 우파 종교인의 힘을 평가할 수 있는 근거를 보여준다. 정기 참석자의 상당수는 바

---

8) Arthur Schlesinger, "Eyeless in Iraq," *New York Review of Books*, 23 October 2003

9) 미국의 '유권자'를 규정하는 일은 이상하게도 쉽지 않다. 2006년 투표연령인구 voting-age population(VAP)는 2억 2,600만이었다. 그리고 비미국시민과 해외거주시민은 형법제도상 자격을 박탈당한 700만과 함께 투표권이 없었다. 따라서 투표유자격인구voting eligible population(VEP)는 총 2억 600만이었다. 슐레신저가 사용한 자료에 의거할 때 그가 말하는 '40%'란 8,200만 내지 9,000만을 의미하는 것 같다. 투표연령인구와 투표유자격인구에 대해서는 마이클 맥도널드Michael McDonald 교수 (Dept. of Public and International Affair, George Mason University)의 논문을 참고하고 〈http://elections.gmu.edu/voter_turnout.htm〉을 볼 것

로 이 우익들이며 종교는 그들 삶의 중심이다. 이들 기독교인은 호전적이며 교회생활뿐만 아니라 언제나 교회와 관련된 수많은 단체, 가령 〈가족에게 초점을Focus on the Family〉, 〈기독교연합Christian Coalition〉, 〈미국을 걱정하는 여성들Concerned Women of America〉과 같은 노골적인 정치 단체와 깊숙이 관계하고 있다.

공화당이 우경화되어가면서 민주당을 우경화시킨 것처럼 종교적 우파는 주류 개신교파의 중심을 차지해가면서 로마가톨릭 역시 정치적으로 우경화시켜놓았다. 더군다나 종교적 우파는 앞으로 간단히 살펴볼 유대공동체의 상당 부분과 새로이 연대함으로써 정치 지형도에서 새로운 지배국면을 맞이하게 된다.

종교와 법: 신정정치로 가는 길인가?

분명한 사실은 수백만의 평범한 미국인뿐만 아니라 대다수 미국 정치인과 관료들은 냉정하고 빈틈없는 현실주의자들이기 때문에 적어도 주중에는 천국에 마음을 뺏기지 않고 합리적인 사고를 할 수 있다. 그러나 그들을 대표하여 선출된 자들까지 그런 것은 아닌 것 같다. 정치인은 점점 더 우파 종교인의 목소리에 귀를 기울이려 하고 있다. 스스로가 거기에 속해 있기도 하거니와 그렇지 않으면 선거에서 질 것이 분명하기 때문이다. 〈퓨연구소〉의 조사에 따르면 무신론자도 다른 무신론자에게는 투표하지 않는다고 한다. 부시의 백악관은 직원들의 성서공부모임을 후원함으로써 승진을 바란다면 모임에 참석하는 것이 좋을 거라는 강력한 암시를 주고 있다. 정부 내의 '현실정치가들real-politik-ers'은 외교정치전문가 사이에서 주로 목격되지만 심지어 이런 일(특히 이스라엘과 중동에 대한 정책)에서

조차 우리는 기독교 우익의 존재를 무시할 수 없다. 국무장관이었던 콘돌리자 라이스의 행동은 이러한 사실과 직접적인 관계가 없는 것처럼 보이지만 라이스는 바로 목사의 딸이었다.

2004년 선거는 미국 의회를 완전히 공화당의 봉토(封土)로 만들어놓았다. 2006년의 중간선거로 추가 다시 민주당으로 기울기 전까지 상원은 공화당 55명 대 민주당 45명으로 공화당을 1929년 이후 가장 강력한 다수당으로 만들어놓았다. 상원에 새로이 입성한 공화당 의원 7명은 모두 우파 종교인의 핵심적인 정치적 요구를 지지했다. 그들도 다른 사람처럼 적어도 2010년까지는 의원직을 계속 유지할 것이다.

2004년 미 하원에서 다수당이 된 공화당은 1949년 이래로 가장 거대한 몸집을 갖추게 되었다. 물론 하원은 2년마다 바뀌기 때문에 2006년에는 균형추가 옮겨가게 되었다. 민주당은 30석을 추가함으로써 1974년 이래 최대 다수를 기록하게 되었다. 여기에는 불교도 의원 두 명과 회교도 한 명이 새로이 포함되어 있다. 언론에서는 이러한 변화를 수렁에 빠진 이라크전쟁 탓으로 돌리고 있다. 사실 전쟁에 대한 사람들의 환멸과 피로감이 공화당이 패배한 주요 원인인 것은 분명하다. 그러나 출구조사에서 응답한 사람 가운데 42%는 윤리적인 문제 때문에 투표를 했다고 말했다. 낙선한 공화당 후보 가운데 일부는 도덕적 타락, 즉 낙선 의원과 구속된 로비스트 잭 아브라모프Jack Abramoff 사이의 야릇한 관계 때문이었다.

3천만의 회원을 자랑하는 〈전미복음주의연합National Association of Evangelicals〉 회장이자 유명한 거대교회의 목사이며 공화당 지지자인 테드 해거드Ted Haggard는 2006년 중간선거 바로 직전에 최음마약을 사용하고 남창 서비스를 이용한 사실이 드러났다. 마크 폴리Mark

Foley는 상대방의 의향을 무시한 채 자기 마음대로 의회 미성년 시동(侍童)에게 에로틱한 이메일을 보낸 일로 2006년 낙선한 또 하나의 하원의원이다. 그의 성적 취향은 공화당 문화에서는 결코 용납될 수 없는 일이었다. 공화당의 패배와 승리를 요약해놓은 위키피디어Wikipedia 기사에서 나는 개인의 처신(어떤 후보는 아내를 구타하기도 했다)이나 돈 문제 같은 여러 스캔들로 패배의 쓴 잔을 맛본 공화당 후보 13명을 가려낼 수 있었다. 단지 저속하다는 이유로 표를 주지 않은 유권자도 많았다.

2006년 중간선거에서 최고의 빅뉴스는 펜실베이니아의 광신적 우파 종교인인 하원의원 릭 샌터럼Rick Santorum의 패배였다. 최악의 뉴스는 선거인단의 36.8%만이 마지못해 투표장에 갔다는 사실이다.[10] 2008년 선거에서는 민주당이 유리한 입장에 서게 된다. 민주당은 재선을 위해 12석의 상원을 지키면 되는 반면 공화당은 22석을 방어해야 하기 때문이다.

기존의 공화당 지지자와 민주당 지지자들은 어떤 정책에 표를 던질 것인가? 바꿔 말해 우파 종교인 유권자들이 원하는 것은 무엇인가? 조지 부시 대통령과 가까운 것으로 알려진 '기독교 재건주의자Christian reconstructionists'는 대단히 정치적인 프로그램을 내걸고 있다. 우파 종교인 집단의 일부는 '자유주의자'와 '세속적 인문주의자들'이 사회의 토대를 허물고 있고, 그리하여 우파가 소중하게 생각하는 가족, 국가, 가치의 근거를 페미니스트와 게이, 그리고 무신론

---

10) 선거 결과는 다음과 같다. 2004년 미 하원의원은 민주당 202석, 공화당 232석이었다. 2006년에는 상황이 완전히 역전되어 민주당이 232석이고 공화당이 202석이 된다. 2004년 상원은 민주당 44석, 공화당 55석, 무소속 1석이었고 2006년에는 민주당 49석, 공화당 49석, 무소속 2석이 된다. 유자격 투표자의 1/3이 균형을 무너뜨린 셈이다.

자들이 공격하기 좋게 만들고 있다고 이데올로기 공세를 펼치고 있다. 이 불경한 자들은 낙태와 줄기세포실험, 게이와 여성의 권리, 동성애 결혼 따위를 지지하면서 넓게는 하나님의 의지를, 좁게는 성서에 기초한 법률을 부정한다는 것이다.

복음주의자들은 가톨릭 전통파들과 괄목할 만한 수준의 친선관계를 구축했다. 이들 역시 위에 든 문제에 대해 단호하기 때문이었다. 역사적으로 보면 이러한 친선관계는 극히 최근의 일이다. 예를 들어 1960년 선거에서 존 F. 케네디라는 로마 가톨릭교도에게 표를 던져야 하는가 하는 문제는 개신교도에게는 굉장히 심각한 문제였다. 그러나 2004년에 이르면 존 케리John Kerry의 가톨릭 신앙은 별문제가 아니었다. 다만 어느 주교만이 케리 후보가 낙태를 지지한다는 이유로 그에게 영성체(領聖體)를 허락하지 않겠다고 선언했을 뿐이다.

기독교 계열의 라디오와 TV 방송국이 미치는 엄청난 영향력에도 불구하고 복음주의 기독교도와 다른 보수주의 교파의 동맹자들은 미디어를 자유주의-세속주의적 인도주의 진영에 속하는 매체로 간주하거나 간주하는 척한다. 명백한 반대증거에도 불구하고 이들은 미디어가 무신론자 기자와 아나운서로 하여금 민주당 좌파처럼 사악한 의제를 퍼뜨리고 있다고 주장한다. 사법계는 요지부동의 좌파 판사들로 북적거리고 있고 이들은 온갖 형태의 추악한 짓거리를 합법화하고 있다는 것이다. 그래서 복음주의자들은 자기들 중에 누군가를 법정에 앉히는 일을 중대한 목표로 삼고 있다. 예를 들어 기독교 우파는 교회와 국가의 분리라는 명분하에 법원과 법정 내에 십계명을 붙이지 못하게 만든 것을 두고 크게 분개하고 있다.

우파 종교인의 구성원들은 세금, 특히 가족에게 부과되는 세금을 줄이고 나아가 연방정부의 규모와 권력, 그리고 정부가 개인의 문제에 개입하는 권한을 제한하려고 시도하고 있다. 이들 가운데 대다수는 건강과 교육, 복지의 책임을 정부가 아니라 교회가 떠맡아야 한다고 믿고 있다. 정부는 가족에 '학교이용권'을 제공하는 역할에 만족하고 가족은 스스로 선택한 종교학교의 수업료로 그 상품교환권을 사용할 수 있게 해야 한다는 것이다. 또 정부로 하여금 사업이나 산업을 규제하지 말 것과 노동자나 환경을 중시하는 정책을 펼치지 말 것을 요구한다.

우파 종교인의 시나리오는 구체적이며 그들의 요구는 실현될 가능성이 크다. 이미 각 주와 연방정부의 공적 자금은 연간 400억 달러 규모로 종교자선단체를 통해 흘러나가고 있다. 반면 부시정부하에서 민간단체로 지원되는 규모는 상당 규모가 축소되었다. 교회와 국가의 경계선은 점점 흐려지고 있다.[11]

사실, 노스웨스턴 대학의 가톨릭 신학자이자 역사가인 게리 윌즈 Garry Wills가 펴낸 자료에 따르면, 교회와 국가 간의 연대는 상당히 진전된 것으로 나타난다. 우파는 더 이상 정치인만을 목표하지 않는다. 그들은 고위직 연방정부 공무원 특히, 보건, 교육, 복지 분야의 공무원을 목표로 삼기 시작했다. 이들은 심지어 부시가 권력을 잡기 이전부터 정부 각 부서의 누구를 제거하고 그 뒷자리에 누구를 앉힐 것인지를 정해두고 있었다. 로비스트들이 경제와 규제에 관한 법안을 작성하는 데 일정한 역할을 할 수 있다는 것은 상식이다. 그러나

---

11) 미국의 헌법은 기독교 우파가 소중하게 생각하는 전통과 제도의 목록에 들어가지 않는 것 같다. 수정헌법 제1조가 "교회와 국가의 분리"라는 표현을 사용하고 있지는 않다. 그러나 토마스 제퍼슨Thomas Jefferson이 "교회와 국가의 분리의 장벽"이 이 법을 통해 확립되었다고 선언한 이후 이 법은 교회와 국가의 분리를 정확히 표현하는 것으로 이해되고 있다. 대법원 판결도 일관되게 이 원칙을 고수하고 있다.

월즈가 지적하고 있듯이, "사회복지 분야에서 법안을 제출하고 이를 시행할 공무원 임명 권한이 복음주의 조직에게도 똑같이 주어져 있다는 사실은 잘 알려져 있지 않다."[12]

행정부 고위층을 '거듭난' 관료로 채우는 작업은 복음주의 기독교도가 백악관 인사담당 보좌관(이 사람의 영향력은 백악관을 넘어선다)으로 임명됨으로써 한층 강화되었다. 이러한 숙청작업은 〈질병통제센터Centers for Disease Control〉, 〈식품의약국Food and Drug Administration〉, 〈보건복지부Health and Human Services〉 같은 기관에 가장 큰 영향을 주었다.

'거듭난 기독교도' 목사와 기관 역시 '신앙중심' 복지정책 즉, '금욕주의abstinence only' 원칙에 입각한 십대청소년 성교육과 같은 활동에 대해 대규모의 정부 보조금을 받았다. 금욕주의 성교육을 추진하는 진영이 오로지 일부 종교집단에 한정됨에도 불구하고 성교육이 비종교적 사업이라는 이유를 들어 이런 보조금을 공적 자금으로 지원하는 행위를 정당화하였다.

흑인 및 히스패닉계 목사 가운데 특히 루이스 코르테스Luis Cortes처럼 부시진영에 많은 히스패닉계를 영입한 목사는 특별히 편향된 지원을 받았다. 2004년 어느 영향력 있는 흑인 목사는 흑인 유권자들에게 흑인들과 부시가 "같은 가치를 공유하고 있다"면서 부시 지지를 설교했다. 이 목사는 원래 민주당 지지자였다. 나아가 그 목사는 부시가 자신과 동일한 가치를 공유하고 있을 뿐만 아니라 자신의 '신앙중심 민간주도사업faith-based initiatives'을 위해 납세자의 돈 150만 달러를 썼다는 사실은 연설에서 감추었다.[13]

---

12) Garry Wills, "A Country Ruled by Faith," *New York Review of Books*, November 16, 2006

거듭남 신학과 근본주의

미국의 우파 기독교도는 회교국가의 우파 회교도만큼이나 복잡하다. 이방인의 눈으로 볼 때는, 회교국가의 시아파와 수니파, 비종교적 민족주의와 종교적 민족주의 간의 구별도 어려울 뿐만 아니라 살라피스트 그룹(혁명적이든 아니든 간에), 무슬림 형제단, 와하브파 등등은 전문가를 제외하고는 쉽게 이해하기 어렵다. 이렇게 다양한 조직 간의 미묘한 차이를 이해하기가 쉽지 않기 때문에 미국 지도자들은 모든 회교도를 뭉뚱그려 이해하기 십상이다. 오늘날 미국에 존재하는 종교집단을 이해하려는 외국인(미국인도 마찬가지다)에게도 같은 문제가 발생하는 것 같다.

근본주의자가 모두 복음주의(혹은 '거듭난') 기독교도라는 것은 분명하다. 그러나 복음주의 기독교도가 꼭 근본주의자는 아니다. 일례로 수백만의 복음주의자는 2000년과 2004년 선거에서 부시 대신 앨 고어와 존 케리를 지지했다. 2006년 출구조사에 따르면 복음주의자 가운데 1/3 이상이 민주당을 지지한 것으로 나타났다. 복음주의자 가운데 상당수는 복음주의 정책 속에 사회정의의 문제를 삽입하려고 노력한다. 일부 목사는 낙태나 동성애 결혼 혹은 줄기세포연구와 같은 문제에 반대하는 것만으로는 충분하지 않으며 신도들이 모두 가난한 계층에게 예수처럼 행동할 것을 촉구한다. 이들은 최근 환경문제에 대해서도 관심을 기울이면서 자신들의 임무는 지구를 '지배'하는 것이 아니라 '관리'하는 것이라고 생각한다. 따라서 7,000만 복음주의자를 같은 덩어리로 생각해서는 곤란하다.

---

13) 앞의 책

그러나 우파 기독교도 내의 극우보수 핵심세력 즉, 소위 '근본주의자' 들은 여전히 일반인들이 이해하기 쉽지 않으며 보다 상세한 설명이 필요하다. 먼저 '근본주의' 라는 용어만 보아도 그 기원에 대해 아는 사람은 많지 않다. 20세기 초에 이르면 엄청난 사람들이 모여 천막을 치고 열정적인 설교를 듣던 미국의 기독교 '부흥' 운동은 그 동력을 상실하게 된다. 이들 대다수는 서서히 학문적인 성서비평에 관심을 기울이게 되었고 그에 덧붙여 다윈의 사상에 영향을 받으면서 문자기록물로서의 성서에 대한 믿음도 시들게 되었다.

보수적인 교회관계자들은 이에 대해 격한 반응을 보이면서 『근본: 진리의 증언』이라는 일련의 책자를 발행하기 시작했다. 1920년에 이르면 커티스 리 로즈Curtis Lee Laws라는 이름의 침례파 기자는 성서의 근본원리를 위해 투쟁할 준비가 되어 있는 사람을 가리키기 위해 '근본주의자' 라는 말을 만들어 쓰기 시작했다. 이 말은 곧 유행을 하게 되었는데, 오늘날에 이르러서는 종교적 입장과 이데올로기가 무엇이든 간에 성서직해주의자literalist를 가리키는 말로 쓰이게 되었다. 기독교 근본주의자는, 성서의 말은 그것이 '하나님의 말씀 Word of God' 이기 때문에 문자 그대로 사실이며, 기독교인은 이 지상에 성서의 진리를 수호하고 전파하기 위해 존재한다고 믿는다.

그러나 기독교 근본주의자를 가리키는 데는 다양한 명칭이 있고, 이들 사이에는 미묘한 차이가 있다. 이들은 대부분 복음주의자로 통칭되기 십상이지만 이들 가운데는 재건주의자, 카리스마주의자 Charismatics, 오순절주의자Pentecostalists, 천년왕국주의자millennialists, 주권주의자dominionists 등이 포함되어 있으며 이들을 서로 조합한 종파나 다양한 변종이 있다.[14]

따라서 이들의 종교적 신념이나 숭배 방식이 모두 동일하지는 않다. 예컨대 일부는 '방언(方言)'을 믿거나 신앙치료를 행하기도 한다. 이들은 공통적으로 구약과 신약을 포함한 성서가 하나님의 말씀이라고 믿지만 성서를 비유적으로 해석하는 사람도 있다. 그러나 이들은 모두 기독교만이 참된 종교라고 믿는다. 하나님은 모두를 위한 계획을 갖고 계시며 이 계획을 제대로 이행하지 못하는 자는 지옥의 영원한 고통을 각오해야 한다고 믿는다. 하나님의 뜻을 실천하는 자는 축복을 받고 사후에 엄청난 보상을 받는다고 믿는다. 교리의 근본은 예수가 지상의 모든 개개인의 주인이며 구원자라는 것이다. 개인이 어떤 종교권에서 태어났는지는 전혀 고려 대상이 아니다. 예수가 개인의 삶에서 차지하는 개인적이고 직접적인 역할을 수용하는 것—예수의 부름을 받았다는 확고한 믿음이나 다른 신비 체험을 통해—이 바로 거듭남의 신호라는 것이다.

예수가 자신을 따르는 자에게 원하는 것이 무엇이냐의 문제는 거듭남을 믿는 사람들 사이에서도 뜨거운 논쟁거리이다. 더욱 극단적인 근본주의 신학자들은 극형의 대상이 되는 범죄의 범주를 확대할 것을 촉구한다. 이들은 동성애 결혼을 금지하도록 헌법(우리가 헌법을 준수해야 하는 한) 수정을 요구한다. 부시 역시 이러한 요구를 계속해서 하고 있다. 일부는 여자에 대한 남자의 완전한 지배 즉, 여성에게 투표권이나 공직 혹은 다른 유형의 시민권을 주지 말 것을 요구한다. 이들은 가능한 한 빨리 낙태를 금지해야 하며 이는 '로우 대 웨이드'의 기념비적인 1973년 소송사건을 뒤집는 대법원 판결이 나온다면 성취 가능하다고 본다. 그럴 경우 헌법 수정도 뒤따라야 한다고 주장한다. 이들은 '하나님의 적들'(그들의 표현을 빌리자면)에

---

14) 이런 문제에 대한 훌륭한 사이트를 소개하면 〈www.theocracywatch.org〉가 있다. 〈American United for the Separation of Church and State〉도 참고하라.

게 종교의 자유를 박탈해야 한다고 주장한다. 또한 성서(그들이 해석하는 방식에서)에 입각하여 사회적, 정치적, 종교적 질서를 확립해야 한다고도 주장한다.

재건주의적 건설

소위 '강성 재건주의자' 는 '주권주의자' 라고도 불린다. 이는 창세기에서 하나님이 '지상' 의 '주권' 을 인간이 쥐어야 한다고 명한 것(창세기 1장 26절~30절)에서 따온 이름이다. 성서의 내용에 따르면, 신은 인간에게 바다의 물고기, 창공의 날짐승, 땅위의 들짐승— 즉, 자연의 생물—에 대한 지배권을 주었다. 그러나 오늘날 미국 주권주의자들은 창세기의 저자보다 신의 마음을 더 잘 알고 있는 것 같다.

지배하라는 신의 명령은 세속의 제도, 혹은 그들의 표현에 따르면 '민간의 구조' 를 모두 포함한다는 것이 그들의 주장이다. 독신자(篤信者)들은 이 구조로 진입하여 이를 점령함으로써 예수가 이 땅에 재림할 때를 대비하여야 하며, 예수를 기다리는 동안 '예수를 위해 이 땅(이는 미국에만 한정하지 않는다)을 교화' 하는 것이 그들의 임무라는 것이다. 이들은 자신들이 미국과 세계의 문제에 대해 단순히 '목소리' 를 내거나 영향을 미치거나 혹은 일반 시민들과 동일한 분량의 시간만을 쓰지는 않겠다는 점을 분명히 한다. 이들이 말하는 것은 단순한 로비의 차원이 아니다. 이들은 신의 계획을 수행하기 위해서라면 그것이 정치 혹은 어떤 다른 수단이라도 동원하여 완전한 권력을 '접수' 하고자 한다.

'재건주의자' 가운데 가장 무서운 사람들은 고(故) R. J. 러쉬두니Rushdoony 목사의 추종자들이다. 러쉬두니는 존 캘빈John Calvin의 강성추종자로 변신한 레바논계 이민자의 아들이다. 러쉬두니의 추종자들은 〈캘시던재단Chalcedon Foundation〉을 중심으로 모이고 있다. 캘시던의 구호는 다음과 같다. "지금까지 역사는 한 번도 다수에 의해 지배당한 적이 없다. 역사를 지배한 자들은 자신의 신념을 무조건적으로 실천한 헌신적인 소수이다." 러쉬두니의 사위 게리 노스Gary North는 더 살벌한 사람이다. 그는 캘리포니아 대학 리버사이드에서 역사학으로 박사학위를 받은 후 〈기독교경제연구소Institute for Christian Economics〉를 운영하고 있는 재건주의 정치지도자이다. 1981년 그가 『기독교 재건주의The Journal of Christian Reconstruction』라는 잡지에 쓴 것처럼, "기독교인은 현재의 정당구조에서 정치조직을 갖춤으로써 기존 제도의 질서 속에 침투해야 한다."[15]

침투 방법은 특히 지방선거와 예비선거에 참여하는 미국 하층민 유권자를 활용하는 것이다. 집회라면 언제든지 참석해서 끝까지 자리를 지키다가 모든 선거에 투표(혹은 출마)하는 사람들은 정치구조 속으로 끌어들이기 쉽다. 이들이 일단 정치구조의 내부자가 되면 다른 보수 기독교인을 모집하여 빈자리를 채워나갈 것이다. 무엇보다 중요한 것은 "기독교공동체가 부활할 때까지 여러분의 개인적인 관점을 비밀에 부치는 일이다." 위대한 '접수'의 그날이 올 때까지 망각하지 말아야 할 단어는 바로 '은밀함'이다.

그렇다면 이들의 정치신조는 무엇인가? 러쉬두니는 2001년 사망

---

15) 다음을 참고할 것. Frederic Clarkson, a series of four articles on "Christian Reconstructionism" in *The Public Eye Magazine*, vol. 8, no. 1, March-June 1994 quote in Part Four; 및 Paul Krugman, "For God's Sake," *New York Times*, April 13, 2007

했으나 여전히 무덤에서도 연설을 계속하고 있다. 1973년 러쉬두니가 발행한 『성서법적 제도The Institutes of Biblical Law』라는 책에서 처음으로 기술한 신조가 지금도 「캘시던 입장Chalcedon Position Papers」이라는 일련의 성명서를 통해 소개되고 있기 때문이다. 그에 따르면 시민법은 성서법으로 대체되어야 하고 "그 무엇도 그리스도의 지배로부터 예외일 수는 없다." 이것이 바로 "국가, 학교, 예술과 과학, 법과 경제를 비롯한 여타 모든 분야가 그리스도 왕 아래 놓여야 하는" 이유라는 것이다.

러쉬두니는 특히 그 세를 점점 늘려가고 있는 가정학교home-schooling 운동의 아버지이다. 이에 대해서는 다음 장에서 논하겠지만 여기서는 16세기 초의 정신이 오늘날에도 지속되고 있는 현상에 대해 잠깐 알아보기로 하자. 다음은 러쉬두니의 「캘시던의 신념What Chalcedon Believes」이나 초기 저작에서 인용한 말들이다. "성서법은 인간의 삶과 사고의 전 영역을 지배해야 한다." 하나님은 모세에게 법을 주셨는데, 음식과 건강처방 부분을 제외하면 지금도 여전히 유효하다. 성서의 첫 부분인 모세 5경에 기록된 613가지 법조항 모두가 유효하다. "기독교 국가는 성서적 시민법을 강화해야 하며, 하나님의 영광을 위해 지상을 지배하는 것이 기독교인의 의무이다." 러쉬두니는 어딘가에서 특별히 하이에크를 언급하기도 했는데, 하이에크의 목소리는 「캘시던의 신념」에서도 나타나고 있다. "성서적으로 말해, 국가의 역할은 살인, 절도, 강간 등과 같은 외부의 적을 막는 데 있는 것이지 부를 재분배하고 의료보험을 시행하며 시민의 자녀를 교육하는 데 있지 않다. …… 따라서 기독교인의 정치개입을 지지하는 우리의 목표는 서구 민주주의 속에서 거대해진 국가의 규모를 줄이는 일, 성서적 한도로까지 축소시키는 일이다. …… 국가는 내재적으로 종교적 기관이다."

러쉬두니의 사위 노스와 같은 재건주의자의 입장과 비교해볼 때 오히려 러쉬두니의 주장은 온건한 편이다. 재건주의자는 낙태를 한 여성뿐만 아니라 권유한 사람도 모두 공개처형해야 한다고 주장한다. 노스는 사형에 대해서도 열렬히 환영한다. "자기 부모를 모욕하는 것은 두말할 것도 없이 극형에 해당한다. 가족의 통합은 죽음에 대한 협박을 통해서라도 유지되어야 한다." 구약 레위기 24장 16절에 적혀 있는 대로, 신성모독은 아주 적절한 대상이다. "여호와의 이름을 훼방하면 그를 반드시 죽일지니 온 회중이 돌로 그를 칠 것이라."

노스가 〈기독교경제연구소〉를 운영하고 있다는 사실을 기억하자. 그는 "왜 돌로 쳐 죽이는가?"라고 질문한다. 이유는 "비용을 들이지 않고도 처형도구를 모두가 쉽게 이용할 수 있기 때문"이다. 공짜라는 이유 외에도 돌은 모두가 함께하고 있다는 따듯한 감정을 주는 데 있어 더할 나위가 없다는 것이다. "처형은 공동체적 기획이다. 전문 처형수의 맡은 바 임무 수행을 구경만 하는 것이 아니라 내가 실제 참여하는 자가 되기 때문이다." 극형에 처해야 할 사람에는 동성애자, 이교도, '결혼 전에 음란'을 행한 여성, 간통한 자도 포함된다. 물론 살인과 강간범도 마찬가지이다.[16] 재건주의자가 해야 할 위대한 과업은 모든 사람이 절제하도록 만드는 일이다.

〈퓨연구소〉의 조사에 의하면, 미국인들은 위의 문제에 대해 대단히 혼란스러운 반응을 보인다. 한편으로는 교회와 국가의 결합에 대해 만족하면서 69%는 "자유주의자들이 지나치게 학교와 정부에서

---

16) 게리 노스에 대한 인용은 다음을 참고할 것. Walter Olson, *Reason*, November 1998 및 〈www.reason.com/new/show/30789.html〉

종교를 분리하려고 한다"고 생각한다. 반면 광신적 기독교인에 대해서도 역시 곤란해 한다. 거의 절반 정도는 "보수 기독교인들이 이 나라에 종교적 가치를 부과하는 일에 지나치게 나서고 있다"고 말한다.

법률제정 문제에 대해 복음주의 기독교 돌격대 60%는 "미국의 법에 대해 성서가 미국인의 의지보다 훨씬 더 많은 영향을 끼쳐야 한다"고 주장한다. 더 섬뜩한 것은 〈퓨연구소〉가 조사한 미국인 가운데 32%가 그들이 종교인이든 아니든 상관없이 찬성하고 있다는 사실이다. 정말로 미국인의 1/3이 민주주의 정부보다 그리고 법을 관장하는 헌법보다 성서가 더 중요하다고 생각하는 것이 사실이라면, 국민의 67%가 '미국이 기독교 국가' 라고 주장한다는 사실에 놀랄 이유는 없을 것이다. 71%는 미국인의 생활 그리고/혹은 정부에 대해 '좀 더 종교적인 영향' 을 요구하고 있다.[17]

물론 여론조사란 질문이 주어지는 방식에 따라 크게 달라지는 것도 사실이다. 사람들이 질문자가 듣고 싶어 하는 방향으로 대답하기 십상이기 때문이다. 그러나 문제는 다수 여론조사 기관이 동일한 결론을 도출하고 있다는 사실이다. 미국 바깥에 있는 사람들은 이런 미국인을 조롱할지도 모르지만 그러고 마는 것은 결코 현명한 방법이 아니다. 내가 말하고 싶은 것은 이런 현상에 대해 좀 더 진지하게 생각해볼 필요가 있다는 것이다. 미국과 세계에 대하여 이들이 무엇을 기획하고 있는지 이해하기 위해서 우리는 도대체 어떻게, 그리고 누구에 의해서 이들의 신조가 실천에 옮겨지고 있는지 좀 더 자세히 살펴보아야 한다.

---

17) Pew Survey, op. cit

우파 종교계에는 누가 있는가

비종교적 우파처럼 종교적 우파에도 기금제공자(제1장에서 우리가 알아본 바와 거의 동일하다), 카리스마를 가진 지도자와 '아이디어' 제공자, 두뇌집단과 대중매체, 출판사와 언론사, 대중운동, 법률적인 옹호세력이 있다. 종교적 우파와 비종교적 우파는 서로 다양한 층위에서 중첩된다. 이들 사이를 임상적으로 나누려는 것은 인위적이고 작위적인 실험일 뿐이다. 2005년 초 『타임지』는 우파의 운동에 가장 영향력이 있는 사람을 목록으로 만들어 발표했다. 아마도 이 분야의 문외한들은 이들 대다수의 이름을 들어본 적이 없을 것이다. 이 가운데 빌리 그레이엄Billy Graham과 그 아들이자 법적 상속인인 프랭클린Franklin은 가장 유명한 인물일 것이다. 우리는 여기서 상위 25명을 거명한 『타임지』의 순서를 따르는 대신 우파 기독교인의 성좌 가운데 빛나는 일부 거성들만 살펴보기로 한다. 이들은 조지 부시를 포함한 많은 정치인의 선거를 도와 승리를 얻게 한 인물들이다.

우선 〈국가정책자문위원회Council for National Policy〉(CNP)부터 살펴보기로 하자. 이 위원회는 언뜻 무색무취한 모임처럼 들리지만 나머지 극우파와 긴밀한 관계를 맺으며 강력한 영향력을 자랑하는 사람들 예컨대, 기금제공자, 두뇌집단, 대중조직, 언론재벌을 은밀하게 효과적으로 연결하는 망이다. CNP를 앞장에서 다루어도 무방했을 터인데, 왜냐하면 이 위원회는 그 구성위원이 "정부, 기업, 언론, 종교, 전문인과 같은 우리나라 다양한 분야의 수많은 지도자로 구성"되어 있다고 말할 뿐 스스로를 특별히 종교적인 기구라고 소개하지는 않기 때문이다.

1981년 〈외교관계위원회Council of Foreign Relations〉(CNP 위원들은 이 위원회를 '공산주의자의 트로이 목마' 라고 부른다)에 대응하기 위해 설치된 CNP는 대중조직이 아니다. 고작 오륙백 명으로 구성된 이 위원회 회원들은 모두가 부자들이고, 여기에 소속되기 위해서는 돈을 내야만 한다. 이 위원회는 우파 그룹으로부터 확고한 '지지' 를 받고 있으며 위원회의 사회적 지위는 특별한 사교클럽과 비슷하다. 위원회는 세금을 면제받는 특전을 누리는데, 이는 위원회에 기부하는 사람들이 기부금만큼 세금 감면을 요구하는 것과 같다.

위원회의 명단은 엄격히 비밀에 부쳐지는데, 기자들은 위원회의 행사에 초대받지 못한다. 상임위원 중 한 사람은 "언론은 우리가 언제 어디서 만나는지, 모임 전과 후에 누가 우리 프로그램에 참여했는지 몰라야 한다"고 퉁명스레 말한 바 있다. 그러나 『뉴욕타임스』는 적어도 한 번은 취재를 허락받았는데, 위원회가 "우리나라의 가장 힘센 보수주의자 수백 명"으로 구성되어 있다고 보도하였다.[18]

일견 친절해 보이면서도 쓸모 있는 정보라고는 거의 올리지 않고 있는 이 위원회의 웹사이트는 이렇게 말하고 있다.

우리 회원들은 자유시장경제체제와 강력한 국방에 대한 확고한 믿음으로 결속해 있으며 전통적인 서구 가치를 지지한다. 우리는 국가와 세계의 문제를 해결하는 데 필요한 최상의 정보를 공유하기 위해 모인다. 개인적인 친분으로 잘 알고 있는 우리는 우리가 공유한 가치를 성취하기 위해 협력한다.

---

18) David D. Kirkpatrick, "Club of most powerful gathers in strictest privacy," *New York Times*, August 28, 2004; 나는 온라인에서 1998년 모임에 대한 리스트 일부를 찾기도 했다.

달리 말해, 이들은 상당한 수준의 정보교환 활동을 수행하고 있는 것이다. 때로는 초청인사들의 연설문을 발행하기도 한다. 위원회는 이를 세계정치(공산주의자와 이슬람은 악이다)에서부터 환경(하나님이 고쳐주실 것이니 걱정하지 말라)이라는 주제에 이르기까지 우파가 듣고 싶어 하는 지혜의 공인된 해설서로 활용한다.

CNP의 정책은 반(反)낙태, 반(反)동성애, 반(反)공교육, 반(反)세금, 반(反)기업규제이다. 이 위원회가 이룬 가장 큰 업적은 우파 종교인의 의제를 공화당의 낮은 세금과 작은 정부 및 자유방임주의적이고 반(半)세속주의를 지향하는 진영의 정책과 결합시킨 데 있다. 2004년 8월 위원회는 당시 상원원내총무(그리고 거물 우파 종교인)인 빌 프리스트Bill Frist에게 특별상을 수여했다. 이날 CNP에서 특별연설을 한 사람 가운데는 도널드 럼스펠드가 있다. 럼스펠드는 이라크 침공 이후 처음으로 열린 이날 회의에서 기조연설을 했다(딕 체니도 참석했다). 그리고 두 명의 극보수파 대법원 판사(토머스와 스캘리어), 전직 유엔미국대사 존 볼튼, 부시 정권에서 법무장관을 지낸 존 애쉬크로프트John Ashcroft와 알베르토 곤잘레스도 연설을 했다.

선거유세가 한창이던 2000년에는 부시도 CNP 앞에 모습을 드러냈다. 대통령에 당선되기 전이었던 부시는 회원들에게 만약 자신이 대통령이 되면 낙태에 반대하는 인사들만 판사에 임명하겠다고 공약했다. CNP를 잘 알고 있는 복음주의 기독교도 마이크 펜스Mike Pence 의원은 위원회를 '미국 보수파의 가장 영향력 있는 모임'으로 설명한다. 위원회에 비판적인 사람들은 CNP 회원들을 '공화당의 진짜 지도자'로 규정한다.

기독교 근본주의 우파의 대중조직 지도자들은 CNP 행사가 있을 때마다 참석한다. 이들이야말로 보병부대를 이끄는 장군들이다. 보병들은 일요일마다 교회에서 장군의 명령을 하달받고 그 명령을 수행하러 교회 문을 나서는 것이다. 이 장군들 가운데는 한때 대통령 후보로도 나선 바 있는 팻 로버트슨Pat Robertson 목사가 있다. 그는 유명한 TV 복음전도사이자 〈기독교연합〉의 전직 대표이다. 그는 1998년 추종자들에게 다음과 같이 말한 바 있다. "우리는 지난 20년 동안 버스 뒷자리에 앉아 있었다. 우리 역사상 가장 중요한 시점인 지금 우리는 마침내 당에 대한 영향력을 발휘할 때가 왔다."[19]

이제 우파 기독교인은 편안한 리무진은 아니더라도 적어도 버스 앞자리에 앉아 차를 몰게 되었다. 반가운 소식은 로버트슨이 〈기독교연합〉의 의장직을 물러났다는 사실이다. 〈기독교연합〉은 한때 회원수 40만을 자랑했는데, 이제는 급격히 세를 잃어가고 있다. 어느 신문보도에 따르면, 이 조직은 밀린 채무를 갚지도 못하고 있다고 한다. 그러나 로버트슨은 여전히 왕성하게 활동하고 있는데, 최근에는 미국이 우고 차베스를 암살해야 한다고까지 말하고 있다.

〈기독교연합〉과는 반대로 제임스 돕슨James Dobson이 이끄는 〈가족에게 초점을〉이라는 단체는 굉장히 튼튼하다. 이 단체는 지난 10년 동안 종교적 병사들이 공화당을 거의 완전히 장악하게 하는 작업에 지대한 공을 세웠다. 1998년 국가정책자문위원회에서 돕슨은 미국인의 80%가 미국이 '심각한 도덕적 위기'를 맞이하고 있다고 믿는다고 주장했다. 이들 미국인은 '엘리트와 문화적 유행을 주도하는 자들'을 불신한다며 공화당이 1996년 대통령 선거에서 심각한 잘못을 범했다고 주장했다. 빌 클린턴에 대항한 밥 돌Bob Dole이 "이

---

19) 팻 로버트슨에 대한 더 많은 정보는 〈www.publiceye.org〉를 참고할 것

들 미국인을 엄청나게 모욕했다"는 것이 그 이유였다. 돌이 범한 최악의 죄는 오직 경제와 돈 문제만을 이야기할 뿐 도덕적 가치에 대해서는 아무 말도 하지 않은 죄라는 것이다.

돕슨은 "도덕지향의 공동체가 있긴 하지만" 그것이 학교에서의 기도시간과 학교선택의 문제, 십대청소년에 대한 '금욕주의' 성교육을 옹호하는 법안을 통과시킬 만큼의 표로 결집되지는 못하고 있다고 말했다. 그래서 포르노를 금지하고 〈가족계획연맹Planned Parenthood Federation〉을 폐지하고 〈미국예술진흥재단National Endowment for the Arts〉을 없애지도 못하고 있다는 것이다. 빌 클린턴이 동성애권리 모임을 옹호하는 연설을 하자 돕슨은 "그에 맞서 분연히 일어나 이건 너무 심하다고 말할 수 있는 공화당 지도자는 대체 어디에 있는가?"라며 개탄하기도 했다. 1998년 이후 돕슨과 그 지지자들은 그러한 목소리를 모으고 표를 조직하기 시작했으며 그것은 마침내 2000년 부시의 대통령 선거와 2004년 의회 양원에서 승리하여 거대한 다수당을 낳는 결과를 가져왔다.

〈가족에게 초점을〉은 수백만 달러를 운용하는 것으로 알려져 있는데, 이 단체는 콜로라도 본부에만 1,700명을 고용하고 있다(단체 웹사이트는 이러한 정보는 공개하지 않고 있다). 대부분의 전문가들은 이 단체야말로 우파 기독교 조직 가운데 가장 강력한 조직이라고 평가한다. 이 단체는 잡지 7종, 책 수십 권, 카세트, CD를 정기적으로 발간하고 있으며 회원들에게 그 외의 자료도 제공한다. 이런 책자와 자료는 대부분 결혼, 인생문제, 양육문제와 관련된 것이지만, 한때 소아과 의사였던 돕슨은 '고집 센 아이' 복종시키기, 통제하기, 특히 버릇들이기 문제에 강박적으로 매달리고 있는 듯하다. 웹사이트에 들어가 보면, 이 단체는 이 외에 다른 문제에도 관여하고 있으며 그들이 원하는 방향으로 시민사회를 유도할 수 있는 능력을 가지고 있다는 사실을 알 수 있다. 이 단체는 P&G에 대한 대규모 불매운동을 전개하여 '친 동성애' 정책(P&G는 일부 동성애 단체에 재정지원을 하고 있었다)을 철회하도록 하는 데 성공했다.

〈가족에게 초점을〉은 2006년 1월 8일 '정의 주일Justice Sunday'이라는 행사를 개최했다. 미국 전역 수백 개 교회에 동시 방송된 이 행사는 신도들에게 사법체계의 중요성을 환기시키고 극우보수주의자를 대법관과 연방법원에 임명하려는 부시 대통령을 지지하도록 촉구했다. 사법부는 기독교 우파가 대대적으로 성공한 분야이다(이는 우리가 제1장에서 다룬 적이 있는 비종교 단체 〈연방주의클럽〉에도 힘입은 바 크다). 2006년 말에 이르러 조지 부시는 이미 보수주의 대법원 판사 둘을 임명하였고 연방하급법원의 종신직 판사 250명을 임명하였다. 부시 한 사람이 전체 연방판사의 1/4 이상을 임명한 셈이며 이 영향은 향후 수십 년간 지속될 것이다.

사법체계를 목표로 하는 또 다른 기독교 우파 단체로 〈전통가치연합Traditional Values Coalition〉(TVC)이 있다. 1980년에 설립된 이 단체는 4만 3,000개 교회와 신도의 힘을 결합하고 로비를 돕는 창구역할을 하고 있다. 단체 웹사이트는 "법정을 반(反) 신적인 좌파로부터 수복하려는 전투계획"을 발표하였다. 설립자인 루이스 쉘든Louise Sheldon 목사는 2006년 선거결과에 대해 "우리는 국민들이 우리와 함께하고 있다는 사실을 안다. 그들은 지금 잠시 혼란에 빠져있을 뿐이다"라고 씩씩하게 해석하고 있다.

미국인들이 혼란에 빠져 있건 아니건, TVC에게 선거결과는 좋지않은 소식이었다. 새 입법부의 하원 및 상원 법사위원회 의장을 좌파—TVC의 관점으로는—인 민주당이 차지할 것으로 예상되었기 때문이다. 민주당은 대통령이 천거하는 연방판사의 임명을 차단할 수 있는 힘을 확보하였다. TVC는 그들의 영웅 부시의 다음과 같은 말을 즐겨 인용한다. "우리는 우리의 권리가 하나님으로부터 나온다는 사실을 이해하는 상식적인 판사가 필요하다. 나는 이런 사람을 법정에 앉히고 싶다." 그리고 부시는 바로 이것을 실천에 옮겼던 것이다.

쉘든 목사는 2006년 중간선거 직후에도 다음과 같이 고집을 부렸다. "문제는 이라크이며 당선된 일부 공화당원 사이의 부패문화이다. (여전히) 분명한 것은 아직 우리가 여기 존재하고 있다는 사실이다. 우리는 여기에 장기 정박할 것이다. 결혼, 성맹수sexual predator, 낙태에 대한 공격은 사라지지 않을 것이다. 그러므로 우리는 계속 나아갈 것이다."[20]

급격한 변화를 위한 지출

우파 종교인을 재정 지원하는 중요 인사로 하워드 아먼슨Howard Ahmanson이라는 국가정책자문위원회 회원이 있다. 막대한 금융재산을 상속받은 사람인데, 한때는 러쉬두니 목사의 강성 재건주의 〈캘시던재단〉과 긴밀한 관계를 유지하였지만 지금은 조금 거리를 두고 있는 상태다. 하워드 아먼슨과 그 아내 로버타Roberta는 〈종교민주주의연구소Institute for Religion and Democracy〉(IRD)의 주요 기금제공자인데 이 협회는 우리에게 익숙한 〈브래들리재단〉, 〈올린재단〉, 〈스카이프재단〉, 〈스미스-리처드슨재단〉한테도 자금을 지원받고 있다.

---

20) 이는 제임스 D. 비서James D. Besser의 보도(*The Jewish Week*, November 11, 2006)를 참고할 것

아먼슨은 자신이 얼마나 기부하고 있는가에 대해서는 함구하고 있지만, 앞에 나온 여러 재단은 지난 20년간 400만 달러 이상을 기부한 것으로 보고하고 있다. 그 목적은 이 연구소가 내건 임무 즉, "미국 교회에 대한 사회·정치적 증언을 교정하는 한편 국내외에서 민주주의와 종교 자유를 신장" 시키기 위해서이다. 이 말을 달리 옮기면, IRD의 특수성은 주류 기독교 종파를 오른쪽으로 옮기고 그들을 복음주의의 지지 세력으로 만들고자 한다는 말이다. 〈미국성공회 Protestant Episcopal Church of the United States〉는 사회적으로 가장 상류 교단 즉, WASP 주류교회 중에서도 가장 WASP적인 교단으로 평가되는데, IRD에게는 가장 완벽한 목표물이고 그들의 능력을 시험하는 잣대가 되고 있다. 이 교단은 그 자체가 바로 이러한 대대적인 공세에 노출되어 있다는 사실을 인정해야만 한다.

〈미국성공회 워싱턴DC 교구Episcopal Diocese of Washington DC〉의 공보담당비서관은 "돈을 따르라"라는 아주 시의적절한 제목의 보고서에서 말하기를, IRD와 그 부속기관들이 '개혁' 과제를 수행해나갈 수 있었던 것은 보수적인 후원단체로부터 받은 수백만 달러 때문이었다고 한다.[21] 현재 〈미국성공회〉의 의장주교는 여성이다. 우파는 이를 이단이라고 극심하게 비판하고 있지만 이미 성공회는 공공연하게 동성애자임을 밝히고 남성 파트너와 오랜 기간 동거하고 있는 비독신자 남성을 뉴햄프셔 주교로 임명한 바 있다. IRD는 〈미국성공회〉의 이런 결정을 기회로 미 인구통계국 통계에 따르면 2001년 현재 신도 수 340만을 자랑하는 이 교회의 심장에 쐐기를 박을 수 있었다.

---

21) Jim Naughton, "Follow the money," a Special Report in *Washington Window*, the monthly magazine of the Episcopal Diocese of Washington DC, May 2006

IRD는 〈미국성공회〉의 '개혁'과 관련한 광고에 50만 달러를 쏟아 부었다. 물론 그 목표는 〈미국성공회〉를 〈세계성공회공동체 Anglican Communion〉로부터 분리시켜 〈미국성공회협의회American Anglican Council〉와 연계하는 소규모의 보수적인 일파로 만들려는 것이다. 이 협의회는 아먼슨이 총애하는 조직 중 하나인데, 1996년에 설립된 이 단체는 동성애자가 성공회 목회자가 되는 일을 막고 성서 해석에 대한 '전통적' 접근을 강화하는 운동을 주도하고 있다.

IRD가 교리논쟁에 살포하는 독액이 어느 정도이건 간에 균열은 심각하게 일어나고 있으며 상당한 효과를 얻고 있다. 〈세계성공회공동체〉의 의장 격인 캔터베리주교Archbishop of Canterbury는 마침내 이 논쟁에 개입하지 않을 수 없게 되자 서둘러 위원회를 조직하여 곧 '윈저성명서Windsor Report'를 발표하였다. 이 성명서는 〈미국성공회〉가 비독신자 동성애 주교를 선출하거나 임명하지 말 것, 그리고 동성애자의 결합을 축복하지도 말 것을 요구하고 있다. 나아가 이 성명서는 세계성공회공동체의 '조직에 균열'을 가져온 본 행위에 대해 사과하였다.

그러나 문제를 더 복잡하게 만든 사건은 새로 임명된 의장주교 캐서린 제퍼츠–스코리Katherine Jefferts-Schori가 확고부동하게 급진적이고 친동성애적인 태도를 견지한다는 사실이다. 많은 이들이 제퍼츠-스코리를 두고 목회 경험도 별로 없는 인물이며 교회의 균열을 가중시키고 있다고 비판하고 있다. 이런 상황은 분리주의 교회, 심지어 분리주의 교구를 탄생시켰고, 이들이 우선적으로 보수적인 〈미국성공회협의회〉와 연대를 선언하는 결과를 가져왔다. 이러한 일련의 사태에 가장 기뻐한 쪽은 IRD와 아먼슨이었다.

IRD의 또 다른 목표는 주류 장로교와 감리교이다. IRD는 이들 교단 내의 하위 교회로 하여금 이와 비슷한 '개혁' 운동을 벌이도록 자극한다. IRD는 하위 교회 운동의 정당성을 설득하기 위해 주류 교회는 마땅히 비난받아야 한다고 주장한다. 왜냐하면 주류 교회는 "이미 낡은 자유주의 신학을 바탕으로 좌파적이고 비종교적인 사회정치적 정책을 옹호"하고 있기 때문이라는 것이다. IRD는 〈전미교회협의회 American National Council of Churches〉나 〈제네바세계교회협의회World Council of Churches in Geneva〉가 발행하는 문건은 무엇이든 반대한다.

미국인을 구원하기 위한 대중조직

세련된 조직매체와 모금전략은 그들의 비종교적인 우파 동지들처럼 우파 기독교인의 특기이다. 〈미국기독교행동연합National Christian Action Coalition〉이나 〈도덕적 다수〉와 같은 대중조직은 1,600개의 기독교 라디오방송국과 250개의 기독교 TV방송국으로 구성된 강력한 통신망을 동원하여 미국 전역을 통제한다. 이런 통신매체는 출판사, 잡지배포망, 대학신문 및 수백만 통의 개별 호소문을 지지자에게 직접 발송할 수 있는 광고대행사까지 갖추고 있다. 그들은 이를 통해 재정지원을 요구하는 광고를 효과적으로 끊임없이 할 수 있다. 수많은 교회지도자와 대형교회목사들은 엄청나게 부유하다. 이들의 생활이나 여행은 호화롭기 그지없다. 그런데도 이를 비난하는 신도는 없다.[22]

---

22) 뉴욕에 사는 내 부자 친구들이 콩코드를 타고 파리에 간 적이 있다. 비행 중에 어떤 부부를 만나 이야기를 나누다가 그들이 초대형 복음교회를 소유하고 있다는 사실을 알게 되었다. 목사와 그 아내는 신도들이 '대단히 돈을 잘 내는 사람들' 이라는 점을 인정했다고 한다.

그러나 제임스 돕슨과 루이스 쉘든은 옳았다. 그들이 말하는 '도덕지향의 공동체'는 분명히 존재한다. 다만 그들은 그들 자신만의 도덕적 잣대를 가지고 있을 뿐이다. 기독교 우파 지도자들은 권력이 있음에도 불구하고 그들이 살고 있는 사회 구성원으로 하여금 우파 정치가에게 투표하도록 설득하지 못하고 있다. 미남배우 랠프 리드 Ralph Reed의 일대기를 보자. 리드는 한때 〈기독교연합〉의 지도자로 1995년 『타임지』에 "하나님의 오른손"이라는 표지 제목과 함께 등장하기도 했는데, 몇 년 동안 부시와 체니의 책임 정책전략가로 활동했다. 리드는 2000년 선거에서 '유권자 안내서' 7,500만 통을 유권자들에게 보냄으로써 부시를 유리하게 만든 것으로 유명하다. 2004년에는 대규모 〈남부침례교회협의회Southern Baptist Conference〉를 조직하였는데, 신도 수 1,600만을 자랑하는 이 단체는 부시-체니 행 열차를 타게 할 목적으로 조직되었다. 리드의 부탁으로 침례교 목사들은 '유권자등록을 위한 시민주일' 행사를 성공적으로 후원하고 개최하였다.[23]

리드는 정말 실패를 모르는 사람 같았다. 리드의 어머니는 "나는 늘 사람들에게 내 아들이 대통령이 되거나 알 카포네Al Capone가 될 거라고 얘기했다. 내 아들은 무슨 일을 하건 정말 잘 해냈다"라고 말했다. 따라서 그가 거의 알 카포네와 같은 종말을 맞이한 데 대해 사람들은 만족해할 것이다. 2006년 리드가 몸담고 있던 기독교 후원단체는 리드가 전형적인 탐욕의 죄를 범했다고 리드를 처벌했다. 검찰에 기소당한 로비스트 잭 아브라모프와 벌인 저속한 사업이 마침내 들통 나면서 리드는 자신이 출마한 유일한 선거에서 낙선했다. 그는

---

23) *New York Times*, June 18, 2004

2006년 7월 당시 조지아 주 부지사직에 공화당으로 출마했던 것이다. 리드의 패배는 그해 말에 열릴 전국선거에 대한 일종의 경고로 해석될 수 있었다. 『타임지』의 제호는 더 이상 "하나님의 오른손"이 아니라 "랠프 리드의 성공과 몰락"이었다.

1970년대 〈도덕적 다수〉를 창설하고 2007년 5월 사망한 제리 폴웰 목사는 자신의 신정 정치적 선거 신조를 다음과 같이 요약했다. "그들을 구원하고, 그들을 세례주고, 그들을 등록시켜라." 아닌 게 아니라 이 기독교 유권자들은 떼를 지어 선거인 명부에 등록하고 투표하고 마침내 공화당의 상당한 부분을 점령했다. 이들이 전국선거에 참여한 비율은 56% 내지 58%인데, 이는 비록 유럽과 비교하면 낮은 수치지만 미국대통령 선거의 투표율 50%에 비하면 높다. 오레곤 주의 공화당 대표를 지낸 바 있는 어느 인사는 이들 불타협의 빨치산들이 당의 정치적 입장을 확정짓고 대통령 후보를 임명하는 공화당 전당대회에 누구를 보낼 것인지를 결정하는 데 큰 역할을 할 수 있다고 설명한다. "등록된 공화당 당원이 약 60만 명쯤 되는 오레곤과 같은 주에서는 2천 내지 3천 명이 뭉치면 주의 당을 지배하는 것이 가능하다."[24] 미국의 정치체계는 각 주의 선거인단을 '모아' 대통령을 선출한다. 레닌식 전략으로 잘 훈련된 이 전투원들은 소위 그들이 말하는 RINO 즉, '무늬만 공화당원Republicans in Name Only'을 공개적으로 비난하는 방식을 통해 당 전체를 우경화할 수 있다.

---

24) Craig Berkman, cited by Gred Goldin, "the fifteen percent solution: How the Christian right is building from below to take over from above," first published in *The Nation* in 1993, available on the site of theocracywatch.org

가톨릭을 어떻게 볼 것인가?

이미 장의 서두에서 지적했듯이, 천주교 신자는 미국 인구의 상당수를 차지한다. 미 인구통계국과 『통계연감』에 따르면 자신을 기독교인이라고 밝힌 사람 가운데 32%가 가톨릭이다. 이는 거의 5천만에 육박하는 수치인데, 이들 중 어느 정도가 '전통주의자' 즉, 정치적 우파인지 말하기는 어렵다.

우리가 아는 것은 〈미국천주교회American Catholic Church〉가 문제를 안고 있으며 그 문제가 교회의 극보수파에게는 일종의 하나님의 선물처럼 여겨진다는 사실이다. 지금도 계속되고 있으며 옛날부터 간혹 의심받곤 하던 사제에 의한 아동 성추행 사건이 2002년 보스턴에서 마침내 벌어지고야 말았다. 그 이후 일은 점점 눈덩이처럼 커져만 가고 있다. 어린 시절 추행을 당했던 많은 사람들이 성인이 된 지금 당시 일을 밝히는 목소리를 드높이고 있는데, 이는 가끔씩 놀라운 결과를 낳기도 한다. SNAP 즉, 〈사제에게 추행당한 이들을 위한 생존자연대Survivors Network for those Abused by Priests〉로 불리는 단체는 전국에서 모여든 회원이 8천 명에 이르는데, 이 단체는 일종의 후원조직이자 자동경보장치 기능을 하고 있다.

보스턴은 미국에서도 아일랜드계 가톨릭의 성채로 알려져 있다. 2002년 『보스턴글로브Boston Globe』 기자들은 마침내 보스턴 대교구에 대한 전인미답의 조사에 착수했다. 그리하여 이 교회에 소속된 사제 일부가 어린이를 성추행한 사실을 폭로하기에 이르렀다. 좀 더 자세한 사실이 드러남에 따라, 버나드 로Bernard Law 추기경에 대한 압력은 거세졌고 휘하에 있는 사제 58명이 추기경의 사임을 요구하는 사태에까지 이르렀다. 로는 소아기호증 사제를 은폐했을 뿐만 아니라 과거를 밝히지 않고 다른 교구로 승진시켜 내보내기도 함으로써 그들이 또다시 성추행을 할 수 있도록 방치했다. 훗날 매사추세츠 주 검찰총장이 밝혔듯이, 대교구 측은 추문을 덮기 위한 '정교한 계획'을 짜고 있었다. 일부 피해자들과는 사적인 해결을 통해 법정 출두를 막으려 했는데, 물론 교구가 피해보상금을 지불한 사실은 비밀에 부쳤다. 교황 요한 바오로 2세는 로 추기경이 제출한 사퇴서를 수리하면서 그를 바티칸의 명예직에 임명하였다.[25]

『보스턴글로브』는 이 공로로 퓰리처상을 수상하였고 보스턴 이야기는 미국 전역의 피해자들이 연속적으로 '외출'하는 사태로 이어졌다. 가장 마지막 이야기는 신도가 430만이나 되는 로스엔젤리스 대교구에서 일어난 이야기이다. LA 추기경 로저 마호니Roger Mahoney는 보스턴 추기경보다 더 교묘한 사람이었다. 우선 마호니는 지연작전을 통해 소송관계자의 진을 빼는 전술을 구사했다. 로스엔젤리스 지방검사가 요구한 교회관계서류 제출을 대법원이 판결을 내려 강제할 때까지 철저히 거부하였다. 이로써 4년이란 시간을 끌었다. 마호니의 변호사는 성직자에 대한 정보를 제출하지 않기 위해 '종교박해'와 '정교분리' 문제를 거론하였다. 그러나 그들의 뜻과는 달리 서류는 손해배상금을 요구하는 피해자들에 의해 법정에 제출되었다.

마호니는 피해자 45명과 합의하기 위해 거금 6,000만 달러를 들임으로써 법정을 피할 수 있었다. 이는 피해자 한 사람당 130만 달러에 해당하는 금액이다. 피해보상금을 지불했다는 것은 송사를 더 이상 진행하지 않고 관련 성직자를 처벌하지 않는다는 것을 의미했다

---

25) 로 추기경은 2005년 4월 교황이 서거하자 많은 미국 가톨릭 신도들의 항의에도 불구하고 그에게 많은 은혜를 베푼 교황에 대한 추도미사를 집전하였다.

(반면 보스턴의 성직자 두 사람은 강간 혐의로 현재 복역 중이다).
그러나 현재 LA 지역에는 피해자 500명가량이 줄을 서서 대기 중이
다. 과연 LA 대교구는 소송을 취하시키기 위해 이런 전략을 계속 구
사해도 파산에 이르지 않을 수 있을까? 물론이다. 『AP연합』에 따르
면, LA 대교구가 지역 내 1,600개소에서 가지고 있는 자산의 가치는
총 40억 달러 정도이다. "대부분이 교회와 학교에 투자한 것이지만,
대주교 자신이 개인적으로 유정(油井)과 농지, 주차장과 상가건물을
다수 소유하고 있다."[26]

보스턴이나 다른 지역의 경우처럼 LA 어느 한 지역에서 성추행
문제가 불거지면 해당 성직자는 다른 교구로 전출된다. 올리버 오그
레이디Oliver O' Grady는 이 가운데서도 악명 높은 경우인데, 그에 관
해 〈우릴 악에서 구원하소서Deliver us from Evil〉라는 제목의 다큐영화
까지 만들어졌을 정도이다. 한편 오그레이디는 이 영화의 제작에 처
음부터 끝까지 자신만만하게 협력했다. 영화제작자의 말에 따르면
오그레이디는 전혀 반성하는 기미를 보이지 않았다고 한다. 천주교
회 역시 그런지는 두고 볼 일이다. 피해자 네트워크인 SNAP은 소아
기호증을 가진 성직자들이 **국제간** 이동하는 문제에 대해 새로이 경
각심을 일깨우고 있다. 문제가 된 성직자들을 미국 내에서 새로이
배치하는 일이 수월하지 않게 되자 이들을 멕시코나 캐나다처럼 점
점 더 나라 밖으로 이동시켜 배치하는 일이 벌어지고 있는 것이다.
오그레이디도 캐나다나 멕시코 어딘가에 있는 것으로 알려져 있
다.[27]

---

26) Associated Press dispatch December 4, 2006

27) "SNAP to US Bishops: Stop International Movement of Pedophile Priests," SNAP
press release, November 13, 2006

최근 들어 바티칸은 우발적인 소아기호증에 대해서도 사제직을 박탈하는 추세이다(2006년 세인트루이스 교구에서 네 명을 제명 처분했다). 그러나 〈미국주교회의US Conference of Catholic Bishops〉는 여전히 이 문제를 심각하게 다루는 것 같지 않다. 2006년 11월 개최된 주교회의는 결혼과 피임, 영성체와 동성애 문제만을 의제로 다루었을 뿐 사제가 저지르는 성폭력 문제는 다루지 않았다. 〈아동과 청소년 보호를 위한 주교회의 위원회Bishops' Conference Committee for the Protection of Children and Youth〉는 이미 신원이 노출된 성 범죄자 이름을 대중에게 공개하는 것은 "적절하지 못하다"고 판단하고 그것을 미국천주교회의 정책으로 삼지 말아야 한다고 결정했다(비록 일부 교구에서는 이미 공개하기로 했지만).

미국천주교회의 성범죄 문제는 얼마나 심각한 것일까? 이 문제에 대한 세계 최고의 전문가는 리처드 사이프Richard Sipe이다. 사이프는 18년 동안 사제와 베네딕트회 수사를 지냈지만 사제직을 그만둔 후 수녀 출신 여성과 결혼하여 현재 35년째 결혼생활을 이어오고 있다. 여전히 가톨릭 문제에 깊숙이 관여하고 있는 사이프는 학자이자 유자격 전문치료사로서 의과대학과 여러 신학교에서 강좌를 맡고 있다. 사이프는 평생을 로마 가톨릭 사제와 주교의 성생활과 독신생활을 연구하고 있을 뿐만 아니라 사제들로부터 성적인 피해를 입은 사람들에 대해서도 연구를 하고 있다. 그는 여러 송사에 증인으로 출석한 바 있으며 특히 매사추세츠 지방법원에서 심리가 벌어진 보스턴 사건에도 관여하였다.[28]

미국가톨릭사제의 성생활과 독신생활을 연구한 25년의 경험을

---

28) www.richardsipe.com/reports/sipe_report_2005.htm

통해 사이프는 지난 50년 동안 약 10만 명의 사회적 약자 즉, 아동과 청소년—대부분이 소년이며 소녀도 수천 명에 이른다—이 사제한테 성추행을 당해왔다는 결론에 이르렀다. 사이프에 따르면 어떤 시기에는 절반이나 되는 가톨릭 사제가 성적으로 적극적이었으며 그 가운데 일부는 여성을 대상으로 했다. 20% 내지 30%는 동성애적 경향이 있었다. 반면 6% 내지 10%는 청소년과 관계하였다. 성추행범은 대부분이 가톨릭 사제이지만 랍비와 개신교 목사의 경우도 상당한 사례가 발견된다.

그동안 교회의 공식적인 반응은 비밀주의, 위선, 응급처치의 방식을 취함으로써 초점을 피해가거나 뒷거래를 통해 문제의 사제들을 계속 방조하였다. 오랫동안의 전문 경험을 바탕으로 사이프는 피해자들을 개인적으로 만나고 면담함으로써 그들이 입은 피해가 영구적이라는 사실을 알게 되었다. 피해자는 죄의식을 느끼고 사랑하는 사람과 성기능장애를 경험하기도 한다. 또 판단에 자신감이 없으며 다른 사람을 믿지도 못한다. 그 외에도 여러 가지 정신적 임상증상을 호소하고 있었다.[29]

교회가 받은 불명예와 신뢰회복을 위한 그들의 운동, 그리고 추문이 가져온 정치적 파장 사이에 뚜렷한 인과관계의 선이 있다는 증거는 없다. 그러나 그런 추문이 교회를 우경화한 것만은 사실이다. 〈퓨연구소〉의 조사에 따르면, 가톨릭 신도의 1/4은 (복음주의 개신교 신도의 62%처럼) 성서를 문자 그대로 해석하는 경향이 있다. 가톨릭교회의 가장 보수적인 지식인들에게서 이런 경향은 더욱 두드러진다. 오늘날 미국에서 가장 영향력 있는 가톨릭 사제는 이제 더

---

29) 사이프의 "Dialogues"는 그의 사이트를 참고할 것

이상 상당 부분 권위를 상실한 상층부가 아니라 조지프 페시오Joseph Fessio나 리처드 존 뉴하우스Richard John Neuhaus 신부 같은 사람들이다. 일반 신도들은 이들의 전통주의적 신학에서 위안을 얻고 있다. 성 베드로 성당의 교황석에 베네딕토 16세Benedict XVI가 앉음으로써 이런 신부들은 이제 국제적으로 더 큰 힘을 얻게 되었다.

예수회 신부인 페시오는 〈이그나티우스 출판사Ignatius Press〉의 설립자이자 이사이다. 이 출판사는 "하나님의 더 큰 영광"[30]을 위하여 설립된 대표적인 미국의 가톨릭 출판사이다. 이 출판사는 교황 요한 바오로 2세와 이제는 베네딕토 16세로 더 잘 알려진 라칭거Ratzinger 추기경의 글을 출판하고 있다. 라칭거는 교황이 되기 이전부터 오늘날 가장 보수적인 가톨릭 신학자로 유명했다. 따라서 페시오가 "교황 베네딕토, 나의 친구"라고 부른 것은 충분히 납득할 만하다. 실제 페시오는 미국에서 베네딕토의 오른팔이다. 페시오의 출판사는 '창조론-지적설계론-유형의 텍스트Creationist-Intelligent Design-type text'[31]를 발행한다. 페시오는 "우리의 목표는 교회의 가르침을 지원하는 것"이라고 선언하고 있지만 그의 말은 그러한 가르침에 대한 가장 편협한 해석을 가리킨다.

페시오는 최근 플로리다 네이플즈에 설립된 아베마리아 대학Ave Maria University의 교무처장으로도 활동하고 있다. 이 대학은 가톨릭 보수파의 거두 토머스 모나건Thomas Monaghan이 기부한 2억 5,000만 달러로 설립되었는데, 모나건의 재산은 미국의 거대기업 도미노피자Domino's Pizzas가 떠받치고 있다. 페시오가 계획하고 있는 다른 사업으로는 그가 지휘하는 〈오레무스연구소Oremus Institute〉의 영향력

---

30) 예수회의 표어. 라틴어로 'ad majorem Dei gloriam' 이다.―역주
31) 이에 대해서는 다음 장에서 신학적으로 이해하는 '과학' 에 대한 논의를 참고하라.

을 바탕으로 예배의 시계를 후퇴시키는 일이다. 페시오의 의도대로 일이 진행된다면 미사는 오직 라틴어로만 진행될 것이며 사제는 신도들로부터 등을 돌리고 '그레고리오 성가'는 교회의 신랑(身廊)에서 울리는 유일한 음악이 될 것이다.

리처드 존 뉴하우스 신부는 한때 루터교 목사였는데 이제는 『시급한 일들First Things』이라는 가톨릭 월간지의 정신적 지주이다. 정기 구독자가 4만 명에 이르는 이 잡지는 종교가 정치에 더욱더 개입할 것을 촉구한다. 그는 조지 부시가 대통령이 되기 훨씬 이전부터 가까운 관계를 유지하고 있었는데, 이제는 주기적으로 백악관을 방문하여 줄기세포연구와 같은 '생명의 문제'에 대해 조언을 아끼지 않는다. 부시는 "리처드 신부는 종교적인 문제에 대한 나의 생각을 전하는 데 큰 도움을 주고 있다"고 평가한다. 40년 전이었다면 가톨릭 사제가 '자기 편' 대통령의 귀에 조언을 할 수 있다는 생각, 혹은 '자기 편' 정부를 상대로 무슨 일을 할 수 있다는 생각만으로도 미국 대통령들이 얼마나 화를 냈을지 생각해보라. 로마 가톨릭이 정치에 영향력을 행사할 가능성의 문제가 1960년 존 F. 케네디가 대통령 후보였을 당시 중요한 정치 문제로 등장했었음을 상기해보라.

뉴하우스는 보수 가톨릭들로 하여금 이전에는 감히 상상할 수도 없던 태도를 취할 수 있도록 상황을 변화시키는 데 지대한 공을 세웠다. 그는 닉슨의 충직한 부하였던 찰스 '척' 콜슨Charles "Chuck" Colson(그는 워터게이트 사건으로 감옥에도 갔다)과 더불어 〈복음주의와 가톨릭이 다함께Evangelicals and Catholics Together〉 혹은 ECT라고 줄여 부르는 운동단체를 창설했다. 대표적인 복음주의자 스무 명과 대표적인 가톨릭 스무 명이 서명한 최초의 ECT 선언문은 1994년 〈시급한 일들〉을 통해 선을 보였고, 신조나 정치적 합의사항에 대한 공동 진술 세 가지가 추가로 부기되었다.

낙태는 그들이 합의한 목록에서 상위에 들어 있다. ECT는 미국인 2/3가 그러한 움직임에 반대하고 있지만 1973년 〈로우 대 웨이드〉 재판의 대법원 판결을 뒤집으려고 하고 있는 것이다. 이 단체는 멜 깁슨Mel Gibson의 영화 〈예수의 수난The Passion of the Christ〉의 보급을 돕기 위해 나서기도 했다(일부 가톨릭교구나 복음주의 모임에서는 신도들에게 관람을 요구했다). 부시의 전략팀장으로 일한 바 있는 칼 로브Karl Rove는 ECT 사람들을 무척 좋아했다. 그들은 미국적 삶의 표준이었던 '중도적 합의'가 아니라 게리 윌즈가 "가장자리에서 통치하기governing from the fringes"라고 한 것에 큰 도움을 줄 수 있었기 때문이다.[32]

한편 바티칸 역시 '가장자리에서 통치하기'를 믿고 있는데, 이러한 초보수적인 바티칸의 지지와 응원에 힘 입어 미국의 신학교는 점점 더 경직되어가고 있으며 교황의 가르침에 전적으로 동의하지 않는 사람은 사제직의 후보조차 될 수 없다. 게리 윌즈가 지적하고 있듯이, "낙태에 대한 교황의 가르침에 동의하는 사람은 30대 이하에서는 채 5%도 되지 않기 때문에 신학교에 들어가려는 후보군의 수가 급격히 줄어들고 있다." 나아가 천주교회는 창의적이고 비판적인 사상가의 관심을 끌 수 없게 될 것이 분명하다.[33] 그러나 교황은 이에 대해 전혀 걱정이 없는 것 같다. 그는 오히려 전체로 볼 때 교회는 조금 작아져야 한다고 생각한다. 그래야 자체에 충실할 수 있다고 보는 것이다.

----

32) 이와 관련된 정보는 다음을 참고할 것. Garry Wills, "Fringe Government," *New York Review of Books*, October 6, 2003

33) Wills, ibid., note 22

충돌하는 문명

　　기독교 근본주의자와 회교 근본주의자는 적어도 한 가지는 공통점이 있다. 자신의 종교는 가장 훌륭한데, 세속의 부정한 세력 혹은—이보다 더 나쁠 경우—다른 종교에 의해 지배당하고 있다고 보는 것이다. 자신의 종교만이 '진리'인 것이다. 기독교와 회교 광신도들은 문화적 및 역사적 이유에서 서로 상이한 방식으로 자신을 표현하였지만 그 결과는 비슷하다. 기독교 근본주의는 대중을 상대로 하는 테러를 잘 하지는 않는다(물론 낙태병원을 공격하거나 봉쇄하고 때로는 의사에게 총질을 가하기도 한다).[34] 그렇지만 그들의 신념의 결과는 회교 광신주의처럼 문명과 사회 그리고 무수한 개인들에게 지극히 파괴적이다.[35] 우파 기독교인들이 점점 더 정치무대를 지배하기 시작하면서 그들은 더 이상 낮은 차원의 협박을 할 필요가 없어졌다. 정치가들이 그들을 대신하여 훨씬 더 규모 있게 일을 해줄 것이기 때문이다.

　　근본주의 기독교도는 회교도에 대해 어떻게 생각하는가? 〈가족에게 초점을〉이 그들의 웹사이트에 올린 익명의 글 하나가 그들의 태도를 잘 요약하고 있다.[36] 이 글은 "교회는 회교도에게 그리스도를 설교하고 종교적 자유를 설득함으로써 그들을 사랑하도록 요청

---

34) 게리 윌즈는 2001년 낙태병원에 가해진 공격이나 봉쇄가 795건이었다고 보도했다. 이는 다음을 참고할 것. "A Country Ruled by Faith," *New York Review of Books*, November 16, 2006

35) 이 주제에 대해 더 자세히 알고 싶은 독자는 1993부터 2004년 사이 연속 출판된 다음 자료를 볼 것. Fundamentalism Project at the University of Chicago

36) "September 11th and the mandate of the Church," October 8, 2003, www.focusonthefamily.org. 다음도 참고할 것. Focus on Social Issues, Political Islam

받고 있다"고 주장한다. 그리스도는 "모든 사회의 악에 대한 해답"
인데, 그 글을 쓴 사람이 볼 때 34개 회교국가에는 종교의 자유가 없
다. "10억 이상의 사람들이 복음을 들을 기회조차 없다. 이것은 인권
에 대한 가장 심각한 침해인데, 오늘날 이러한 사태를 변화시키려는
열정은 찾아볼 수가 없다."

하지만 이 정도는 독실한 기독교 청중을 향해 설교하는 근본주의
목사들의 말에 비하면 점잖은 편이다. 예컨대 게리 프레이저Gary
Frazier라는 목사는 플로리다 데스틴의 〈빌리지 침례교회Village Baptist
Church〉에서 하루 종일 열린 어느 집회에서 다음과 같은 말을 하고
있다. 『토론토 스타Toronto Star』의 톰 하퍼Tom Harpur 기자에 따르면,

그러나 (프레이저가 처음 시작한 공격적인 표현)은 차라리 무해
한 편이었다. 그는 뒤이어 이슬람에 대한 증오를 표현했는데, 일
부를 인용하면 다음과 같다. "회교는 불관용의 종교입니다. 따라
서 우리가 중동에서 어느 편에 서야 할지는 분명합니다." 박수에
이어 다음과 같이 말했다. "알라와 여호와는 같은 신이 아닙니
다. …… 회교는 악마의 종교입니다. …… 그들은 분명히 이스라
엘을 공격할 것입니다. ……" 그는 좌파 반이스라엘 언론 '예컨
대, CNN'은 회교에 대한 진실을 결코 세계에 전하지 않을 것이
라고 덧붙였다. 이들 세 사람(에드 힌드슨Ed Hindson과 팀 라헤이
Tim Lahaye도 연단에 섰다)에 따르면 …… 회교도는 궁극적으로
"그들의 종교를 우리에게 강요하려고 한다. 최후의 무서운 종교
전쟁이 불가피하다."[37]

---

37) 빌 모이어스는 『토론토 스타』의 톰 하퍼Tom Harpur를 인용하고 있다. 날짜 미상

아부 그라이브 감옥에서 미군이 회교도에 가한 고문에 대해 기독교 우파 중 상당수는 너무도 쉽게 그 행위가 정당하다고 생각했다. 결국 그들이 뽑은 대통령이 나서서 어조를 조율할 정도였다. 딕 체니의 오른팔 데이비드 애딩턴을 생각해보라. 애딩턴과 백악관 및 법무부에 있는 그의 사람들은 대통령에게 고문을 정의하고 고문에 정당성을 부여하며 고문한 사람을 면책할 수 있는 권리를 주기 위해 법률가들의 비위를 맞춰줌으로써 난해한 법률용어를 동원하여 목적을 이루었다. 2002년 8월 부시의 법률자문실Office of Legal Council은 쪽지 하나를 애딩턴에게 건네주었는데, 그 쪽지에는 총사령관 자격으로 행동하는 대통령이 명령하여 진행되는 고문에 대해 의회는 막을 힘이 없다는, 지극히 의회를 무시하는 말도 적혀 있었다.[38]

콜롬비아 대학교의 법학교수 마이클 도르프Michael Dorf는 "전시에 대통령에게 주어지는 권력에 대한 2002년 쪽지의 주장은 정말 무시무시하다"고 말했다. 아부 그라이브 고문사건이 들통이 난 몇 개월 뒤인 2004년 12월 법률자문실은 이전 쪽지 내용을 조금 순화시켰지만 취지는 결코 다르지 않은 또 다른 쪽지를 전달하였다. "정말 무시무시한" 대통령의 권한은 "분명하고 확실하게 거부되는 것이 당연하다"고 도르프 교수는 주장한다. 그러나 지금까지 상황은 변화가 없다.[39]

제리 보이킨Jerry Boykin과 같은 종교적으로 근본주의적인 군인들은 반회교주의를 포괄적으로 정당화하는 논리를 대통령에게 제공해

---

38) 당시 법률자문실 실장이던 제이 바이비Jay Bybee는 이 쪽지에 서명을 하였는데, 나중에 연방판사로 임명됨으로써 보상을 받았다. 그러나 감식 결과 쪽지의 표면은 온통 애딩턴의 지문으로 뒤덮여 있다는 사실이 드러났다.

39) Michael C. Dorf, "The Justice Department's Change of Heart on Torture." 이는 2005년 1월 5일 올려진 〈FindLaw〉의 사이트에서 찾을 수 있다.

왔다. 보이킨 장군은 교회에 모인 신도 앞에서 연설하듯 이렇게 말했다. "왜 이분이 백악관에 있겠습니까? 미국인 다수가 이분에게 투표한 것은 아닙니다. 이분이 백악관에 있는 것은 바로 하나님이 지금과 같은 시기를 대비하여 이분을 그곳에 두셨기 때문입니다." 보이킨이 말하는 이 '시기' 란 정확히 어떤 시기를 말하는 것일까? 그에 따르면, 미국은 기독교 국가로서 우상숭배적인 회교도와 전투를 벌이고 있다. 오사마 빈 라덴과 사담 후세인 같은 적들은 "우리가 예수의 이름으로 대항할 때 무찌를 수 있다."

보이킨의 말에 분노와 항의가 이어지자—다행히 미국에는 분노하고 항의하는 비종교적인 사람들이 아직 남아 있다—〈기독교연합〉은 보이킨을 지지하는 청원운동에 돌입했다. 〈가족에게 초점을〉의 제임스 돕슨은 확실하게 보이킨을 지지했다.

모든 보수 기독교인은 장군의 말을 이해할 것이다. 보이킨은 흔히 영혼의 전쟁이라 부르는 것을 두고 말한 것이다. 그의 말은 복음주의 주류의 신념과 일치한다.……[40]

추잡하고 비열한 육체적 고문 외에 회교의 믿음에 대한 의도적인 신성모독도 자주 행해졌다. 아프가니스탄과 이라크 내에서 구금되었던 자들을 위해 소송을 제기한 단체인 〈인권 제일Human Rights First〉이 밝힌 자료에 따르면 어떤 미국인 직원은 코란을 모독하고 땅바닥이나 화장실에 버리기도 했으며, 밟기도 하고, 개가 물도록 하기도 했다. 또한 강제로 돼지고기와 술을 먹이기까지 했다.

---

40) 다음 사이트에서 인용. Christian Kos Community "Street Prophets:" "Abu Ghraib is the Hell House of the Christian Right," November 25, 2005

사무엘 헌팅턴이 처음 제기해서 주목받은 '문명의 충돌' 개념에 미군과 가까운 학자들이 큰 관심을 가진 것은 이해가 간다. 학자이자 장교인 어떤 이에 따르면, 근본주의 회교도는 "상호공존이나 정치적 타협이라는 개념을 모른다. '성스러운 테러'를 주창한 자의 입장에서 볼 때, 이슬람은 지배하거나 지배받거나 둘 중 하나이다."[41]

다른 군관계자—이번에는 영국군—의 이야기를 들어보면,

근본주의 회교도에게 세계는 둘로 나누어져 있다. 회교가 신실하게 시행되는 지역인 〈다르 알 이슬람dar al Islam〉(회교도의 집)과 비회교도 지역인 〈다르 알 바르브dar al barb〉(전쟁의 집). 일부 근본주의자들은 신실한 회교도가 삼아야 할 목표는 창조된 세계 전체가 알라의 눈 안에 들어올 때까지 〈다르 알 이슬람〉의 경계를 넓혀나가는 것이라고 생각한다. (그중 누군가는) 이렇게 말했다. "우리의 행진은 이제 막 시작되었다. 이슬람은 유럽과 미국을 끝내 정복하리라. …… 왜냐하면 이슬람이 유일한 구원(의 길)이기 때문이다. …… 전 세계에 구원을 가져다주는 것이 우리의 임무이다."[42]

---

41) Mattew J. Morgan, "The Origins of the New Terrorism," *Parameters* (the United States Military College quarterly). Spring 2004. 모건Morgan은 다음을 인용하고 있다. Amir Taheri, *Holy Terror: The Inside Story of Islamic Terrorism*, London, Hutchinson, 1987, p.192. 모건은 미군정보부대의 지휘관이다. 아프가니스탄으로 파견되어 통합군정보장교로서 '항구적 자유 작전Operation Enduring Freedom'에 참가했다.

42) David Kibble, "The Attacks of 9/11: Evidence of a Clash of Religions?" *Parameters* (the United States Military College quarterly journal) Carlyle, PA, Autumn 2002. 키블Kibble은, 영국해군예비군 소령이며 신학학위를 가지고 있다. 거듭난 기독교도는 공군사관학교까지 장악하려고 시도하고 있다. 그들은 자신들과 종교적 관점이 다른 사관생도는 배제하려고 하기도 한다.

문제는 이런 묘사가 회교도의 실제 모습이냐 아니냐가 아니라,—사실일 수도 있고 아닐 수도 있다—미국의 군이 회원들끼리 서로 비평하는 학술지 『파라미터*Parameters*』를 통해 이런 관점을 전파하고 있으며 복음주의 기독교도 역시 이와 동일한 관점을 폭넓게 공유하고 있다는 점이다.

수백만 미국 복음주의자들은 어떤 이맘imam(회교의 성직자)에 대해서도 자신의 교리를 지킬 수 있는 목사를 따른다. 호전적인 근본주의 회교도 역시 자신들의 믿음을 똑같은 힘으로 지키려고 할 텐데 이 두 개의 문화 진영이 어찌 서로 적이 되지 않을 수 있겠는가. 게다가 이들이 모두 정치와 정치가들을 통제하고 있는 마당에 말이다. 각 진영은 자신들의 임무를 인류에 대한 궁극적인 구원이라고 생각한다. 이런 취지에 개입하는 것이 성스러운 계획의 일부라는 생각도 한다. 이들은 실패를 용납할 수도 없고 자신이 모시는 신이 적의 신에게 희생되는 것도 용납할 수 없다. 이는 18세기 목사 아이작 배커스가 말하는 '폐해'가 가져올 사태의 이상적인 각본이다. 장 첫머리에서도 배커스를 잠깐 인용한 바 있지만, 종교와 정치가 결합할 때 나타나는 두려운 현상을 가리키는 폐해라는 말의 의미는 그 당시보다도 지금 더 절실하게 느껴진다.

희한하다, 희한해[43)]

여기서 나는 정말 기이한 현실에 대해 이야기하려 한다. 설령 내가 마음대로 상상했다 해도 이런 일을 상상할 수는 없었을 것이다.

---

43) "Curiouser and curiouser." '(이상한 나라의) 앨리스'는 이렇게 외친다. 앨리스는 너무 놀라 비문법적인 표현을 사용한다.

자, 이제 독자들은 안전벨트를 꽉 조여매시기 바란다. 〈예수캠프
Jesus Camp〉를 출발하여 〈지옥의 집Hell House〉을 거쳐 〈아마겟돈
Armageddon〉—선과 악 사이에 벌어지는 〈종말End Times〉의 최후의
전투—까지 〈휴거예비Rapture Ready〉 성도들과 함께 여행할 테니.

어린이들은 눈물을 흘리고 몸부림치며 바닥을 구른다. 변장을 한
아이들은 무대에서 신의 군사로서 훈련받고 전투하는 시늉을 하면
서 대법원에 '정의로운 판사'를 내려주도록 신에게 기도한다. 목사
는 낙태주의자들의 손에 죽은 태아의 섬뜩한 이야기를 들려주어 아
이들을 묘한 흥분상태에 도달하게 하고, 아이들은 낙태를 법으로 금
하는 세대가 될 것을 약속한다. 아이들은 판지에 인쇄된 부시 대통
령의 형상에 손을 올리고 통성기도를 한다. 아이들은 지금 노스다코
타North Dakota 주 '악마의 호수Devil's Lake'라는 어울리지 않는 이름
의 마을에서 열리는 여름캠프 〈불타는 아이들Kids on Fire〉에 모여 있
다. 캠프책임자 베키 피셔Becky Fischer 목사는 '우리의 적, 회교도'는
아이가 다섯 살이 되면 캠프에 보내 기독교도를 증오하고 사제 폭탄
을 만드는 방법을 가르친다고 설명한다. 이 모든 걸 보여주는 영화
〈예수캠프Jesus Camp〉는 허구가 아니라 87분짜리 다큐멘터리이다.
다큐멘터리를 만든 두 젊은이 하이디 어윙Heidi Ewing과 레이첼 그레
이디Rachel Grady는 이 작품으로 상을 받았다.

피셔 목사는 자신이 아이들(아이들은 부모나 다른 어른의 손에
이끌려 여기에 왔다)에게 특정한 생각을 심어주려고 한다는 사실을
인정하는 데 거리낌이 없으면서도 자신이 옳은 일 즉, '하나님의
일'을 한다는 확신에 차 있다. 어떤 어머니는 이렇게 말한다. "하나
님은 우리에게 아이를 빌려주셨다. 하나님은 우리가 아이를 어떻게
기르는지 보시고 우리를 심판하실 것이다." 공평하게 아이들도 인

터뷰를 했는데, 일부 어린이는 '어린이 목사'가 되기 위해 훈련을
받고 있었다. '어린이 목사'는 미국에서 점점 유행하고 있는 현상인
데, 9~10세의 나이치고는 침착하고 자신에 차 있다. 아이들은 자신
이 천국에 이르는 하나님의 선택된 길 위에 서 있다고 확신하고 있
었다. 다큐멘터리를 찍은 사람들은 인터뷰 대상자에 대해 공정한 태
도를 취하고 있다. 그러나 외부 관찰자가 볼 때, 아이들에게 공포를
조장하고 광적인 행동을 하도록 자극하는 것은 오랜 심리적 상처를
남길 거라는 사실을 쉽게 느낄 수 있다.

〈지옥의 집〉은 복음주의적 시각을 보여주는 또 다른 경우이다.
〈지옥의 집〉은 1970년대 말에 첫 선을 보였지만 대중적인 인기는
1990년대에 들어서서 생겨나기 시작했다. 이제 그 수는 수백 개에
이른다. 이런 시설물을 운영하면 돈도 상당히 많이 벌리는 것으로
알려져 있다. 사람들은 지옥의 문으로 안내되어 공포에 질리는 일에
기꺼이 돈을 내기 때문이다. 상당수 고객은 이런 일을 할로윈데이에
즐기는 놀이 정도로 생각하는 듯하지만, 사실은 〈지옥의 집〉이 사람
들을 '신속히' 구원하는 일종의 개종시설이라는 점을 잘 모르고 있
다. 이 시설물은 일종의 귀신들린 집―적당한 장치와 음향효과만 갖
춘다면 어떤 종류라도 상관없다―으로 꾸며진다. 방문객-손님은 공
포와 혐오감을 일으키도록 고안된 무서운 장면을 연속으로 통과해
야 한다.

전형적인 장면에는 악마적인 무신론자들이 하나님께 믿음을 맹
세하는 여성을 살해한다거나 악마숭배의 제의에서 여성이 희생당하
는 장면 따위가 있다. 비명소리와 유혈이 낭자한 마루에서 벌어지는
때늦은 낙태 장면, 게이와 레즈비언이 지옥에서 영원히 고통받는 장
면, 혼전관계의 결과 일어나는 십대들의 자살, 악마가 학생들을 꼬

드겨 친구를 살해하는 장면 등등이 이에 해당한다.

그러나 마지막 장면은 완전히 다른데, 거기서는 너무나 찬란한 천국을 묘사한다. 여기서 손님들은 회개하고 구원받고 주이자 구원자인 예수를 믿도록 권유받는다. 이 시설은 상당히 효과가 있는 것 같다. 〈지옥의 집〉 설비를 구하려면 콜로라도 아르바다Arvada에 있는 〈풍성한 삶 교회Abundant Life Church〉를 방문하면 된다. 거기서는 공포연극에 어울리는 배역에는 어떤 것이 있는지, 연극용 소품 혈액은 어디서 구할 수 있는지 등에 대한 안내책자도 제공한다. 이곳 목사의 말에 따르면, "우리가 인기를 얻자고 이런 일을 하는 것은 아니다. 우리가 말하고자 하는 것은, '보라! 죄가 우리나라를 해치고 있다. 예수 그리스도가 네가 겪는 일의 유일한 해답이다' 라는 것이다." 그 목사에 따르면 7달러를 지불하고 시설을 찾아온 손님 가운데 35%가 개종을 한다고 한다. 또 현재 17개국에서 500개 교회가 〈지옥의 집〉 설비를 구비했다고 한다.[44]

그래도 가장 기괴하고 가장 대중적인 현상은 뭐니 뭐니 해도 〈휴거携擧〉(Rapture)와 관련된 현상이다. 여기에는 약간의 사정이 있다. 우파지도자들의 클럽자료에 따르면 〈국정자문위원회〉의 초대 의장은 팀 라헤이였다. 라헤이라는 이름은 잡지 『롤링스톤Rolling Stone』이 "지난 25년간 미국 복음주의자 중 가장 영향력 있는 인물"[45]이라고 평하기도 했지만 복음주의자가 아니라면 아마 낯설지도 모른다. 라헤이는 1995년 이후 10여 권 이상 출판된 연작시리즈 『남겨진 사람

---

44) 〈지옥의 집〉에 대한 자세한 정보는 다음을 참고할 것. Ontario Consultants on Religious Tolerance 또는 http://beliefnet.com

45) Les Eskridge of the Institute for the Study of American Evangelicals, *Rolling Stone*, January 28, 2004

들*Left Behind*』의 공동저자(제리 B. 젠킨스와 함께)이다. 이 시리즈는 엄청난 인기를 끌었다. 만약 독자 여러분이 다른 사람들과 마찬가지로 이 책에 대해 들어본 바가 없다면, 여러분은 비종교계에서 『해리포터』가 일으킨 현상에 버금가는 현상이 종교계에서 일어난 사실을 모르고 있었던 셈이다. 총 7,000만 부가 팔린 『남겨진 사람들』 시리즈는 지금도 계속 팔리고 있어서 이미 인터넷 서점 아마존에서도 명예의 전당에 올라 있다. 이 책의 밑바탕에 깔려 있는 '이상한 신학'에 대해서는 조금 뒤에 살피기로 하고 우선, 라헤이의 정치적 정체성에 대해 알아보기로 하자. 물론 이 분야에서도 그의 영향력은 대단하다. 라헤이의 책은 (『남겨진 사람들』 시리즈를 제외하더라도) 이미 1억 2,000만 부나 팔렸다. 종교문학에서 라헤이에 맞설 수 있는 경주마는 성서뿐이다.

이제 여든 살인 라헤이는 동성애와 낙태에 반대하는 정치활동에 있어 지난 수십 년간 굉장히 효과적인 운동원 역할을 해왔다. 라헤이가 주로 활동한 〈미국전통가치연합American Coalition for Traditional Values〉은 자신이 설립한 단체인데, 이제 11만 개 교회를 연결시켜주는 망으로서 기독교계 후보가 선거에 당선되도록 하는 데 전력을 기울이고 있다. 라헤이의 아내 버벌리Beverly는 〈미국을 걱정하는 여성들〉이라는 단체의 의장인데, 이 단체는 미국 1,200개 지역 교회에 소속된 여성회원 50만 명으로 구성된 거대단체이다. 이 단체는 게이와 낙태에 반대하고 가정을 지지하는 법안을 상정하기 위해 노력한다.

그러나 라헤이가 염두에 두는 의제는 이런 차원을 넘어선다. 그가 최종적으로 꿈꾸는 것은 미국수정헌법 제1조[46]를 폐지하는 것이기 때문이다. 라헤이에 따르면, 미국은 공식종교에 의해 지배받는 신정국가가 되어야 한다. 정부는 종교학교를 공식적으로 지원·운영해야 하며 헌법이 아니라 성서가 미국의 최상위법이 되어야 하고, 하나님으로부터 직위를 위임받은 순수 기독교인들이 비종교적인 기관들을 점령해야 한다는 것이다.

앞에서 우리는 '지배주의자'라는 용어에 대해 살펴보았다. 따라서 팀 라헤이의 입장을 이해할 때 이 용어를 떠올리는 독자도 많을 것이다. 정확히 말해 라헤이는 '전(前)천년주의 지배주의자pre-millennialist dominionist'이며 '세대주의자dispensationalist'이기도 하다. 이런 용어가 혼란스러운 독자도 있겠지만 이제부터 설명하려는 것만큼 혼란스럽지는 않을 것이다. 세대주의에 대해 간단히 설명하도록 하겠다. 이들에 따르면, 세계는 신의 일련의 '세대dispensations' 혹은 언약Covenants의 지배를 받으며 살아왔다. 역사의 시기에 따라 다르게 실천되어온 신의 언약은 신이 인간을 대하는 방식으로서, 그것들은 불연속적인 것이 아니다. 세대주의 신학자들은 보통 역사의 단계를 족장기Patriarchal, 모세기Mosaic, 그리스도기Christian로 나눈다. 어떤 신학자는 무죄시대innocence, 통치시대government, 율법시대law, 은혜시대grace, 왕국시대kingdom로 나누기도 한다. 어떤 기준으로 나누든 핵심은, 신은 진리를 한 번에 모두 보여주지는 않는다는 사실이다.

이러한 교리는 19세기 초 영국의 복음주의 신학자 존 넬슨 다비John Nelson Darby에 의해 미국에 처음으로 소개되었다. 다비는 〈아일

---

46) 수정헌법 제1조(1791)는 '종교, 언론 및 출판의 자유와 집회 및 청원의 권리'를 규정한 법으로서, "연방의회는 국교를 정하거나 자유로운 신앙행위를 금지하는 법률을 제정할 수 없다. 또한 언론, 출판의 자유나 국민이 자유로이 집회할 수 있는 권리 및 불만 사항의 구제를 위하여 정부에게 청원할 수 있는 권리를 제한하는 법률을 제정할 수 없다"고 규정한다.

랜드교회〉가 임명한 사제였지만 사제직을 포기하고 〈플리머스 형제
단Plymouth Brethren〉 운동을 개시하였다. 형제단은 성직 제도를 불신
하며 성서의 예언에 주목한다. 특히 예수의 재림과 재림 이전에 일
어날 것으로 여겨지는 사건들에 집중한다.

이러한 믿음은 미국의 남북전쟁 직후 사람들의 이목을 크게 끌었
는데, 이는 드와이트 무디Dwight Moody라는 복음주의자의 공이 크
다. 무디가 내놓은 『개역성경』은 큰 성공을 거두었다. 그러나 이 책
이 『스코필트 관주 성경Scofield Reference Bible』만큼 유명하지는 않다.
사이러스 스코필드Cyrus Scofield는 전직 변호사이자 주정뱅이이며
이혼남이었지만 기독교로 개종한 뒤 무디의 어느 교회를 책임지게
되었다. 평생을 성서연구에 바쳤는데, 그 결과물인 『스코필트 관주
성경』은 마침내 1909년 옥스퍼드대학출판사에서 출판이 되었고,
200만 부가 판매되었다.

스코필드 성경은 보통 성서와 달리 문장마다 스코필드의 주석을
계속해서 달고 있을 뿐만 아니라 다양한 예언시를 상호교차 방식으
로 연결 짓는 글쓰기를 시도하고 있다. 어셔 주교의 신학을 미국 근
본주의자들이 처음으로 접한 계기도 스코필드의 주석을 통해서였
다. 어셔는 세계창조가 기원전 4004년에 일어났다고 그 시간을 정확
히 계산해낸 인물이다. 한참 동안 이목을 끌지 못한 어셔의 이론은
미국의 1970년대 제리 폴웰과 같은 TV 복음전도사들에 의해 강력한
교리로 다시 등장하게 된다. 대중들에게 이 교리가 더 잘 알려지게
된 것은 라헤이의 소설이 기여한 바가 크다.

라헤이는 세대의 최후단계를 '종말'이라고 부른다. 인간의 역사
와 사회가 돌이킬 수 없을 만큼 타락하고 그에 따른 불가피한 결론
에 이르게 되는 시대라는 것이다. 먼저 휴거가 오는데, 이때 예수는

그의 교회의 구성원들을 맞이하러 오며 이들은 마치 '밤에 도적같이' 세상을 떠나 영원히 살아가게 된다고 한다. 수많은 사람이 한꺼번에 사라지는 현상 다음에는 세상에 남겨진 사람들이 겪게 될 7년간의 무서운 고통의 환란Tribulation이 뒤따른다. 최종적으로 '공식적인' 재림이 일어나게 될 것이고 예수는 세상을 천년 동안 지배하게 된다는 것이다. 이것이 그의 신학이다.[47]

그러나 이러한 일들이 벌어지기 위해서는 정치적으로 몇 가지 선행 조건이 있다. 우선 이스라엘이 '성서의 땅' 즉, 거의 중동 지역 전체에 해당하는 땅을 차지하게 된다. 그런 다음,

바위사원Dome of the Rock과 알-아크사 사원Al-Aqsa mosques이 위치해 있는 자리에 제3의 사원Third Temple이 건설된다. 그 다음 적그리스도Antichrist의 군단이 이스라엘을 상대로 배치되며 그들은 최후의 격전을 아마겟돈 계곡에서 벌이게 된다. 유대인들은 불에 타 죽거나 기독교로 개종하게 될 것이며, 이때 메시아가 지상에 재림한다.[48]

이제 다시 휴거로 돌아가 보자. 성 바울은 "그리스도 안에서 죽은 자들이 먼저 일어나고 그 후에 우리 살아남은 자도 저희와 함께 구름 속으로 끌어올려 공중에서 주를 영접하게 하시리니"라고 말했다. 라헤이의 소설에 따르면 휴거는 여주인공으로 등장하는 스튜어디스의 시야에도 나타난다. 그녀는 객실로 돌아온 뒤 많은 승객들이 옷가지를 얌전히 좌석에 남겨둔 채 그대로 사라진 것을 알게 된다.

---

47) 데살로니가전서 특히, 4장 마지막에 기초한 이론이다.
48) George Monbiot, "Apocalypse Please," *Guardian*, April 20, 2004

비행 도중에 사라진 이 선한 기독교인들은 이미 구름 속에서 천국으로 '들어 올려지거나' 혹은 '휴거된' 상태에 있는 것이다.

소설가이자 비평가인 조안 디디언Joan Didion은 『뉴욕서평』에 게재한 라헤이의 연작소설에 대한 서평에서 휴거 이후에 이어지는 사건을 다음처럼 요약한다.

『남겨진 사람들』 연작소설에 나오는 신실한 자들은 모두 사라진다. …… 소설 속에 등장하는 사람들은 극도로 혼란에 빠진다. 시카고 오헤어공항은 공항에 접근하던 중 기장이 사라짐에 따라 추락한 비행기들의 잔해가 여기저기 널브러져 있다. 고속도로는 운전자들이 사라지면서 일으킨 자동차 사고로 엉망이다. CNN은 분만 중이던 산모에게서 태아가 사라진 사건이나 반지를 끼우는 순간 사라진 신부의 모습을 연속 방영하고 있다. 시신보관소나 장례식장에서는 시신이 사라졌다는 신고가 빗발친다.[49]

휴거 때문에 일어나는 큰 사건은 "널브러지고 토막 난 시체를 피해" 조심스레 운전하는 일만이 아니다. 기독교도가 아닌 사람은 신으로부터 천벌을 받는다. 예수의 말은 농담이 아니었던 것이다. 소설에서 예수가

한쪽 손을 들자 땅이 쩍하고 입을 크게 벌렸고 사람들은 그 넓고 크게 벌어진 틈새로 빨려 들어갔다. 사람들은 속으로 빨려 들 때 비명을 지르며 닥치는 대로 움켜쥐어보지만 그들의 울음소리는

---

49) Joan Didion, "Mr Bush and the Divine," *New York Review of Books*, October 9, 2003

곧 잠잠해졌다. 땅이 닫히자 세상은 다시 고요해졌다.

만약 당신이 휴거된다면 천국의 첫줄에 앉아 다른 사람들이 환난
의 고통을 당하는 것을 내려다보게 될 것이다. 역병과 살육과 황량
함이 몰아치는 무시무시한 광경은 보기에 적당할 것이다. ‘남겨진
사람’은 구원받은 사람과 달리 ‘눈 깜짝할 새에’ (휴거의 로고는 눈
이다) 천국으로 이송되는 일이 없다. 이 죄인들은 고통스럽고 비참
한 죽음을 맞이할 것이다. 그러나 미리 사태를 내다본 자― ‘휴거에
대비한’ 자―는 하나님의 오른편에 놓인 좌대에 앉아 이 모든 것을
지켜보게 된다.

연작소설 후반부에는 환난과 적그리스도에 대한 저항을 상세하
게 묘사하는 대목이 나온다. 라헤이의 표현에 따르면 적그리스도는
‘세상에서 가장 섹시한 남자’[50]로 등장하는 정치지도자이다. 그는
유엔과 무장해제를 지지하는 것이 얼마나 위험한 일인지를 증명한
다. 그리스도의 완전 재림을 기다리는 동안 세상에는 혼란과 소동
이 일어난다. 하지만 이것은 이미 예정된 일이고 주의 재림을 앞당
기는 일이기에 좋은 일이다. 라헤이의 연작 중 제13권은 2007년 3월
에 선을 보였다. 제목이 『왕국의 도래: 최후의 승리Kingdom Come:
The Final Victory』이기 때문에 마지막이 될 것으로 보인다. 라헤이가
2006년 이미 여든 살이 되었으므로 소설에 종지부를 찍기를 원했을
지도 모른다.

휴거의 이론이 안고 있는 문제는 그것이 일정한 조건을 성취하지
못하면 일어날 수 없다는 데에 있다. 그것은 이스라엘이나 유대인의

---

50) 조지 클루니(George Clooney), 당신은 비통해해야 할 것이다. 클루니는 세상에서
　　가장 섹시한 남자로 두 번이나 선정되었다.

개종 문제로 끝나는 것이 아니다. 종말의 표시는 여러 가지이며 이 것들은 지금 바로 우리 주변에서 나타나고 있다. 여러분은 신호를 읽는 법을 배우는 데 관심이 있다. 휴거는 임박했다. 다음 40년 안에 틀림없이 일어난다. 여러분과 여러분의 친구가 사라지느냐 아니면 끔찍한 고통을 받느냐 어느 쪽인가에 대해서는 구글에서 휴거지수 를 통해 알 수 있을 것이다. 휴거지수는 일종의 신학적 다우존스로 서 휴거를 앞당기거나 늦추는 수십 가지 요소를 평균한 값이다. 2008년 1월 기준으로 휴거지수는 이미 163을 가리키고 있다. 어느 항목이라도 145를 넘기면 예수의 신속한 재림을 알리는 확실한 표 시가 된다.

이런 표시 가운데 중동사태는 신의 계획을 완성하는 데 필수 요 소이다. 세대주의자들에 따르면 신의 계획은 성서의 어디를 넘기더 라도 나와 있다고 한다. 라헤이는 이것을 소설에서 극화한 것에 지 나지 않으며 그런 내용은 기독교 계통의 라디오와 TV 방송국에서 쉼 없이 대중에게 전파되고 있다. 조안 디디언은 어떤 종교방송국 진행자가 조지 부시에 대해 말한 내용의 일부를 발췌하고 있다.

(조지 부시는) 하나님의 의제를 수행하고 있는 것으로 보인다. …… 성서는 하나님이 지도자를 임명하신다고 적고 있다. 만약 어떤 누군가가 진정으로 하나님을 이해하는 사람이라면, 하나님 은 그를 지도자로 임명하실 것이다. …… 하나님은 (미국의) 어느 때, 어느 순간에라도 당신의 교훈에 귀 기울일 특정한 사람을 준 비해두셨다.

믿음에 따른 외교 정책

　부시는 분명 중동을 재편하기 위해 노력하고 있다. 그러나 그의 목적이 중동사태를 더욱 악화시키는 데 있는 것이 아니라면, 결코 성공할 수 없는 일이다. 그가 2006년 중간선거에서 패배한 이유도 바로 여기에 있다. 종교적 근본주의자들은 기독교를 위한 중동정복을 부시의 임무로 보았지만 이라크전쟁을 보고 크게 실망하지 않을 수 없었다. 부시는 '일관된 세계경영 의제'에 따라 선택되었을지 모르지만, 조안 디디언이 말한 대로 백악관은 "기독교 근본주의 목사들의 이념과 부시 행정부의 이념이 일치한다는 환상"에 대해서도 대응하지 않으면 안 되었을 것이다.

　유대인과 이스라엘은 우파 이데올로기에서 특별한 의미—비록 애매한 구석이 있는 것도 사실이지만—를 가지고 있다. 부시의 전직 백악관 전략 참모인 칼 로브는 이러한 부분을 적극 활용하여 민주당을 주로 지지해온 유대인의 표심을 부시 진영으로 끌어들이는 데 성공했다. 부시가 얻은 유대계 표가 2000년에는 17%였지만 2004년에는 40%까지 끌어올릴 수 있었다. 로브가 NBC TV에서 말한 대로, "미국 정치에서 영원한 다수는 없다." 로브의 말은 분명 옳다. 2006년에는 유대계가 다시 민주당으로 기울었기 때문이다.

　로브는 소위 기독교 시오니즘Christian Zionism이라 부르는 미국적 현상을 활용하였다. 기독교 시오니즘은 신의 계획을 실현시키기 위해서 유대인이 팔레스타인 전 지역을 장악해야 한다는 믿음인데, 팔레스타인 지역을 기독교 시온주의자들은 유태Judea와 사마리아Samaria로 부른다. 이스라엘 국가는 아브라함과 맺은 신의 언약(족장 세대)을 실현하는 일이다. 이런 이유로 기독교 시온주의자들은 팔레스타인에 어떠한 영토도 양도하기를 반대한다. 평화를 위해 팔레스타인 지역을 내주는 일은 이들의 종교적 의사일정을 후퇴시키는 것으로 파악한다.

이제 바로 이들 때문에 '유태'와 '사마리아' 및 이전의 팔레스타인 땅이었던 지역에 정착한 145개 이스라엘 장착지의 1/3 이상이 〈이스라엘공동체기독교교우회Christian Friends of Israeli Communities〉(CFOIC)로부터 직접 자금을 지원받게 되었다. 왜 그런가? 이유는 하나님이 4,000년 전에 이 땅을 이스라엘 민족에게 주셨기 때문이란다.[51] CFOIC는 1995년 오슬로협정Oslo process에 대응하여 설립되었다. 이들 회원은 이스라엘이 영토를 양도할 때마다 굉장히 고통스러워한다. 이 단체는 그들의 의지를 확인시켜주기 위해, 미국이나 러시아 혹은 다른 국가의 유대인들이 이스라엘로 이주할 때에도 자금을 지원한다.

친이스라엘 목사 제리 폴웰은 복음주의자를 향해 "우리는 7천만이 있다"고 주장한다. "만약 정부가 반이스라엘 경향을 조금이라도 보이면" 다른 종교지도자들과 더불어 수백만 복음주의자들이 항의할 수 있다는 사실을 숨기지 않는다. 이는 그리스도의 재림이 예루살렘(물론, 알-아크사 사원이 없는 예루살렘)에서 일어날 것이기 때문에 아주 논리적이라는 것이다.

CFOIC는 이러한 활동에 자금을 지원하는 근본주의 단체 중 하나에 지나지 않는다. 텍사스 주 샌 안토니오 시의 18,000 신도를 맡고 있는 존 해기John Hagee 목사의 대형교단과 9,900만 가정에 방송하는 8개 TV 네트워크 역시 "이스라엘을 더 강하게 만들기 위해" 이스라

---

51) CFOIC의 사이트를 볼 것

엘로 이민 가는 것을 도와주는 프로그램을 지원한다. 해기 목사의 〈출애굽기 II〉 프로그램에 300달러씩 기부하면 이스라엘로 이민 가는 사람 한 사람을 돕게 된다. 반면 그가 설립한 〈친이스라엘기독인연합Christians United for Israel〉은 3,500여 명을 워싱턴으로 초대하여 매번 식사와 우정의 저녁을 보내는 대형 만찬을 열고 그 다음날에는 의회에 공세적인 로비를 펼친다. 많은 의회 대표자들이 이 만찬에 참석한다. 왜 이들은 어떤 지역보다도 이스라엘에 이렇게 큰 관심을 보일까? 해기의 설명에 따르면 그것은 "그 외의 지역은 모두 인간이 만들었지만 이스라엘은 하나님이 창조하셨기 때문이다."[52]

다음에 설명하는 내용은 출처를 명확하게 밝히지 못하였다. 〈역류Countercurrents〉라는 웹사이트에서 찾은 것인데, 사이트의 신뢰성에 대해 자신할 수는 없고 또 내용도 무시무시하지만 이 자리에서 인용할 가치는 충분하다고 본다. "존 해기와 같은 인물을 …… 스트레인지러브 목사Pastor Strangelove[53]라고 부르는 사람도 있다. 그는 미국이 이란을 핵무기로 공격하면 중동에서 아마겟돈 전쟁이 벌어질 거라고 믿는다. 해기와 그 동료들은 바로 이 이유 때문에 부시 행정부를 문자 그대로 밀어붙이고 있다."[54]

이 때문에 이들은 이란을 폭격하고 싶어 하는 네오콘의 동지들이다. 그러나 꼭 알아야 할 사실은 휴거론자들이 이스라엘에 주목하는

---

52) www.jhm.org.를 참조할 것

53) 필자는 호전적인 해기 목사의 이름을 스탠리 큐브릭Stanley Kubrick의 1964년 영화 〈닥터 스트레인지러브Dr. Strangelove or: How I Learned to Stop Worrying and Love the Bomb〉에 나오는 '스트레인지러브 박사'에 비유하고 있다. 이 영화는 핵무기의 위험과 공포를 다룬 블랙 코미디다.-역주

54) 2006년 11월 6일 게재된 〈Countercurrents.org〉의 내용을 참고할 것. 그 다음날 치러진 중간선거 결과는 부시가 지원했을 가능성이 큰 이런 계획에 찬물을 끼얹은 셈이 되었을 것이다.

이유가 이스라엘이 예수 그리스도의 재림을 재촉하는 역할을 한다고 믿기 때문이라는 점이다. 미국 유대인의 지도자이자 〈반비방연맹Anti-Defamation League〉의 총재 에이브러험 폭스먼Abraham Foxman은 이러한 사실을 잘 알고 있다. 폭스먼은 2005년 말 "만약 이스라엘이 휴거준비주의 복음주의자들에게 더 이상 쓸모가 없게 된다면 이스라엘은 아마도 지상에 존재하지 않게 될지도 모른다"라고 말했다. 사실 휴거신학자들은 이스라엘을 신의 착륙장으로 간주하는 것 같다. 폭스먼은 다양한 복음주의 단체, 예컨대 노골적으로 '미국을 기독교화' 하려는 〈가족에게 초점을〉과 같은 단체를 거론하고 있다. 그러나 다른 유대계 지도자들은 폭스먼을 비난한다. 폭스먼의 발언은 유대인의 동지인 기독교인과의 연대를 끊으려는 행동에 다름 아니라는 것이다.[55]

랍비 예키엘 엑스타인Yechiel Eckstein은 기독교 근본주의자들과 이스라엘 유대인의 협력관계를 지도하는 대표적 인물이다. 엑스타인은 폭스먼의 〈반비방연맹〉을 탈퇴하고 난 뒤 〈국제기독유대친선협회International Fellowship of Christians and Jews〉를 창설하였다. 소련 내 유대인을 이스라엘로 이주시키는 비용을 마련하기 위해 마련한 TV 광고에서 그는 이사야 49장 22절에 나오는 "내가 손을 들어 (비유대인들을) 부르겠노라"라는 구절을 인용하였다. 미국의 비유대인들은 메시지에 반응하였다. 그들은 엄청난 돈을 들고 찾아왔고 랍비 엑스타인과 그의 조직은 발걸음을 뗄 수 있었다.

이제 엑스타인은 자신이 특별히 선별한 이스라엘의 여러 자선단체에 연간 수백만 달러를 기부하고 있다. 이스라엘에서 엑스타인의

---

55) James D. Besser, "ADL Breaks with Pack on Church-State," *The Jewish week*, November 11, 2005

〈국제친선협회〉는 두 번째로 큰 자선단체가 되었으며 이스라엘 정부의 비공식 조언자 역할도 맡고 있다. 폭스먼은 이러한 활동을 "기독교도에게 영합하기"라고 비난하지만 여기에 관계하는 유대인이나 기독교도 어느 누구도 그의 말에 귀를 기울일 것 같지는 않다.[56]

그러나 이들 가운데 유대인은 특별히 귀를 기울일지 모른다. 기독교 복음주의 전천년파 세대주의자들은 적그리스도와 아마겟돈의 전쟁에서 살아남는 자는 144,400명[57]에 지나지 않는다는 사실을 "잘 알고 있다." 나머지는 모두 지옥으로 떨어질 것이다. 즉, 복음주의자들이 볼 때 미국의 750만 유대인들은 오직 영원한 고통의 운명을 맞을 수밖에 없다는 말이다. 근본주의자들이 이들의 운명에 많은 눈물을 흘릴 것 같지는 않다.

그런데 왜 우리—특히 미국 바깥에 있는 사람들—가 이런 수백만 미국인들의 믿음 같지 않은 믿음에 촉각을 곤두세워야만 하는가? 그것은 신정정치와 민주정치가 양립불가능하다는 이유 말고도 다른 두 가지 이유 때문이다. 첫째, 어느 당이 정권을 잡든 이스라엘과 중동 및 다른 외교적 문제에 대한 미국의 정책에 이 신학은 계속해서 영향력을 행사할 것이라는 이유이다. 둘째, 이 신학은 미국의 생태정책 혹은 생태정책의 부족에 대해 직접적이고 해로운 영향을 주고 있다는 이유이다.

환경에 대한 기독교 우파의 태도, 그 가운데 특히 우리가 지금까지 계속해서 논의하고 있는 분파의 태도는 극도로 위험하다. 〈퍼블

---

56) Zev Chafets, "The Rabbi who loved Evangelicals (and vice-versa)," *New York Times*, 24 July 2005

57) 나는 어딘가에서 155,000이라는 숫자를 본 적이 있다. 그러나 이스라엘의 12부족당 12,000명이라는 예언을 통해 볼 때 144,000명이 더 맞는 것 같다. 어느 쪽이든 그 숫자는 많지 않다.

릭방송Public Broadcasting System〉의 유명 제작자이자 언론인인 빌 모이어스는 『최후의 심판일에 오신 것을 환영합니다 *Welcome to Doomsday*』라는 제목에 잘 어울리는 으스스한 장문의 글을 썼다.[58]

이러한 우파신학은 제정신이 아닌 신학이며 파괴적인 신학이다. 환경문제뿐만 아니라 외교 정책에 있어서도 그 영향은 마찬가지이다. 수백만 신자들은 환경재앙이 그리스도의 재림을 전조하기 때문에 복음이라고 믿고 있다. 이들을 대변하는 수많은 의회대표자들이 뉴올리언스를 보호하기 위한 홍수방지법을 통과시킨다거나 숲을 베어내는 것을 금지하고 알래스카 석유탐사를 위한 시추작업을 막을 거라고 기대하지 말라.

휴거신학이나 세대주의신학에서 생태위기는 생태위기로 인식되지 못한다. 중동에서 벌어지는 이슬람과의 전쟁을 두려워하기보다는 오히려 환영하는 것처럼, 허리케인 카트리나가 말해주는 생태계의 붕괴와 그 결과는 (요한계시록에 기록된) 계시의 확실한 신호일 뿐이다. 모이어스는 작가 바바라 로싱Barbara Rossing을 인용한다. 로싱은 『드러난 휴거 *The Rapture Exposed*』에서, 휴거의 기본 신조는 종말론적 신조 즉, "세상은 구원받을 수 없다"는 신조라고 지적한다. 따라서 이러한 믿음을 가지고 있는 사람은 "환경과 폭력을 포함하여 자신의 구원을 제외한 그 어떤 것"에 대해서도 책임감이 없다는 것이다. 이들이 볼 때 "지구는 구원받지 못한 사람들처럼 고통의 운명을 안고 있다. 모든 것은 파괴된다." 우리가 이보다 더 천박하고 냉혹하며 비기독교적인 종교를 상상할 수는 없을 것이다.

---

58) Bill Moyers, "Welcome to Doomsday."

이와 동시에 하나님은 적절히 대비하실 것이다. 지구온난화는 신화에 지나지 않는다. 자원이 무한하지 않다고 말하는 것은 이단이다. 하나님은 모두를 위해 넉넉하게 준비하셨다. 하나님의 넉넉하심으로 인간은 지구를 마음껏 이용해도 되는 권리를 하사받았다. 왜냐하면 하나님은 인간에게 지구에 대한 지배권을 주셨으니까.

동일한 결론: 모든 것이 사라지는 것은 아니다

글을 쓰는 나만큼이나 이 장을 읽는 독자들도 우울할 것이다. 비이성적인 신학과 집단적인 망상, 그리고 사람의 이기심이 섞이면서 민주주의는 불가능하고 우리가 처한 여러 가지 문제의 해결은 요원해 보인다. '제도권 속으로의 긴 행진'은 최종 목적지에 다다른 것 같다. 그래도 우리는 희망의 신호를 찾아내는 노력을 포기해서는 안 된다. 있기 때문에 찾아야 된다는 말은 아니지만.

우리가 지금까지 살펴보았듯이, 종교를 가진 사람이나 복음주의자들이 모두 똑같이 지배주의적이고 재건주의적인 시각을 갖고 있는 것은 아니다. 일부 복음주의자들에게서 희망의 싹이 보이기도 한다. 대표적인 복음주의 단체인 〈전미복음주의연합〉(이 단체의 수장은 불명예 퇴진한 테드 해거드 목사였다)은 「시민의 책임에 대한 복음주의의 요청」이라는 성명서를 발표하였다. 성명서에 따르면, "하나님이 주신 지배권은 지구를 관리하라는 성스러운 책무이지 인간도 그 일부인 창조물을 남용하라는 인가가 아니다." '관리dispensation'라는 말은 사물을 지배하고 집행하는 방식으로 해석되기도 하는데 다수 복음주의자들이 볼 때 이 말은 '청지기의 직무'라는 의미를 내포하고 있다. 바로 이것이 신이 인간에게 책임을 지운 방식이라는 것이다.

부시의 전쟁과 중동정책 일반에 대한 지지율은 수직낙하했다. 대량살상무기는 완전히 지어낸 이야기였다. 물론 이 이야기를 믿는 사람이 여전히 많이 있다 해도 이라크는 부정한 진창이 되고 말았다. 부시가 거듭난 기독교인으로서 믿음을 주건 아니건 간에 그에 대한 신뢰도와 지지율은 이미 바닥을 치고 있다. 데이비드 쿠오David Kuo는 백악관에서 신앙중심 민간주도사업의 일환으로 2년간 근무한 경험이 있다. 그는 최근에 펴낸 책에서 행정부의 최상위에 있는 사람들—기독교도일 것이다—이 쿠오의 기독교적 믿음에 기초한 진지한 태도를 두고 뒤에서 비웃었던 사실을 폭로하고 있다. 사람들은 이럴 때마다 그들의 위선을 목격하게 된다.

사람들이 제대로 대접받지 못할 때 바로 단순한 그 이유만으로도 미국사회의 물적 · 문화적 변화가 일어난다. 만약 남편이 종교적 믿음 때문에 음주, 매춘, 도박과 같은 전통적인 남성적 쾌락추구의 버릇을 그만둔다면 권력의 중심지역에 있는 여성도 남편의 종교적 신념을 환영할 수 있다. 그런 사실을 누군들 이해하지 못하겠는가. 미국의 복음주의자는 대부분 부유층이 아니다. 오히려 상당수가 가난한 편이다. 이들은 대개 적정 수준의 교육을 받지 못한 사람들이기 때문에 일시적으로는 '도덕적' 정책—낙태, 동성애에 관한 정책 등—을 최우선 과제로 삼는다. 그러나 영원히 그런 것은 아니다.

미국의 사회기초시설은 붕괴하고 있다. 대중교통은 사라진 지 오래이다. 공교육은 해체되고 있으며 아주 위험한 지경에 빠질 때도 있다. 기독교 우파들은 바로 이 때문에 가정학교homeschooling를 지지하기도 한다. 양질의 의료보험은, 고품질의 교육을 받으려고 할 때 그런 것처럼, 엄청나게 고비용이어서 일반인은 설령 직장이 있더라도 저임금 가정일 경우 그 혜택을 받을 수가 없다. 따라서 궁핍한 시절을 살고 있다고 느끼는 무기력한 사람들은 종교에서 위안을 얻으며 구세주의 재림을 대환영하는 것이다. 그러나 미국의 보통 사람들이 아무리 휴거를 기다린다손 치더라도 그들은 바로 지금, 여기에서 생활해나가야만 한다.

미국의 안이나 밖에서 살고 있는 사람들의 정치적 임무는 미국사회에 이성이 복귀할 수 있도록 돕는 일이며 신학에 머리를 조아리는 정치가, 민주주의와 법이 아니라 종교적 우파의 압력에 굴복하는 정치가를 분리해내는 일이다.

4

계몽의 횃불을
저지하라:
지식에 대한 공격

제4장

계몽의 횃불을 저지하라 : 지식에 대한 공격

말하라, 뮤즈여! 어떻게 유기체의 형태들이

〈위대한 제1원인〉에 의해 자연에 새겨진

절대불변의 불멸의 법칙에 의해

4원소의 분투로부터 일어났는지 그리고 생명의 불이 켜졌는지를

……

바로 이 순간 부모 없이 자발적 탄생에 의해

생명을 얻은 지구의 최초의 불꽃이 일어난다

자연의 자궁으로부터 식물과 곤충이 번성하고

미세한 팔다리를 가진 꽃봉오리와 숨결들이

……

에라스무스 다윈Erasmus Darwin(찰스 다윈Charles Darwin의

조부, 1731~1802), 『자연의 전당』

만약 지적 설계자가 자신의 기술과 재주와 솜씨를 사용하여 이 모든 것을 만들었다면, 어떻게 그것들 대부분이 멸종하게 되었는 지는 의문이다. 만약 그 설계자가 그렇게 지적이라면 어떻게 이 모든 것들이 멸종할 수 있단 말인가?

케네스 밀러Kenneth Miller,
로드아일랜드 프라비던스 시 브라운 대학교 생물학 교수

지난 20년쯤 언젠가 '둔화dumbing down' 라는 말이 마침내 표준 영어의 어휘목록에 등장하게 되었다. 이 말은 특히 미국식 영어의 변이형인데, 이제는 어휘로서 나름의 권위를 인정받고 있다. 하지만 여전히 내 컴퓨터는 "dumbing"에 붉은색 밑줄을 치고 있다. 나는 이 용어의 기원을 찾아보았다. 그러나 찾을 수가 없었다. (『뉴욕타임스』의 언어전문가 윌리엄 세파이어William Safire에게 문의를 해보았 지만 모른다고 한다.) 하지만 이 단어는 1996년 이전에 이미 상당히 익숙한 어휘가 된 상태였다. 1996년에 이르러 대표적인 네오콘 논객 필리스 쉴라플리가 미국의 교육수준에 대한 독설을 퍼부을 때 이 말 을 사용했다. 이 말은 플라톤 이후 제기된 여러 가지 불평을 함축하 고 있는 용어로 볼 수 있다. 이 용어는 "문화, 교육, 사상의 과도한 단순화, 창조성과 혁신성의 둔화, 예술적, 문화적, 지적 기준의 저 하, 혹은 기준이라는 개념의 질적 저하 및 문화적, 예술적, 학술적 활동을 무시하는 경향까지 포함한다."[1]

---

1) 위키피디어는 이렇게 정의하고 있다. (그러나 위키피디어의 최근 자료에 따르면, 이 말은 1933년 '교육과 지식이 낮은 관객을 겨냥한다' 는 의미의 영화계 속어로서 처음 사용되기 시작했다고 한다.—역자)

나 역시 이러한 수준 저하가 미국에서 일어나고 있다는 사실을 부정하지 않는다. 그렇다고 이 자리에서 그러한 경향에 대해 그리고 이런 경향을 확산시키는 제도(학교, 미디어 등등)에 대해 자세히 다룰 입장은 아니다. 이러한 문제에 대해서는 지난 수십 년간 이 분야에서 나보다 더 전문적인 학자들이 꾸준히 비판을 해왔다. 여기에서 내가 말하고자 하는 바는 미국의 우파 집단이 과학과 교육 그리고 지난 몇 세기에 걸쳐 더디게 진행되어온 인간정신의 발전에 대해 공격을 가하는 방식에 대한 것이다. 우파의 목표는 인간이 축적한 지혜에 대해 그들의 교리에 어긋난다고 간주되는 부분을 '둔화' 시키는 일이다.

과학과 종교: 분열된 세계

우파 종교계는 지상에서 영위하는 삶의 의미와 인간 존재의 궁극의 의미에 몰두하는 경향이 강하다. 과학도 마찬가지이다. 과학적 탐구와 종교적 활동은 궁극적으로는 서로 닮아 있다. 그러나 이 두 가지 세계관은 양립할 수 없다. 만약 우리가 어떤 과학자에게 지구가 우주에서 차지하는 위치에 대해서, 그리고 사물의 거대한 구도 속에서 인간이 차지하는 위치에 대해서 묻는다면 그 과학자는 "우리는 우리가 태양이라고 부르는 보잘것없는 별 주위를 1초에 거의 30km로 돌고 있는 작고 불완전한 구체(球體) 위에 고립되어 살아가고 있다. 지구라는 우리의 행성은 우리가 속한 은하의 아주 작은 점이다. 이러한 은하 수천억 개가 모여 우주의 한 귀퉁이를 구성한다. 우리는 우주의 끝을 볼 수 없는데, 우리가 아는 것은 이러한 우주도 다른 수십조 개의 우주 가운데 하나에 지나지 않을지도 모른다는 사실이다."

이것을 일상의 경험으로 비유해보자. 만약 우주—우리의 제한된 지식으로 알고 있는 우주—가 작은 행성이라면 지구는 캔사스 시 Kansas City나 스윈든Swindon의 어느 이름 모를 교외지역의 어느 차고 의 공구서랍 속 연장의 손잡이에 붙어 있는 단세포의 박테리아 한 마리에 해당한다. 이런 관점이 종교를 배제하는 것은 아니다. 종교 역시 과학처럼 (그리고 때로는 과학보다 더) 궁극적인 질문에 봉착 하기 때문이다. 우선, 이 우주 혹은 다른 우주가 어디에서 기원하는 가? 시간이란 무엇인가? 빛은? 중력은? 생명은 어떻게, 어디에서 시 작되었고 우리는 어디에서 왔는가? 왜 우주는 이렇게 질서정연한 가? 왜 자연현상은 예측가능한가? 어떻게 해서 우리의 정신은 자연 법칙을 발견할 수 있고 자연에 응용할 수 있는 수리공식을 발견할 수 있는가? 과학은 종교를 부정하지 않지만 우리를 그리고 우리의 환경을 객관성에 접근할 수 있게 하는 관점을 갖게 한다.

어느 누구도 자신이 지금 이곳에서 그리고 이 우주에서 중요하지 않다고 생각하고 싶지는 않다. 종교 권위자들은 '인간'의 위치를 깎 아내린다거나 인간이 거주하고 있는 지구가 우주에 비해 중요하지 않다는 주장에 대해 쉼 없는 전쟁을 벌여왔다. 지구가 태양을 돌지 그 반대가 아니라는 코페르니쿠스의 혁명적 진리를 로마가톨릭교회 가 인정하기까지는 수세기가 걸렸다. 갈릴레오가 종교재판에서 자 신을 꺾을 때 절망하며 중얼거렸다는 "에푸르 시 무오베Eppur si muove"2)라는 유명한 말은 합리적 이성을 가진 사람이 모이는 장소 에서는 지금도 반복되고 있다. 선한 기독교인인 갈릴레오의 말에 따

---

2) "그래도 지구는 돈다."(지구는 고정된 태양 주위를 선회한다.)

르면, "성서는 하늘로 가는 길을 보여줄 뿐 하늘이 움직이는 길을 보여주지는 않는다."[3] 그래도 사람들은 그의 책을 불 질렀고 그를 평생 가택연금 상태로 묶어놓았다. 교황 요한 바오로 2세("진리는 진리와 모순될 수 없다")에 이르러서야 갈릴레오는 복권될 수 있었다.

따라서 '창조론creationism'의 교리가 미국의 수많은 개인에 의해 고수되고 있다는 사실은 결코 새로운 이야기도 아니다. 이들은 문자 그대로 창조에 대한 창세기의 이야기 즉, 6일간, 아담과 이브, 뱀, 사과, 그에 따른 인간의 운명을 믿는다. 이는 옛날부터 오랜 세월 전해 내려온 유산과도 같은데, 종교는 이러한 시적 신화 만들기를 선전하고 옹호하며 때로는 문자 그대로 진실이라고 주장해왔던 것이다. 종교적으로 사고하는 사람들의 가장 중요한 관심사는 신이 개인 각자에 대해 어떤 생각을 품고 있느냐 하는 것이다. 따라서 인간이 왜 이 지구라는 특별한 장소에 살고 있는지를 설명해주는 듯 보이는 이야기에 이들이 열광하는 것은 충분히 이해할 만하다.

기독교인들이 볼 때, 성서—이는 독자의 지적 성숙도에 따라 비유적으로 읽을 수 있다—는 신이 그의 창조물인 세계와 어떤 관계를 맺고 있는지 그리고 자연계의 최상위에 있는 인간과 어떤 관계에 놓여 있는지를 설명하고 있다. 뱀이 이브를 유혹해 신에게 불복하여 지식의 나무 열매를 따먹게 했다는 이야기는 죄가 어떻게 해서 세계에 퍼지게 되었는지를 설명한다. "여자를 끌어안는다"는 의미를 가진 '남자'(그럴 의도는 아니었겠지만 어느 프랑스 사전은 이렇게 상당히 재미있는 설명을 하고 있다)는 이미 죄를 짓고 있다. '원죄'는 어느 누구도 피할 수 없는 죄의 핏줄이기 때문에 세대에 세대를 거

---

3) 갈릴레오의 말은 다음에서 인용했다. John Gribben, *Deep Implicity*, Penguin, 2005, p. 6

쳐 전해진다. 성서적으로 아주 적절한 시간이 되자 신은 인간에게 구원의 기회를 주어야 한다고 생각하고 '독생자'를 보낸다. 이 독생자가 피를 흘림으로써 세상의 죄는 씻겨나가고 십계명 판에 묻은 죄를 깨끗이 닦을 수 있었다. 물론 이는 신의 아들인 예수 그리스도를 믿을 때만 가능하다.

결과가 중요하다. 만약 이브가 신의 법을 위반하지 않았더라면 원죄도 없었을 것이다. 죄도 없고 뒤이은 인간의 죄도 발생하지 않았을 것이며 구원받을 필요도 없었을 것이다. 그럴 경우 예수 그리스도가 인간의 정신적 궁핍에 대한 해답일 필요도 없었을 것이다. 구약과 신약은 분리불가능하다. 선지자는 길을 안내했고 성서에 기록된 사건은 다음 사건을 이끌어냈다. 따라서 많은 기독교도에게 구약은 문자 그대로 사실이어야만 한다. 그렇지 않다면, 누가 알겠는가? 신약과 신약에 기록된 그리스도의 삶과 십자가의 죽음 및 부활은 의심스러울 것이고 인간의 조건과 무관하게 생각될 수도 있을 것이다.

성서적 관점에 따르면, 지구의 다양한 물리적 특징과 신이 만든 생명체는 신의 의지를 반영한다. 신의 은총은 언제나 인간을 풍족하게 해주었으며 인간이 물질적으로 부족할 때마다 그것을 메워줄 것이다. 또 신은 각 개인에 대해서도 계획이 있다. 옛날 어느 신앙부흥회의 찬송가처럼 "하나님은 당신의 손에 전 세계를 쥐고 계시다." 신은 인류의 궁극적인 구원을 가슴에 품고 있으며 성서는 인류가 좁고 바른 길로 나아가도록 안내하는 여행안내서이다. 이 길을 따르면 영생을 얻을 테지만 옆길로 벗어나면 끝장이다.

만약 당신이 성서를 읽는 법을 안다면 과거부터 현재까지 세상 만물과 만사가 신의 의지를 반영한다는 것을 알 수 있을 것이다. 신의 애초 의도는 성서에 기록되어 있다. 그렇지만 신은 인간의 역사 속에 자신의 의도를 계속해서 명백히 드러낸다. 신의 말은 신의 행동과 동일하다. 이것이 바로 요한복음이 "태초에 말씀이 계시니라"라는 저 유명한 말로 시작하는 이유이다. 신의 문법에서 모든 동사의 시제는 '수행적'이다. 성서에 나와 있듯이 "하나님이 가라사대 '빛이 있으라' 하시매 빛이 있었다." 따라서 신은 오직 '말씀만 하시면' 된다. 고통받는 인간의 관점에서 볼 때 가장 중요한 사실은, 신의 결심도 기도로 흔들릴 수 있다는 점이다. 기독교도가 볼 때, 사건이 일어나고 일이 벌어질 때 우리는 그 이유를 가늠할 수 없다. 그러나 때로는 겸손하게 신에게 갈구함으로써 일의 결과를 바꿀 수는 있다.

지금까지 간략히 요약을 해보았다. 다음과 같이 더 간단하게 줄일 수도 있을 것이다. 즉, 자연계의 인과관계를 검토하고 실험적으로 증명된 가설과 이들 가설이 오류임을 증명할 수 있는 가능성에 토대로 둔 과학적 방법과 종교적 믿음 사이에는 아름다움과 경이로움에 대한 감각을 제외한다면 공통점이 없다.

따라서 과학과 종교가 마주서서 끝없는 싸움을 벌이는 것은 놀랄 일도 아니다. 둘 사이의 결투에 점수를 매기는 사람이 있다면 우리의 이 작은 행성에서 일어난 문명의 역사 내내 종교가 승리를 거두어온 사실을 인정할 수밖에 없을 것이다. 좀 더 정확히 말해, **서구** 문명 혹은 **유대-기독교** 문명에서 **일신교**의 승리, 다시 말해 우리가 지금 깊이 염려하고 있는 종교의 승리인 것이다.[4] 다분히 절충주의적인 종교를 가졌던 고대 그리스인들은 사정에 따라 제각기 다른 신을

___

4) 물론 다신교의 힌두교인과 일신교인 회교도 및 다른 종교의 신자들도 이웃 사람에게 불쾌감을 줄 수 있다. 다만 나는 여기서 나의 주제에만 한정하도록 한다.

모셨다. 그럼으로써 과학적 진보를 이룰 수 있었고 뒤이어 고도의 기술을 갖추었으면서도 그리스와 동일한 다신교를 믿는 기술자들로 구성된 또 하나의 제국이 이들을 대체하여 세계—적어도 서구에서—의 지도자로 부상할 수 있었다. 그러나 일신교가 로마 제국을 넘겨받았을 때 이 모든 것은 끝장이 나버렸다. 과학적 탐구와 신중한 판단의 자유는 곧 얼어붙고 말았다. 이교도 가운데 아리스토텔레스만이 신학자로서 권위를 인정받을 수 있었다. 서구에서 정통파의 얼음이 녹기 시작한 것은 불과 4세기 전이다. 그것도 서구 문명이라는 존재의 한 귀퉁이만이 녹기 시작했을 뿐이다.

일신교를 믿는 사람들은 자신의 신을 믿고, 찬양하고, 숭배하고, 갈구하고, 거기에 희생하는 것만으로 만족하지 않는 것 같다. 그들은 자신이 믿는 신의 존재를 증명하고, 신의 의지를 해독하고, 나아가 그들이 주장하는 신의 법을 다른 사람도 따르도록 강요하는 일에 집착한다. 그 사람이 원하는지의 여부는 상관이 없다. 그 자체로 볼 때 일신교는 역사 속에서 일으킨 수많은 전쟁과 마녀사냥, 피의 십자군과 살인에 대한 변명으로 기능해왔다. 신자들은 언제나 지상의 문제에 대한 신의 말씀에만 관심을 가진다. 아주 먼 옛날 사람에게 전한 말인 십계명이나 신이 남긴 흔적으로 간주되는 중요 유물에만 관심을 가지는 것이다. 성서 이야기와 같은 문자적 유물도 이에 해당한다. 신자들도 인간이기 때문에 창조주의 승인을 얻어 그들의 편견과 욕망을 합리화하는 데 필사적이다. 그들은 또한 질서를 어지럽히고 '일탈하는' 관습, 특히 성적인 풍습을 처벌하기 위해 신을 활용한다. 편리하게도, 창조주는 다른 말이 없다.

그러나 일신교의 신은 육체적인 쾌락행위를 즐길 수 있는 사람은 누구이고 누구와 몇 세에 어떤 법적 제도하에서 즐길 수 있는지, 그리고 어떤 생식적 결과를 가져와야 하는지 등에 관해 굉장히 엄격한 법을 만든 것으로 알려져 있다. 신은 인간이 자신의 계획에 맞춰 살도록 하기 위해 자신의 대변인(기독교의 경우 사제와 목사)을 통해 일을 한다. 신의 대변인들은 다른 사람들보다 신과 직접적인 연락선을 더 많이 가지고 있으며 이들의 직무는 무엇이 합법적이고 아닌지를 기술하고 재기술하는 일이다.

아무래도 대부분의 인간은 불확실성보다는 확실성을, 스스로 문제를 해결하기보다는 분명한 지도편달을, 이성의 더딘 진보에 의지하기보다는 신의 계시에 의지하기를 더 좋아하도록 설계되어 있는 것 같다. 다른 사람의 믿음이나 그들의 '비정상적인' ('다른'으로 읽자) 행동은 불안을 낳는다. 민주주의 역시 불만스럽다. 민주주의는 전지전능한 신 혹은 적어도 지상에서 성스러운 권리를 누릴 수 있도록 신의 권위를 부여받은 대표자들이 아니라 보통 사람들에게 권력을 주기 때문이다.

과학이 신과의 경쟁이 아니라 성과 생식, 자기보존, 공포에 대한 확실한 자기 방어책과 같은 중차대한 문제와 경합하는 가운데 지금까지 이렇게도 빨리 이룬 발전은 놀라울 따름이다. 미국의 전능한 하나님의 돌격대원들에게는 이것이 너무나 깊숙이 파고든, 너무나 신속하게 이룬 발전으로 보인다. 과학자들조차도 —특히 과학자들이라고 말하고 싶다—이 돌격대원들이 무엇을 하고 있는지, 왜 그러는지 이해하지 못하는 경우가 많다. 광신도를 두고 과학자들은 경멸할 가치도 없으며 심각하게 생각할 필요가 전혀 없다고 생각하는 경향이 강하다. 그러나 종교에 의한 박멸기획은 이제 막 시작되었다. 이는 미국의 광신도나 흔히 '진화론자' 혹은 '예수광'으로 속칭되는 사람들뿐만 아니라 깨끗하고 반듯하게 차려입고서 유식하게 말

잘하는 기독교 핵심간부에 의해 아주 기술적으로 교묘하게 추진되
어나갈 것이다. 종교적 프로그램이 상당히 세련되어져서 이제는 서
구에서조차 과학의 승리가 보장받기 힘들게 되었으며 우리가 상상
하는 것 이상으로 쉽게 무너질 가능성이 크다.

속기 쉬운 기질

인류학자를 모두 불러 모아 이렇게 말하자. "우리는 당신이 필요
합니다. 남미가 아니라 사우스다코타로, 오세아니아가 아니라 오클
라호마로 갑시다." 거기 가서 적어도 이 순간 지상에서 가장 강력한
집단으로 남아 있는 그곳 거주민의 부족문화에 대한 진지한 과학적
탐구를 시작해야 한다. 물론 내 말은 아메리카 원주민에 대한 이야
기가 아니다. 갖가지 선진국기구와 국제기구에 참여하고 있고 세계
최고대학을 소유하고 있으며 40만 명에 달하는 유럽인 과학자(이들
은 유럽으로 다시 돌아갈 생각이 별로 없다)를 자랑스럽게 유치하고
있으면서도 과학의 글과 정신은 다수 미국 대중에게 영향을 주지 못
하고 있다.

믿기 어렵겠지만 2004년 2월 〈ABC 뉴스〉가 실시한 '프라임타임
여론조사'의 결과에 주목해야 한다. 오차범위 3% 이내의 이 여론조
사에 따르면 미국인 가운데 61%는 창세기에 기록된 창조에 대한 설
명이 "문자 그대로 사실이며 창조가 적혀 있는 말 그대로 이루어졌
다"(여론조사지에 적혀 있는 표현)고 믿는다. 60%는 노아의 방주와
홍수에 관한 이야기를 사실로 믿으며 심지어 64%는 사납게 추격하
는 파라오의 기병들로부터 유대인을 구하기 위해 모세가 홍해의 바
닷물을 갈랐다고 믿고 있다.

개신교도 가운데는 3/4이 창조 이야기를 믿으며—적어도 이 여론조사에 따르면—79%가 홍해 사건을 사실로 믿는다. 자신을 복음주의 개신교도라고 칭하는 사람의 90%가 신이 세계를 6일 만(일요일은 하루 쉬고)에 창조했다는 이야기를 글자 하나하나 그대로 믿는다. 조사에 응한 사람 가운데 30%만이 '아니다'라고 답했다. 그들은 창조 이야기가 "교훈이기 때문에 글자 그대로 믿을 필요는 없다"고 생각한다. 나머지—질문의 종류에 따라(모세의 이야기가 더 신뢰할 수 있는 것으로 나타났다) 6% 내지 10% 정도—는 응답을 거부하거나 모른다고 대답했다.

미국의 가톨릭교도는 6일간 창조의 이야기와 모세의 홍해 이야기를 문자 그대로 믿는 비율이 약 50% 정도로서 개신교도에 비해 덜한 것으로 나타났다. 가장 놀라운 사실은 "종교가 없다"고 밝힌 사람 가운데 1/4이 여전히 6일 창조론을 믿고 있으며 1/3은 홍해 이야기를 믿는 것으로 나타났다는 것이다. 교회에 나가는 비율이 높으면 높을수록 문자 그대로 성서를 믿는 비율도 높았다.[5]

여론조사기관 〈해리스Harris〉에 의하면 미국 기독교도의 93%가 기적을 믿고 있다(95%는 천국이 있다고 믿는다)고 한다. 미국인의 적어도 2/3가 자신을 '기독교도'라고 한다는 사실을 상기한다면

---

5) ABC 뉴스 여론조사의 결과에서 그래도 약간 고무적인 것은 현재 생존해 있는 유대인을 포함하여 유대인 "집단 전체가 예수의 죽음에 책임이 있다"라는 항목에 대해 응답자의 8%(복음주의자들은 12%)만이 동의했다는 사실이다. 물론 이러한 수치가 적다고는 할 수 없다. 그러나 신약을 글자 그대로 해석하는 사람이 많고 또 멜 깁슨의 영화 〈그리스도의 수난The Passion of the Christ〉이 여론조사가 시행되던 시점에 미국의 수많은 영화관에서 상영이 되었고 많은 사람이 관람했다는 사실에 비추어 볼 때 여론조사에 응답한 사람들은 훌륭한 판단을 내리고 있다고 할 수 있다. 이는 다음을 참고할 것. ABC News Primetime Poll: Bible Stories, February 10, 2004: "10명 중 6명은 성서를 문자 그대로 믿지만 예수의 죽음을 이유로 유대인을 비난하지는 않는다."

75%의 93%는 10명 중 7명에 해당한다. 이들이 바로 현실에서 기적이 가능하다고 믿고 있는 것이다. 이 수치를 염두에 두고 본다면 너무나 많은 미국인이 '대량살상무기'를 너무 쉽게 믿는다든가 사담 후세인과 이라크를 9·11 테러와 직접 연결시키는 사실에 그다지 놀라지 않게 될 것이다. 미국인들이 과거에 비해 부시를 덜 신뢰하게 된 것은 분명 긍정적이지만, 권위적인 존재로 간주되는 개인(혹은 책)이 어떤 거짓을 주장하더라도 그것을 맹목적으로 신뢰하고 그에 잘 속아 넘어가는 문제는 여전히 숙제로 남아 있다.

주(와 아담 스미스)를 찬양하라

전 세계적으로 볼 때도 종교는 과학과 합리성에 승리를 거두고 있다. 특히 집단적 열광과 몰입을 통한 신앙부흥운동을 가리키는 오순절주의가 급속도로 확산되는 추세에 있다. 『이코노미스트』의 보도에 따르면 이미 전 세계적으로 이 운동에 관계하는 인구가 5억 명 가량이나 된다고 한다. 이 운동은 "'궁핍한 도시'에 번지고 있을 뿐만 아니라 …… 개도국의 경영 및 전문 엘리트까지 집어삼키고 있다."[6]

『이코노미스트』는 그들의 전매특허 논조를 동원하여, 들불처럼 퍼지고 있는 이 운동을 근대성의 한 양상을 보여주는 신호로 간주하고 신앙부흥운동의 성공에 대해 아담 스미스적인 해석을 가하고 있다. 신앙부흥운동은 독점—가톨릭교회가 누려온 종교적 독점처럼—이 아니라 소자본기업의 모델이라는 것이다.

---

6) "Christianity reborn," *The Economist*, December 19, 2006

무엇보다도, 교회가 신도를 끌어 모으기 위해 벌이는 건전한 경쟁이 많이 발생하게 된다. 영혼의 고객에게 원하는 바를 제공하지 못할 경우 그들은 등을 돌려 다른 곳으로 가버릴 테니 다른 구원의 조달자를 능가하는 강력한 인센티브가 필요하다. 그러나 여러분이 넘어서고자 하는 울타리의 벽은 높지 않다. 왜냐하면 교회를 세우는 데는 그리 많은 돈이 필요하지는 않기 때문이다. 대신 카리스마가 필요하다. 사제가 되기 위해서 장시간 힘든 훈련을 요하는 가톨릭처럼 엄격한 위계질서가 분명한 종교와 달리 주를 소리 높여 찬양하고 모두에게 구원을 나눠주는 데 무슨 자격이 필요한 일은 아니기 때문이다. 오순절주의는 남성뿐만 아니라 여성신도들의 능력을 한껏 활용한다. 그래서 언제나 새롭고 다양한 변화를 추구한다.[7]

오순절주의는 캘빈주의(세속적인 성공은 신의 총애를 반영한다고 주장한다)를 새롭게 변용한 운동으로서 자신감과 사업의 성공을 독려한다. 대형교회 부속 서점에 기독교문학이 많이 구비되어 있는 것은 누구나 예상할 수 있다. 그러나 이런 서점은 경영 관련 책도 상당수 진열하고 있다. 교회는 이런 식으로 상당한 이익을 신도들에게 제공할 수 있기 때문에 구태여 이익을 보기 위해 죽을 때까지 기다릴 필요가 없다. 만약 당신이 신도가 점점 늘어가고 있는 교회의 목사라면 교회가 발행하는 복권은 당신한테 상당한 물질적 보상을 효율적으로 해줄 것이다. 카리스마 넘치는 남녀 신예목사들의 능력은

---

7) 나의 프랑스 친구는 형제가 브라질의 헤시피에서 가톨릭 사제로 일하고 있다. 친구는 헤시피의 가난한 교외지역에서 겪은 다음과 같은 경험담을 들려주었다. 이 지역의 중앙부에는 오순절주의를 표방하는 교회가 세 개나 있다고 한다. 교회는 모두 강력한 음향장비를 갖추고 있는데 예배를 볼 때마다 거의 동시에 경쟁하듯이 엄청난 소리를 발생시킨다고 한다. 그 어마어마한 소음은 규제받지 않고 자유로이 경쟁할 수 있는 자본주의적 이상이 실현되고 있다는 사실을 잘 보여준다.

지역의 명성을 넘어 정계로까지 이어지기도 한다. 요컨대 오순절주의는 자본주의의 꿈이 실현된 운동이다.

점점 종교가 그 세력을 얻어가고 있는 오늘날의 세계에서 유럽(중국과 다른 아시아 일부 국가를 포함하여)은 합리성의 섬으로 남아 있다. 위의 ABC 여론조사에 따르면 성서적 세계를 축자적으로 해석하는 사람들이 주로 '개신교도(특히 복음주의자), 남부인, 흑인, 저소득층, 저학력계층 미국인'이었다고 한다. 이 결과는 종교가 부흥하고 있는 세계 지역의 현실을 요약해서 잘 보여준다. 이곳은 대부분이 비백인이고 가난하며 교육을 받지 못한 계층이기 때문이다. 우리가 세계 전체에 이성과 삶에 대한 합리적 태도를 확산시키기를 원한다면 세계의 남반구를 지금처럼 가난과 무지 속에 그대로 방치하는 것이 결코 옳은 방법일 수는 없다. 또한 생활과 교육 수준이 점차 낮아지고 있는 유럽에 대해서도 많은 노력을 기울여야 한다. 같은 원인이 같은 결과를 낳을 가능성이 있기 때문이다.

이것이 과학인가?

다시 미국의 창조론자들로 돌아가 보자. 이들에 대해 들어보지 않은 사람은 거의 없을 것이다. 아칸소에 가면 지구상에 인간과 공룡이 공존했음을 '증명하는' 박물관이 실제로 있다. 이 박물관을 보기 위해 많은 관광객이 버스를 타고 유레카 스프링즈Eureka Springs의 오자크 마운틴Ozark Mountain 마을로 모여든다. 이 마을의 잘나가는 관광산업은 주로 광대한 토지에 조성된 기독교 테마파크에 집중되어 있다.

이 박물관에 가면 아담과 이브가 티라노사우루스 렉스와 함께 에

덴동산에 살고 있는 모습을 그려놓은 그림을 볼 수 있다. T-렉스는 점잖은 동물로 묘사되어 있는데, 아담과 이브를 잡아먹을 생각조차 하지 않는다. 이 시대는 죄가 세상에 침범하기 이전의 평화로운 공존의 시대 즉, 죽음을 모르던 시대이기 때문에 이게 정상이다. 그럼 지금은 왜 공룡이 없는가? 바보야, 그건 홍수로 다 쓸려 가버렸기 때문이잖아! 유레카 스프링즈에 저녁이 오면 수백 명의 엑스트라와 수많은 로마병사가 등장하는 〈대수난극Great Passion Play〉—이미 700만 이상이 관람했다—을 볼 수 있다.

　종교사업체가 상업적으로 성공한 사례는 〈유레카 스피링즈 박물관〉 외에도 많은 곳에서 찾아볼 수 있다. 예컨대 신시내티Cincinnati와 댈러스Dallas에서 이와 유사한 창조론 박물관이 2007년 벽두부터 건축되기 시작했다. 신시내티 박물관에 기부를 한 사람에게는 보답으로 가죽 장정으로 된 어서 주교의 『세계연대기The Annals of the World』 한정판(이 책은 1650년 라틴어로, 영어로는 그의 사후 1658에 발행되었다)을 보내준다. 독자는 어서가 창조의 시간을 기원전 4004년으로 잡았다는 것을 확인하게 될 것이다. 박물관 측은 "그리스도와 성서로부터 수많은 영혼이 등을 돌리게 만든 진화론적 자연사 박물관에 대항"할 것을 약속하고 있다.

　그리고 또한 지구의 탄생과 그에 따른 생명의 진화에 대한 과학적 설명과 병행하여 혹은 아예 그것을 대신하여 창조론을 가르치는 학군이 실제로 미국에는 있다. 전문가에 따르면, 2005년경 이미 반진화주의가 미국 30개 주 82개 학군에서 교육되고 있다고 한다.[8] 창

---

8) 브라운 대학 생물학 교수 케네스 밀러Kenneth Miller는 2005년 11월 키츠밀러 Kitzmiller와 그 외의 학부모들이 도버교육청을 상대로 낸 소송에서 증인으로 출석하여, 연방지방법원 판사 존 E. 존스John E. Jones 앞에서 증언했다.

조론의 교리를 강요하는 외골수가 복음주의 내에서도 '젊은 지구 창조론자'로 알려진 근본주의 분파만 있는 것은 아니다. 유레카 스프링즈와 관계하는 복음주의자들은 반과학과 친종교를 표방하는 신도 중에서도 가장 덜 위험한 부류이다. 그런데도 그들의 주장은 반박의 여지가 너무 많아 들으면 실소를 자아낸다. 그렇다고 이들이 무해하다는 말은 아니다. 앞에서 보았듯이, 그 수가 너무 많고 뭐든지 쉽게 믿는 문화적 경향을 보이기 때문이다.

이보다 훨씬 더 위협적인 것은 소위 지적설계론을 주창하는 자들이다. 사실 나는 여기에서 이들에 대해 말을 꺼내지도 말아야 한다. 왜냐하면 이들의 전략 중에는 사람들 사이에 논쟁의 씨앗을 뿌림으로써 은근히 의심하게 만드는 전략도 들어 있기 때문이다. 그들은 기회가 있을 때마다 자신들의 주장이 내가 여기에서 소개하려고 하는 것처럼, 논의되고 있다는 사실을 들어 자신들의 주장이 진지하게 받아들여지고 있다는 인상을 주려 한다.

의심스러운 설계

그럼에도 불구하고 나는 그들에 대해 논하고자 한다. 세계의 창조라는 문제에서, 그 시작에 대해서부터 이야기해보자. 누군가가 창조를 했는가? 그렇다면 누구인가? '젊은 지구' 창조론자들은 아무런 의심이 없이 신의 6일 수작업을 목청껏 외친다. 반면 ID 즉, 지적설계론은 신을 옹호하지도 않으며 신에 대한 이야기 자체를 아예 하지 않는다. 물론 이들의 의도는 명백하다.

이들을 대표하는 유명한 두뇌집단으로는 1996년 설립된 〈디스커버리연구소Discovery Institute〉가 있다. 이 연구소는 하부조직 〈과학문화재생센터Center for the Renewal of Science and Culture〉를 통해 '과학적 유물론'에 칼을 겨눈다. 연구소와 센터는 모두 시애틀 교외지역(마이크로소프트사 근처)에 있는데, 소위 그들이 말하는 '쐐기전략 wedge strategy'을 실천한다. 이들의 목표는 1999년 연구소에서 유출된 동명의 문서를 통해 알려지게 되었다. 이 문서에 따르면, 이들은 "유물론적 설명을 자연과 인간이 신에 의해 창조되었다는 유신론적 해석으로 대체할" 계획을 세웠다.

통나무를 쪼갤 때 날카로운 쐐기를 박아 작업하는 것처럼 이들은 '얇은 날' 전술을 통해 과학이라는 나무 등걸의 가장 약한 부분을 쪼개려고 한다. 이 연구소에서 가장 두드러진 연구원인 윌리엄 뎀스키William Dembski는 과학은 신앙의 뿌리를 뒤흔들고 있지만 "이것이 곧 중단될 것이다"라고 말한다. 뎀스키는 독실한 복음주의 기독교도이지만 대중 앞에서는 절대로 신을 언급하지 않는다. 단지 '문화적 참여'를 강조하고 "과학은 숨기는 것이 있다"고 주장할 뿐이다.[9]

이들과 같은 종교계의 전사는 비종교계 우파 조직원 형제들처럼 재정의 어려움이 전혀 없다. 이 돈은 우파 재단 중 혐의가 가는 기관들(1장 참조)이 지원한다. 물론 재건주의자인 하워드 아먼슨과 같은 개인이 기부하기도 한다. 아먼슨은 쐐기전략에 대해 좀 아는 것이 있는 것으로 알려져 있다. 우리가 앞장에서 보았듯이 아먼슨은 쐐기전략을 이용하여 주류교회를 분열시키고 초보수적인 방향으로 유도하였다.

---

9) 지적설계론 논쟁은 1996년 〈디스커버리연구소〉가 설립된 이후 격렬한 양상을 띠기 시작했다. 좀 더 자세한 정보를 원하는 독자는 다음 사이트를 참고할 것. 1996년에서 2001년 사이에 쏟아져 나온 논문을 다수 찾을 수 있다. www.simonyi.ox.ac.uk/ dawkins/WorldofDawkins-archive/Catalano/box/behe.shtml#intro

지적설계론자들은 결코 바보가 아니다. 사실은 무지하게 똑똑하고 지적 훈련을 잘 받은 사람들이다. 윌리엄 뎀스키는 시카고 대학에서 수학으로 그리고 일리노이 대학에서 철학으로 각각 박사학위를 받았다. 이후 과학 분야에서 박사후 과정을 두 차례나 밟은 뒤 프린스턴 대학에서 신학으로 석사학위를 받았다. 〈디스커버리연구소〉는 뎀스키가 베일러 대학Baylor University에서 강의를 하다 학과교수들의 항의로 퇴출당한 경력(베일러 대학은 침례파 계열의 대학이기도 하다)은 밝히지 않고 있다. 또 뎀스키가 사우스웨스턴침례신학대학원Southern Baptist Theological Seminary의 〈과학과 신학센터Center for Science and Theology〉에서 강의하고 센터장을 역임한 사실(이후에는 사우스웨스턴침례신학교Southwestern Baptist Seminary에서)도 밝히지 않는다.

〈디스커버리연구소〉의 총서 『진화론, 설계, 공교육Darwinism, Design and Public Education』은 명망 높은 미시건 주립대학 출판부에서 간행되었다. 이 책을 뎀스키와 공동편집한 스티븐 메이어Stephen Meyer는 캠브리지 대학에서 과학철학사로 박사학위를 받았다. 연구소 연구원 가운데 최고급 학위 소유자에는 법학박사인 필립 존슨Philip Johnson―그는 버클리 법대에서 25년간 가르쳤다―과 화려한 경력을 자랑하는 도널드 케네디Donald Kennedy―하버드에서 생물학으로 박사를 했고 미국과학아카데미 회원이기도 하다―가 있다. 마이클 베히Michael Behe는 생명의 '환원불가능한 복잡성'을 전매특허로 주창하는 사람인데 펜실베이니아 대학에서 생화학으로 박사학위를 받았고 비종교 기관인 리하이 대학Lehigh University에서 생물학을 가르쳤다. 요컨대 〈디스커버리연구소〉의 학문적 신뢰도에 대해 토를 달지 말지어다.

만약 여러분이 정말로 자신에 대해 확신하지 않는다면 절대 이들을 일반원리에 대한 토론에 끌어들여서는 안 된다. 말 잘하고 선전에 능숙한 것이 우파 종교인의 특징인 바 훈련이 잘 된 이들의 수사법은 여러분보다 훨씬 세련되어 있다. 이들 팀은 사실상 수사법, 연설법, 의사소통연구에 박사학위를 가진 여러 전문가로 구성되어 있다. 지적설계론의 목표는 언제나 자신들을 합리적으로 보이게 하는 언어에 있다. 이를테면 이들은 "생물학적 진화론 교육에 있어서 과학적으로 좀 더 포괄적이고 좀 더 논쟁중심적인 접근"을 시도한다.

이 연구소의 웹사이트는 그들의 관심이 "민주주의 제도의 미래, 종교와 공적 생활, 그리고 법의 개정"에 있다는 사실을 분명히 밝히고 있다. 이들은 '신에 의해 주어진 이성'(미국의 건국의 아버지들도 이런 말을 했다), '불변의 인간본성' 및 '국내와 국제 간의 자유시장경제'를 신봉한다. 이들이야말로 여러분처럼 솔직하고 합리적이며 시민으로서 책임감이 있는—물론 약간은 보수적인—미국인의 전형이자 보통 사람들보다 훨씬 더 많은 지적 훈련을 거친 미국인이지 않은가? 다시 한 번 잘 살펴보라!

이들의 궁극적인 목표는 과학적 방법의 권위를 무너뜨림으로써 신을 자연현상의 원인적 인자로 다시 부활시키는 데 있다. 이 분야의 논의에서 이들을 제지하지 않는 한 이들은 다른 혐의에 대해서도 교묘하게 빠져나갈 것이다. 내가 과학자는 아니지만 현재 진화론과 관련된 논쟁이 무엇인지 설명하도록 하겠다. 한쪽에는 압도적인 숫자의 과학자와 식자층이 있고 다른 한쪽에는 이들 영리한 창조론자들이 맞서는 전투가 벌어지고 있다. 전자는 진화를 다양한 환경에서 살아가는 생명집단에 일어나는 무작위의 변이과정—자연도태를 포함하는—으로 설명한다. 후자는 이 과정이 무작위로 일어날 수 없으며 특정 결과물 즉, 인간을 겨냥한 지적 존재an Intelligence의 개입이 필요하다고 주장한다.

전통적인 반진화주의 : 스콥스 재판

〈디스커버리연구소〉는 미국의 오랜 반과학주의 전통의 최신판에 속한다. 선진국 가운데서도 미국은 독특하게 찰스 다윈이 1859년 출판한 『종의 기원Origin of Species』이 미국에 처음 소개된 이래로 지금까지 진화론에 대한 논쟁이 끊이지 않고 있다.[10] 이러한 논쟁의 와중에 발생한 가장 유명한 사건으로는 1925년 여름 테네시에서 발생한 '존 스콥스 재판' (대중들에게는 '원숭이 재판' 으로 잘 알려져 있다)이다. 고등학교 생물교사였던 존 스콥스는 테네시 주법을 위반하여 진화론을 가르쳤다는 죄목으로 기소되었는데, 〈미국자유인권협회American Civil Liberties Union〉는 그를 지지하였다.

재판에 참여한 검찰과 변호사는 모두 당대 최고의 인물이었다. 검사는 윌리엄 제닝스 브라이언William Jennings Bryan으로 이미 민주당 대통령 후보 경선에 세 번(1896, 1904, 1908)이나 출마했지만 모두 낙선한 경력이 있는 인물이었다. 그는 당대 최고의 언변가로 명성이 자자했다. 미국 최고의 형사소송 전문 변호사인 클래런스 대로우Clarence Darrow는 시카고에서 자비를 들여서까지 스콥스를 변호하

---

10) 이 책의 원 제목은 『생존투쟁에 있어서 자연도태 혹은 유리한 종의 보존에 의한 종의 기원에 대하여On the Origin of Species by Means of Natural Selection, or the Preservation of Favoured Races in the Struggle of Life』이다. 1859년 런던의 존 머리 출판사가 출판하였다. 뒤이어 출판된 여러 개정판에서 다윈은 유용한 정보를 새로 추가하고 비판자의 주장을 반박하기도 했다.

기 위해 달려왔다.

브라이언은 19세기 대중주의 정치와 남부 일리노이에 뿌리를 두고 있는 전형적인 미국인으로서 당시 시대와 장소의 특징을 고스란히 섞어놓은 사람이었다. 그는 진보정치운동의 상징적인 인물이자 노동계급의 우상이었다. 은행과 철도회사 같은 거대기업의 잔인함을 상대로 투쟁했으며 여성의 참정권을 위해 싸웠다. 요컨대 그는 당대의 사회 정의를 위한 투쟁에 빠지지 않고 참여한 대표적인 운동가였다. 동시에 금주법지지자(알코올을 금지하는 법을 지지)였고 기독교 근본주의자였다.

이 재판은 엄청난 관심을 불러일으켰다. 이 재판은 미국역사상 최초로 라디오를 통해 전국에 생중계되었다. 이 재판을 취재하기 위해 백 명에 달하는 기자들이 데이튼Dayton이라는 테네시의 작은 도시로 몰려들었다. 초점은 브라이언과 대로우 간의 대결이었다. 이 재판은 법원 잔디밭에서 열림으로써 모여든 거대 인파를 모두 수용할 수 있었다. 대로우는 브라이언을 증인으로 불러 창세기에 설명된 창조와 지구의 나이에 대해 질문했다. 재기 넘치는 유명 언론인 멘켄H. L. Mencken은 『볼티모어 이브닝 선』에 기고한 글에서 자신이 목격한 장면을 이렇게 묘사했다.

젊은 검사 스튜어트Stewart는 재판이 법률적 범주에서 다루어지도록 하기 위해 필사적으로 노력하면서, "도대체 이런 장황한 주장이 다 무엇 때문인가?"라고 질문했다. 좀처럼 흥분하지 않던 …… 대로우 변호사는 화가 난 목소리로 "근본주의를 폭로하기 위해서"이며 "고집불통과 무식쟁이들이 미국의 교육체계를 지배하는 것을 막기 위해서"라고 응수했다. 브라이언 검사는 시뻘

게진 얼굴로 자리를 박차고 일어나 대로우 변호사의 면전에 주먹을 흔들어대며 "하나님의 말씀을 미국의 무신론자들과 불가지론자들로부터 지키기 위해서"라고 외쳤다.[11]

브라이언은 대답이 궁할 때마다 성서의 권위에 기대곤 했다. 판사는 생물학 교사에게 유리한 증언을 할 가능성이 있는 과학 전문가의 증언을 허용하지 않고 11일 뒤 스콥스의 유죄를 인정하고 100달러의 벌금형에 처했다. 이 재판은 지금까지 수많은 책, 연극, 영화의 소재가 되었지만 오늘날 우리에게 주는 중요한 교훈은 무엇보다도 미국 내에 동일한 전선이 여전히 사라지지 않고 형성되어 있음을 보여준다는 데 있다. 차이는 반진화론자들이 이 재판을 통해 여러 가지 교훈을 얻었다는 사실이다. 이제 전장은 다른 곳으로 이동했다. 다윈에 대한 공격은 이전보다 훨씬 세련되어졌고 지식이 없는 자들에게 더욱 설득력을 얻어가고 있다.

다윈은 세월의 시련을 견뎌냈는가?

〈디스커버리연구소〉가 과학에 반대하는 지식계층의 지도자로 부상했다는 것은 논쟁의 여지가 없다. 인간이 야기한 환경변화나 오존감소를 부정하는 한편 줄기세포연구(민주당은 이 법을 개정하겠다고 약속하고 있다)를 금지하는 연방법을 제정하려는 노력의 든든한 후원자인 이 연구소는 그들이 가장 싫어하는 사람인 찰스 다윈과 싸울 에너지를 계속해서 비축해가고 있다. 이들은 우주학자, 천문학

---

11) 재판이 끝나고 난 뒤 5일 뒤인 1925년 7월 21일 브라이언은 데이튼에서 수면 도중 사망했다.

자, 기상학자를 동원하면서도 전선의 선두에는 언제나 생물학자들을 내세운다.

진화와 자연도태에 관한 다윈의 설명은 지금까지 나온 과학이론 가운데 가장 근거가 확실한 이론이다. 거의 150년이 지나는 동안 다윈의 근본적인 통찰은 점점 더 정교하게 보충되었지만(특히 유전학에서) 한 번도 부정된 적이 없다. 진화론보다 더 쉬운 목표를 놔두고 이렇게 엄청난 증거를 가진 이론을 무너뜨리려는 지적설계론자들이 이런 점에서는 존경스럽기까지 하다. 왜 이들이 이러한 과학적 기념비를 파괴하려는지 그 이유는 여전히 미지수다. 다른 이론이라면 쉽게 무너졌거나 적어도 틈이라도 생겼을 것이다. 이들은 분명히 신이 그의 모습을 다른 학문보다도 생물학에서 자세히 드러낸다고 믿는 것 같다. 그들이 반대하는 과학은 도대체 어떤 것인가?

이제 다음으로 다윈 진화론의 세 가지 기본 주장에 대해 알아보겠다.

- 주어진 생물군의 개체 중 일부 형질은 변이를 일으킨다.
- 이 변이는 유전가능하다. 즉, 유전자가 모체에서 후손으로 전달될 수 있다.
- 한 가지 형질에 대한 상이한 변이형을 가진 개체들 가운데 그것들이 살아가는 환경에 따라 상이한 생존율과 번식률이 있다.[12]

다윈은 형질이 선택되는 방향에 대해서는 언급하지 않았다. 그리고 어떤 특정한 목표를 향한 '진보'라는 개념도 그에게는 없다. 물

---

12) Richard Lewontin, "The Wars over Evolution," *New York Review of Books*, October 20, 2005

론 후기 저작 『인간의 유래*The Descent of Man*』에서 인간이 '하등한' 생명체로부터 유래되었다고 분명히 밝히고 있기는 하다. 그러나 종(種)으로서의 인간 역시 위에 언급한 법칙의 적용을 동일하게 받는다고 했다. 사유하고 언어를 사용할 수 있는 능력과 같은 새로운 특성이 인간이 성공적으로 번식하는 데 크게 기여했다는 것이다. 어떤 종이든, 진화경쟁evolutionary game의 본질은 동일 생물군의 다른 경쟁자보다 더 많은 수의, 더 강한, 더 잘 적응한 후손을 가지는 일이다. 하지만 이는 목적론적인(즉, 예정된 목표를 향해 나아가는) 과정도 아니며 신학적인 과정도 아니다.

대부분의 종은 '성공'하지 못한다. 이는 과학에서 말하는 '장기간'이라는 잣대로 볼 때 길지 않다는 뜻이다. 지금까지 살았던 종 가운데 99%는 사실상 멸종했다. 우리가 볼 때 인간은 변화가 없는 것처럼 보이지만 그것은 우리가 넓게 보지 않아서 그런 것이다. 다른 포유동물처럼 우리 인간도 여전히 진화하고 있다. 그러나 자연은 무자비하게도 어떤 포유류 종이라도 천만년이 지나기 전에 도태시킨다. 따라서 만약 우리가 자연의 흐름을 바꿀 수 없다면 우리도 그러한 운명을 맞을 수밖에 없다. 이러한 근거하에 우리는 '호모 사피엔스'를 '훨씬 더 짧은 시간 내에 자멸할 수 있는 유일한 종'으로 정의할 수 있겠지만, 이것은 또 다른 이야기이다.

오랜 세월 그 건실함을 인정받은 이 이론의 토대를 지적설계론자들은 어떻게 허물려고 하는가? 문제는 이들이 전문적인 과학자를 설득할 수는 없어도 대중매체를 통해 대중을 목표로 할 수는 있다는 점이다. 이때 이들은 비종교적인 기관들과 기독교 기구들을 나팔수로 동원한다. 1999년 새어나온 '쐐기전략' 문서에 따르면, 〈디스커버리연구소〉의 설립자이자 소장인 브루스 채프먼Bruce Chapman은 굉장히 두꺼운 수첩을 가지고 있는데, 이 안에는 가까운 언론관계자 주소가 가득 적혀 있다고 한다.

지적설계론자들은 '유사성'을 근거로 논쟁하기도 한다. 그러나 과학자라면 누구라도 인정하듯이, 이는 '증거'가 아니다. 그러나 과학적 지식이 없는 사람들이 이를 증거처럼 받아들이는 것이 문제가 된다. 만약 A가 어떤 점에서 B와 '유사'하다고 해서 A가 B와 동일하다거나 B와 동일한 행동을 한다는 말은 아니다. 〈디스커버리연구소〉의 마이클 베히를 예로 들면, 그는 곧잘 쥐덫을 가지고 이야기를 시작한다. 만약 쥐덫의 어느 부품이 없다면 작동을 하지 않게 된다. 쥐덫은 '환원불가능하게 복잡하다.' 그것은 쥐를 잡는다는 특정 목적을 가진 지적 존재에 의해 고안되었다. 아무리 하등한 생명체의 구성요소도, 이를테면 베히가 오랫동안 연구한 박테리아의 편모와 같은 것도 쥐덫 '처럼' 환원불가능한 복잡성을 표출한다.

베히와 동료 지적설계론자들에 따르면, 진화를 통해 구성요소를 조립한다는 것은 도저히 가능할 것 같지 않으며 수학적으로도 불가능하다. 이러한 요소가 진화를 통해 결합하기 위해서는 우주의 기나긴 역사보다 더 많은 시간이 걸릴 것이다. 이런 일은 불가능하기 때문에 이러한 요소가 딱 들어맞도록 이미 설계되어 있었다고 보는 것이 유일한 해답이다.

그러나 다윈은 그렇게 말하지 않았다. 베히의 주장과는 달리, 쥐덫이 실제로는 그리 복잡하게 만들어지지도 않았고 훨씬 단순한 유기체가 동일한 기능을 수행한다는 사실이 밝혀졌다는 것이다. 따라서 '환원불가능한 복잡성' 이론은 과학적으로 무의미하다.

1870년 다윈이 말했듯이, "어떤 한 부분에 변이가 일어나면 상관성의 원리에 따라 다른 부분도 변화한다." 현대적인 표현을 쓰자면

진화생물학자 H. 앨런 오어Allen Orr가 베히의 책 『다윈의 블랙박
스: 진화에 대한 생화학의 도전Darwin's Black Box: The Biochemical
Challenge to Evolution』에 대한 서평에서 말했듯이,[13]

베히가 범한 가장 큰 오류는 이러한 (진화의) 가능성을 부정하면
서 진화론적 해결이 불가능하다고 결론지은 점이다. 그것은 사
실이 아니다. 우리는 부분들을 점차적으로 축적해나감으로써 환
원불가능한 복잡성의 체계를 구성해낼 수 있다. 이 부분들이 처
음에는 단지 다른 것에 비해 유리한 정도이지만 뒤에 발생하는
변화로 인해 근본적인 요소로 변하기 때문이다. 논리는 아주 간
단하다. 어떤 부분 A가 처음에는 동일한 작업(아마 썩 좋지는 않
을 것이다)을 한다. 이후에 다른 부분 B가 A에 부가되는데, 그것
은 B가 A에 도움이 되기 때문이다. 이 새로운 부분은 근본적인
요소는 아니지만 전체를 개선시키는 데 도움이 된다. 그러나 더
시간이 지나면 A(혹은 다른 무엇)는 B가 없으면 곤란한 상태로
변화한다. 이런 과정을 통해 여러 부분이 추가되면서 하나의 체
계가 구성되고, 결국 많은 부분이 모두 다 필요하게 되는 것이
다.[14]

복잡한 구조물의 작동에 구성요소 전부가 다 필요한 것도 아니며

---

13) 다윈의 말은 『인간의 유래』의 「요약과 결론」에서 인용. 베히의 책은 The Free
   Press(New York, 1996)에서 출판
14) 마이클 베히의 책에 대한 서평은 다음을 참고할 것. H. Allen Orr, "Darwin vs.
   Intelligent Design(Again)," *The Boston Review*, December 1996-January 1997. 나는
   이 서평이야말로 지적설계론의 허를 찌르는 대표적인 글이라고 생각하여 강력히 추
   천한다.

또 구성요소가 **한꺼번에** 발생할 확률도 너무 낮아 불가능하다는 것 역시 분명한 사실이다. 그러나 다윈은 이런 주장을 한 적도 없다. 지적설계론자의 '큰 오류'는 논리학자와 과학자들이 '회고적 오류 retrospective fallacy'라고 부르는 함정에 빠져 있다는 점이다. 이들은 현재 관찰된 결과로부터 판단을 시작하여 미리 이 특정 결과를 요구한다. 그 결과와 상이하지만 똑같이 기능적인 결과, 그리하여 엄청나게 유리한 결과의 존재는 고려하지 않는다.

장 서두에서 브라운 대학 생물학교수(이며 가톨릭교도)인 케네스 밀러의 글을 인용한 바 있다. 밀러는 '설계자'가 그렇게 지적이라면 그가 설계한 생명체의 대부분이 멸종한 이유가 무엇인지 반문한다. 얼마나 당황스러운 결과인가? 밀러는 지적설계론자의 주장을 반박하며 이런 재미있는 비유를 든다. 포커에서는 검은색 10짜리 두 장, 붉은색 퀸 두 장, 스페이드 에이스 한 장의 패를 든 사람이 이길 확률이 상당히 낮지만, 진화에서는 단지 '같은 패 두 장'만 뽑으면 된다. 나머지는 자연도태가 다 해줄 것이며 시간이 지남에 따라 확률은 비할 수 없을 만큼 높아지게 된다. 도태는 수없이 많은 길 중에서 어느 하나의 길을 선택할 것이지만 이런 일이 모든 유기체에게 동일하게 일어나지는 않는다. 예컨대 서로 다른 종 사이에서 형성된 단백질의 구성은 90%가 서로 다르지만 그 기능은 동일하다.

지적설계론자들이 범하는 논리적 오류는 명백한 사실에서 출발하여 수용 불가능한 결론을 도출해내는 것이다. "일부 복잡한 물리적·생물학적 현상은 과학으로 설명 불가능하다(명백한 사실). **따라서** 지금까지 설명되지 못한 이런저런 현상은 '초자연적 힘'이 그런 현상을 야기했다는 움직일 수 없는 증거로 보아야 한다(수용 불가능한 결론). 그들의 말은 청산유수와 같지만 이는 비가 기우제 때문에 내린다고 말하는 것과 동일하다. 이런 식의 사고방식에서는 과학은 해체되고 종국에 사라질 것이다.

법학자 로널드 드워킨Ronald Dworkin의 다음 말은 정곡을 찌른다.

사실 그렇게 될 경우, 신의 간섭이라는 주장은 합리적인 전통적 해석에 대한 경쟁 이론으로 쓸모가 있을 것이다. 왜 우리는 대기의 이산화탄소 오염 수치를 줄이지 않는 한, 그리고 줄일 때까지 온난화가 계속될 거라는 기상학자의 주장을, 신이 자신의 목적을 위해 지구를 덥히고 있고 그가 원할 때 다시 식힐 거라는 주장보다 더 선호해야 하는가?[15]

이러한 주장은 종교를 가진 많은 사람들이 믿고 있기 때문에 과학과 지식에 대한 종교적인 토대에서 촉발된 공격은 계몽 자체뿐만 아니라 지상의 생명 그 자체에 대한 위협이 되고 있다.

신을 믿는 사람들이 모두 다윈을 무찌르기 위해 신의 목발에 의지하는 것만은 아니다. 무식한 조지 부시가 "배심원들은 진화론을 믿지 않는다"라고 말했고 전직 상원 원내총무 빌 프리스트(그 자신 의사이기도 하다)가 공립학교에서 "양측 주장이 모두 교육되어야 한다"고 말했지만 이것은 교황 요한 바오로 2세의 의견이 아니다. 교황은 "진화는 더 이상 가설이 아니다"라고 말했다. 교황의 이런 관점을 좀 더 널리 알리기 위해 〈바티칸 천문대〉 소장이자 천문학자이고 사제인 조지 V. 코인George V. Coyne 신부는, 지적설계론은 "신을 왜소하게 만든다"고 말하며 "과학과 종교는 그 목적이 완전히 다

---

15) Ronald Dworkin, "Three Questions for America," *New York Review of Books*, September 21 2006

르다”고 주장했다. 다시 말해 성서가 ‘과학적 지식의 원천’으로 사용될 수도 없고 사용되어서도 안 된다는 말이다.

코인은 반다윈주의적이고 친설계론적인 입장으로 대중에게 잘 알려진 비엔나의 크리스토프 쉔보른Christoph Schoenborn 추기경을 공개적으로 비난했다. 쉔보른은 『뉴욕타임스』에 투고한 기고문—이는 가톨릭의 새로운 가르침을 전하는 보편적인 방식이 아니다—에서 진화는 ‘우연과 필연’으로 환원될 수 없으며 ‘내적 종말성internal finality’과 신의 계획이 있다고 주장했다. 코인 신부는 이는 절대로 교회의 가르침이 아니며 쉔보른이 “적어도 다섯 가지 근본 문제에 대해 오류를 범하고 있다”고 반박했다.[16] 나는 코인의 견해가 널리 퍼지기를 희망한다. 쉔보른은 교황 베네딕토 16세와 절친한 사이로 알려져 있다. 따라서 나는 그가 『뉴욕타임스』에 과감하게 기고한 행위가 진화론에 대한 가톨릭의 교리적 후퇴를 미리 예고한 것은 아닌가 생각한다.

지적설계론의 진화

진화에 대한 지적설계론의 관점이 무엇이든 간에, 아이러니하게도 지적설계론 역시 다른 유기체나 제도 혹은 교리와 비슷한 것 같다. 지적설계론도 환경의 변화에 따라 진화하고 있기 때문이다. 그들은 미꾸라지처럼 빠져나가며 우연과 필연을 활용하여 최고의 효

---

16) 이는 다음을 참고할 것. Mark Lombard, “Intelligent design belittles God, Vatican Director says,” Catholic Online, January 30, 2006. 쉔보른의 글은 다음을 참고할 것. “Finding Design in Nature,” *New York Times*, July 7, 2000. 쉔보른은 베네딕토 16세와 절친한 사이로 알려져 있기 때문에 그의 글은 교황의 관점을 대변한다고 보아도 좋다. 그렇다면 코인 신부의 주장은 대단히 용감한 의견이다.

과를 얻어내려고 한다. 그들은 신의 설계가 **어디에서나** 확인되는 것은 아니라고 말한다. 예컨대 어떤 유기체나 유기체의 어떤 부분이 설계의 흔적은 찾을 수 없고 자연도태로만 설명되는 움직일 수 없는 증거에 직면하게 되면, 그들은 그냥 그 자리를 뜨고 만다.

진정한 과학과 달리 지적설계론은 실험 가능한 예측을 하지 않는다. 달리 말해, 그들의 주장은 '반증 가능한' 것이 아니다. 즉, 과학적 가설을 가늠하는 엄밀한 측정 도구가 못 되는 것이다. 우리는 어떤 과학적 가설에 대해 그것을 반박할 수 있는 증거를 적어도 상상할 수는 있다. 그러나 지적설계론자의 주장을 꺾을 수 있는 증거를 찾을 수는 없다. 그들은 지금까지 테스트당하지 않기 위해 이리저리 피해 다녔다. 그 이유는 첫째, 이들은 '지적설계자' 가 언제 어떻게 개입했는가의 문제에 대한 답을 일부러 모호하게 한다. 둘째, 그들은 결코 "자연계의 모든 구조가 설계되어 있다"고 말하지 않는다. 다만 "자연계의 설계에 대한 증거를 과학이 찾을 수 있어야만 한다"고 주장한다. 이 둘은 완전히 다른 전제조건이다.

과학 잡지 『뉴사이언티스트*New Scientist*』는 지적설계론자들의 최근 전략을 '신의 실험실God Lab' 이라고 부른다. 〈디스커버리연구소〉와 〈과학문화재생센터〉가 신뢰성의 문제에 대해서만 주장을 펼칠 수 있을 뿐이라서 자금이 넉넉한 동료들은 시애틀 교외의 같은 자리에 〈생물학연구소Biologic Institute〉라는 새롭고 비밀스러운 연구 시설을 갖추었다. 『뉴사이언티스트』 기자가 그들을 방문했을 때 문과 입을 열었던 단 한 사람이 있었는데, 그는 이 일로 바로 해직되고 말았다. 우연히 비밀을 누설하고 말았기 때문이다.[17]

---

17) Celeste Biever, "The God Lab," *New Scientist*, December 16, 2006

이 불행한 비밀누설자는 조지 웨버George Weber라는 사람인데, 기자에게 특별할 것도 없는 당연한 사실들을 늘어놓았다. 살아 있는 유기체의 어떤 요소는 너무나 복잡해서 지적 존재의 개입이 없이는 결코 진화할 수 없기 때문에 이 연구소는 그것을 탐지하기 위해 새로이 설립되었고 그 때문에 소장인 더글러스 액스Douglas Axe 박사는 웨버 자신에게 '도끼' [18]를 주었다는 등의 말을 했던 것이다. 액스 소장은 웨버가 "〈생물학연구소〉의 취지를 심각하게 오해하고 있었으며 연구소를 잘못 표현했다"고 주장했다. 그러나 〈디스커버리연구소〉나 연구소 구성원인 베히와 뎀스키가 발표한 문건에 친숙한 사람이라면 웨버야말로 이 연구소를 가장 잘 이해한 사람이라고 말할 것이다. 〈생물학연구소〉는 과학실험을 수행하여 설계자의 수제품을 찾으려 하고 있는 것이다. 분자생물학을 전공한 사람으로서 영국 캠브리지 대학에서 박사후 과정을 이수한 액스 박사는 이 작업을 주도하고 있다.

테네시 주 데이튼에서 펜실베이니아 주 도버까지: 재판받는 다윈

2005년 12월 결판난 기념비적인 법적 결투에서 지적설계론자들이 당한 패배의 아픔이 〈생물학연구소〉를 설립하게 된 한 가지 이유라는 것은 분명하다. 스콥스 재판 이후 이러한 문제는 미국 전역에 걸친 법정에서 판결이 내려졌다. 특히 연방판사 존 E. 존스John E. Jones는 '키츠밀러 대 도버교육청' 소송에서 이런 사안에 대해 부정적인 장문의 판결문을 발표했다. 펜실베이니아 주 도버에 거주하는

---

18) 소장의 성 'Axe'는 '도끼'라는 뜻이다. 이를 두고 웨버는 말장난을 치고 있다. -역주

일단의 학부모들은 학교이사회를 법정으로 끌고 갔다. 왜냐하면 이사회가 생물학 교사들에게 수업시간에 진화론은 하나의 이론에 지나지 않으며 그 이론은 아직 입증되지 않았다고 가르치도록 지시하면서 지적설계론이 핵심주제인 어떤 책을 대안으로 추천했기 때문이었다. 결과는 학부모 측의 승리였다.

존스 판사는 부시가 임명한 사람이고 그 자신이 공화당 당원이었지만 공립학교에 지적설계론의 주장을 설명하거나 가르치는 것은 허락하지 않았다. 그 이유는 지적설계론이 때때옷으로 갈아입은 창조론에 다름 아니며 제1차 수정헌법을 위반하고 있다고 보았기 때문이었다. 그는 다음과 같이 판결했다.

> 재판에서 제시된 압도적인 증거에 의해 지적설계론은 종교적인 견해이고 창조론에 새로운 명칭을 붙인 것이며 과학이론이 아니라는 사실이 입증되었다.[19]

재판은 3개월 동안 계속되었고 재판비용도 백만 달러에 육박하였다. 패소할 경우 지방학교이사회가 지불해야 하는 돈으로서는 너무 부담스러운 액수였다. 그 결과, 분명히 이와 비슷한 소송이 벌어질 것을 두려워한 다른 4개 주는 지적설계론을 교과과정에서 철회하였다. 이는 이성이 승리한 하나의 사건이었다. 또 다른 승리는 이 재판이 끝나기 전에 찾아왔다. 2005년 치러진 지방선거에서 지적설계론에 동조한 도버지역 이사회 위원은 전원 탈락하였던 것이다.

이러한 승리는 1920년 설립된 〈미국자유인권협회〉와 같은 조직

---

19) 앞에서 거론한 존스 판사의 판결문 43쪽을 참고할 것

의 도움으로 쟁취되기도 한다. 이 조직은 스콥스 재판에도 참여한 바 있고 지금도 매년 약 6,000건의 송사, 50만 명의 시민들에게 도움을 주고 있다. 좀 더 특수한 조직으로는 〈미국정교분리연합Americans United for the Separation of Church and State〉이 있다. 이 단체 회원은 75,000명이며 60년 동안 소송과 교육을 위해 일하고 있다. 이 단체의 목표는 제1차 수정헌법을 수호하고 "미국이 국교회를 설립하고 교회국가가 되는 것을 막는 것"이다. 미국에는 종교계건 비종교계건 헌법에 도전하는 사람들로부터 헌법을 수호하기 위해 애쓰는 사람이 아직은 많다.

그러나 기뻐하기에는 아직 이르다. 시골 지역의 많은 고등학교 생물교사들은 근본주의적인 학부모와 충돌을 피하기 위해 진화에 관한 부분은 그냥 넘어간다고 시인하고 있다. 일부 교사는 무시무시한 " 'e' 로 시작하는 단어"[20](이 말은 이미 여러 사람들 사이에 사용되고 있다)를 발음하는 대신 "시간에 따른 변화"라는 완곡한 표현을 사용한다. 도버 재판 이후에도 지칠 줄 모르는 〈디스커버리〉 사람들은 지방을 순회하면서 그들에게 우호적인 언론매체를 동원하여 존스 판사가 틀렸다고 선전하고 있다. 139쪽에 달하는 판결문에서 존스 판사는 지적설계론이 "회원 상호 간 심사하는 간행물을 한 번도 낸 적이 없다"는 의견을 활용하였다. 그래서 〈생물학연구소〉의 액스 소장은 저명한 분자생물학 학술지에 논문 두 편을 게재하였고 윌리엄 뎀스키는 이를 지적설계론의 증거로 인용하기 시작했다.

따라서 만약 학술지 편집진들이 좀 더 주의 깊게 살피지 않는다면 표현에 각별히 신경 써서 작성한 이런 유의 논문이 심사 과정을

---

20) 즉, 철자 'e' 로 시작하는 'evolution' (진화)이라는 단어–역주

빠져나갈 공산이 크다. 지적설계론자들은 과학적 규범성과 타당성을 흉내 내고 있고 이런 목표를 달성하기 위해 그들의 전략을 매 단계마다 정교하게 다듬는다. 『뉴사이언티스트』의 다른 기사는 현재의 흐름을 이렇게 보도하고 있다.

> 최근 몇 년간 주류 과학계가 발견한 사실에 의문을 제기하는 주장은 그냥 웃어넘겨도 좋을 기계파괴주의자Luddites의 수준을 뛰어넘어 상당한 수의 사람들에게 과학을 주제로 한 대중 토론에서 설득력을 얻고 있다. 이런 주장이 설득력을 얻고 나아가 투표자의 편견과 부합하는 순간 뎀스키의 작업은 완성되는 것이다.[21]

지적설계론자들이 소득을 얻고 있는 이유는 그들이 비옥한 땅에서 작업하기 때문이다. 미국에서 진화와 다윈주의는 여전히 해결되지 않은 문제이며 어떤 이는 이런 개념에 개인적인 모욕감까지 느낄 정도이다. 부유하고 높은 교육열을 가진 선진국에서 유독 미국 시민들은 과학적으로 입증된 사실을 인정하기를 싫어한다. 미국인 자신—모든 인간들처럼—이 침팬지와 유전자가 98%나 같다는 사실에 대해 거부감을 나타내며 2/3는 침팬지와 유전자가 절반만 같다고 해도 불같이 화를 낼 것이다.

계몽을 위한 전쟁 : 바리케이드를 향해!

베스트셀러 작가이자 생물학자인 리처드 도킨스Richard

---

21) Mike Holderness, "Enemy at the Gates," *New scientist*, October 8, 2005

Dawkins(『만들어진 신*The God Delusion*』의 저자)는 최근 일어나고 있는 종교계의 약진과 과학을 짓밟으려는 종교계의 의도에 대해 경악하고 있다. 2006년 11월 캘리포니아 주 라 호야La Jolla에 소재한 〈솔크연구소Salk Institute〉의 〈제1차 '믿음을 넘어' 회의〉[22)에 참석한 노벨상 수상자들과 저명한 과학자들 역시 그와 마찬가지 반응을 보였다. 새로 생긴 TV 프로그램 〈과학 네트워크〉와 공동으로 진행한 행사에서 참석자들은 대중의 마음을 사로잡는 데는 종교가 과학에 승리했다는 사실을 인정하면서 대책 마련에 부심했다. 그들의 말에 따르면, "계몽의 기획이 황혼을 맞이하고 새로운 비이성의 시대가 도래하는 것"을 막으려면 우리는 "전통적으로 사회를 유지시켜온 이야기들처럼 시적이고 감동적인 만큼 합리적인 새로운 이야기"를 만들어내야만 한다.[23)

그러나 이들이 고려하지 않은 문제는 과연 '시적이고 감동적인 것'이 '합리적인 것'과 함께 갈 수 있느냐의 문제 즉, 개인이 새로운 신화적 구조를 **무에서** 창출할 능력이 있느냐의 문제이다. 아무리 분명한 관점과 뛰어난 재능을 갖춘 과학자일지라도 그것이 가능하겠느냐 하는 문제인 것이다. 여기서 말하는 '신화'는 사실이냐 허구냐의 문제가 아니라 〈믿음을 넘어〉를 주창한 사람들이 개진한 목표 즉, '시적이고 감동적인 이야기'를 창조하고 이를 대중의 상상력 속에 그려 넣어 그들의 마음을 사로잡는 계획을 말한다. 과학이 사람

---

22) 〈제2차 '믿음을 넘어' 회의〉는 2007년 11월 계몽주의를 주제로 개최되었는데 진행 과정에 대한 영상자료는 곧 서비스가 될 예정이다. 그러나 지금 내가 이야기하고 있는 제1차 회의에 대한 서비스 자료는 없는 것 같다.

23) 'Beyond Belief and the Science Network'의 웹사이트 및 다음을 참고하라. George Johnson, "A Free-for-all on Science and Religion"; *New York Times*, November 21, 2006

들에게 들려줄 수 있는 아름답고 경이로운 이야기가 많다는 것은 사실이다. 그러나 과학은 (성서의 표현을 빌리자면) 자신의 등불을 됫박 아래 너무 감추고 있다. 이래서는 여론에 아무런 도움이 되지 않는다. 우리가 앞에서도 보았듯이, 문화적 헤게모니는 뛰어난 과학자 소수에게만 의지해서는 획득할 수 없다.

〈믿음을 넘어〉의 취지를 믿는 사람들은 가장 중요한 'M' 으로 사명Mission을 꼽고 있지만, 나머지 4가지 현실적인 'M' 을 통제해야 할 필요가 있다. 즉 이들에게는 자금Money, 경영Management, 매체Media, 마케팅Marketing이 필요하며 이를 통해 최종적인 M인 신화Myth를 창조해낼 수 있는 것이다. 나아가 이러한 기능을 모두 충족시키려고 한다면 개인적인 실험, 교육, 뉴욕시 〈헤이든천문관Haydon Planetarium〉 운영과 같은 여타의 중요한 생업을 수행할 시간이 없을지도 모른다. 〈가족에게 초점을〉이라는 조직이 1,700명을 고용하고 있고 〈헤리티지재단〉이 '매일 약 6.5건의 언론 인터뷰' 에 응하고 있다는 사실을 상기하자.

여기에 약 102를 곱한 것이 새로운 '계몽의 전사' 들이 수행해야 할 과제이다.[24] 그들은 계몽주의판 〈디스커버리연구소〉(와 〈헤리티지재단〉과 그 밖의 다른 우파 이데올로기 공장)를 세우고 〈과학문화재생센터〉를 대체할 합리적 조직을 만들어내야 한다. 전체적으로 말해 반과학 함대에 맞설 대포를 정렬해야 한다. 장기간에 걸쳐 고군분투해야 할 과제가 아직 시작조차 되지 않고 있다.

무엇보다도 이들은 가장 기본적인 M 즉, 자금을 마련하기 위해 노력해야 한다. 돈은 다른 M이 작동할 수 있게 하는 근본이다. 과학

---

24) 우파 과학조직의 규모가 〈믿음을 넘어〉에 공감하는 사람들의 조직보다 약 102배는 된다는 뜻-역주

을 위해서는 〈템플튼재단Templeton Foundation〉과 같은 기구가 정확히 5개 정도 더 필요하다. 〈템플튼재단〉은 그 정체가 모호한 꿀단지와 같은데, 이 재단은 지난 20년 동안 포상과 연구지원비에 막대한 현찰을 쓰고 있다. 합리적인 사람이라면 누구도 이 재단이 신문 전면 광고에서 내세우는 "과학에 투자하고 중대 사안에 자금을 지원" 한다는 선전 문구에 반대하지 않을 것이다. 또 "우리는 아는 것이 너무 없지만 열심히 배우고자 합니다"라는 재단의 기본 정신에도 반대하지 않는다. 이 재단은 자신이 지적설계운동을 지원하지 않으며 〈기독교우파Christian Right〉와도 연대하지 않고 종교 기관이 아니라고 밝히고 있다. 여기까지는 다 좋다.

그러나 이 재단의 '핵심주제' 에 대해 말하자면, 과학에 대해 이 재단이 맞추는 초점은 분명하지가 않다. 독자의 판단을 돕기 위해 여기서 이 연구소의 서른한 가지 핵심주제 목록을 소개하고자 한다.

창조성, 호기심, 신생, 기업가정신, 진화, 용서, 자유와 자유의지, 미래지향적 정신, 관용, 감사, 정직, 겸양, 인간 번영, 무한, 정신과 지성, 신에 대한 새로운 관념, 기도와 명상, 진보, 목적, 신뢰성, 과학과 종교, 자기통제, 영혼의 자산, 영혼의 발전, 영혼의 변형, 영성과 건강, 검약, 궁극적 실재, 무조건적 사랑, 지혜, 찬양.

과학자는 진화, 정신과 지성 및 무한에 대해 호기심을 가질 것이고, 경제학자는 검약과 기업가정신에, 인류학자와 도덕철학자는 나머지 범주에 관심을 보일 것이다. 목록은 주로 종교적인 것에 집중되어 있는 것으로 보인다.

나의 이러한 평가는 이 재단이 수여한 포상 대상을 살펴봄으로써 더 확실해지는 것 같다. 이 재단의 기금은 전설적인 주식투자자 존 템플튼John Templeton의 재산에 근거하고 있다. 이제 그는 90대에 접어들었지만 바하마 군도에서 여생을 편안히 보내고 있는 것으로 알려져 있다. 주식투자의 성공으로 설립된 이 재단은 그의 가족이 운영하고 있는데 개인에게 수여하는 상금 중 세계에서 가장 큰 액수를 자랑한다. 그 액수는 80만 파운드(160만 달러, 120만 유로)라고 대중에게 알려져 있다. 이에 비하면 노벨상 수상자가 받는 돈은 푼돈에 불과하다. 상금은 주로 우주학자나 신학자에게 돌아가고 있다. 이들은 모두 과학과 종교가 같은 침대에서 편안히 누울 수 있도록 침대보의 구김살을 펴는 일에 노력한 사람들이다. 리처드 도킨스는 템플튼상을 두고 "일반적으로 종교에 대해 멋진 말을 할 준비가 되어 있는 과학자에게 …… 주어지는 막대한 액수의 돈"이라고 평한다.

물론 〈템플튼재단〉은 많은 사람에게 소액의 상금을 수여하고 있다. 예컨대 종교적 언론인이나 종교적 주제를 가진 영화 제작자에게 수여하는 것이다. 그러나 나는 이 재단이 수여하는 '자유상' 부문을 살펴보면서 사태를 알아챌 수 있었다. 내 눈의 콩깍지가 떨어지고 재단의 속내가 드러나는 순간이었다. 어떻게 표현하든 바로 그 순간에 나는 재단의 진실을 보았다. 〈템플튼〉은 우향우하고 있지 다른 곳으로 가는 것이 아니라는 진실 말이다.

'자유상'은 〈아틀라스재단Atlas Foundation〉이 선정하고 관장한다. 〈아틀라스재단〉(아틀라스라는 이름은 분명 아인 랜드Ayn Rand의 울트라-신자유주의적인 소설 『아틀라스가 어깨를 움직이다Atlas Shrugged』에서 따온 것이 틀림없다)은 상금을 전 세계에 걸쳐 있는 거대한 신자유주의적이고 하이에크적인 두뇌집단에게 수여하고 있다. 2006년에는 스물여섯 개의 두뇌집단이 "자유 증진에 뛰어난 공을 세웠다"는 이유로 이 상을 수상하였다. 더 중요한 사실은 〈아틀라스재단〉의 홈페이지에 따르면, 세계에는 대상자로 선택할 수 있는 두뇌집단이 481개가 있다고 한다. 재단이 말하는 '자유' 란 하이에크가 말하는 경제적 자유를 가리킨다. 즉, 정부 간섭으로부터의 자유, 세금으로부터의 자유, 공공에 대한 봉사로부터의 자유를 말하는 것이다.

〈아틀라스재단〉은 자신과 비슷한 생각을 가진 사람을 돕는 일에 매진한다. 그리하여 알바니아Albania에서 잠비아Zambia에 이르는 그들만의 두뇌집단을 구성하고 그들 서로를 연결시켜 거대한 네트워크를 구축하려고 한다. 재단이 가진 간단한 카탈로그에는 라틴아메리카에 소재한 81개소(아르헨티나에만 24곳이 있다)의 연구소, 아시아-태평양 지역의 41개 연구소, 중동과 아프리카의 22개 연구소, 동유럽과 서유럽에 149개 연구소—나는 개수가 따로 표시되지 않은 동유럽의 연구소를 일일이 확인하여 그 수가 50개임을 찾아냈다—가 표시되어 있었다. 물론 모두가 예상할 수 있듯이 최대 지역은 미국으로, 158개였다. 그러나 캐나다는 21개소이고 영국은 18개소에 지나지 않았다.

〈아틀라스재단〉은 신자유주의적 혹은 자유주의적 사상을 가진 센터가 481개나 있다는 사실을 들어 자신의 잠재적 영향력을 과시하고 있다. 그러나 내가 확인한 바에 따르면, 예컨대 프랑스에는 11개 연구소가 있지만 그곳에 유명한 프랑스 사상가는 단 한 사람도 관계하고 있지 않았다. 다만 하이에크가 주도한 〈몽페를랑협회〉의 전직 회장이며 극우파에 속하는 경제학교수만 한 사람 눈에 띄었을 뿐이다. 물론 〈아틀라스재단〉이 동유럽이나 IMF가 설쳐대는 아르헨티나와 같은 중남미 국가들 속으로 침투해간 속도는 가히 놀랄 만하

다. 이들은 조직이 잘 갖추어져 있고 고도로 숙달된 네트워크를 가
동하고 있으며 결과지향의 정책을 추구하고 있다.

템플튼-아틀라스 연대는 진보주의자들이 이들에 대항하기 위해
서는 이들을 연구할 필요가 있다는 것을 말해주는 지표이다. 이러한
사실을 미리 깨달은 사람으로는 〈믿음을 넘어〉 회의를 후원한 샌디
에이고San Diego의 사업가이자 투자가 로버트 젭스Robert Zeps를 들
수 있다. 그는 이 회의를 취재한 『뉴욕타임스』의 기사에서 '반-템플
튼주의자' 로 명명되었다. 나는 수소문끝에 그를 찾아내 기사의 표
현에 대해 어떻게 생각하는지, 그리고 자신이 그런 면에서 선구적
인물이라고 생각하는지 물어보았다. 젭스는 친절하게 응답했다.

저는 종교에 대해 부정적으로 말하는 과학자에게 연구비를 지원
한다는 점에서 반-템플튼주의자가 아닙니다. 저는 모든 학문은
배운다는 것을 제외하고는 특정 의제로부터 독립해야 한다고
(믿을 뿐입니다). 제가 목격하는 문제 중의 하나는, 부자들은
…… 이러한 문제에 대해 크게 주의하지 않으며 암연구와 같은
연구에 연구비를 지원하는 반면 보수주의와 싸우는 일에는 움직
이질 않는다는 점입니다. 대부분은 우파 종교인들이 바보이며 목
소리만 높을 뿐 반응을 보일 가치도 없는 사람들이라고만 생각합
니다. 그러므로 어떤 점에서는 제가 선구적인 면이 있습니다. 저
의 부유한 친구들도 저처럼 〈사이언스네트워크Science Network〉
와 같은 단체에 기부하기를 바랍니다. 저는 이런 일에 상당한 노
력을 할 준비가 되어있습니다! 빌 게이츠Bill Gates나 스티브 잡스
Steve Jobs를 비롯한 기술시대의 거부들은 과학을 확고하게 지지
한다고 믿습니다. 따라서 이제 그들은 자리에서 일어나 반과학주

의 압력단체들이 행동하는 방식대로 발언할 필요가 있습니다.[25]

우리는 그가 성공하기를 기원한다. 한편 계몽주의에 대한 공세는 극에 달한 느낌이다. 이를 방어하기 위해서는 돈이 우선 필요하겠지만 돈보다 더 많은 것도 필요하다. '퇴행적'인 사람들은 진보적인 사람들보다 네 가지 M에 있어서는 월등히 앞서 있다. 그것은 진보주의자들이 사상─이 경우 우주의 본질, 물리현실의 구조, 생명의 증폭현상에 관해 지금까지 인류가 창제한 가장 위대한 사상─을 지지할 필요성을 느끼지 못하고 있기 때문이다.

미국에서 과학에 대해 가해지는 공세를 줄이기 위해서는 다른 접근법이 필요하다. 공격적 복음주의자들과 관련된 현재의 미국적 환경에서는 어느 정도 불가피한 면이 있는 것이 사실이지만, 이들에 맞서기 위해 도킨스를 흉내 내는 전투적인 무신론이 꼭 필요한 것만은 아니다. 적어도 내가 볼 때, 문제의 초점은 무신론자를 종교인과 맞서게 하는 데 있지 않다. 수적으로 열세이기 때문에 그런 것만은 아니다. 수세기 동안 벌어진 논쟁의 역사를 볼 때─전문적인 학자들 간이건 소몰이꾼 사이의 논쟁이었건 간에─신의 존재와 의도에 관한 논쟁은 결코 해결된 적도 없고 앞으로도 해결될 일이 아니기 때문이다.

반면 신자와 무신론자 양측 모두 열심히 방어하고 승리한 논쟁이 있다. 그것은 바로 교회와 국가를 분리하는 일, 그리고 모든 종교적 신념체계를 공공영역의 외부에 두는 일에 관한 논쟁이다. 이는 프랑스인들이 1905년에 최종적으로 이룬 결실 즉, 가톨릭교회가 공화국

---

25) 2007년 1월 15일 나하고 주고받은 개인 서신

의 일을 간섭하지 않고 선출된 세속의 대표자들에게 맡기도록 강제한 결론으로 판가름 났다. 프랑스에서는 다른 종교 역시 같은 법률적 규제를 받는다.

내가 볼 때, 토머스 제퍼슨이 '분리의 벽'을 요청한 순간 일은 방향을 제대로 잡은 것이다. 많은 과학자들도 종교적 믿음을 가지고 있지만 이들이 자신의 과제를 훌륭하게 처리하지 못하는 것은 아니다. 그들은 실험실 문에 들어서는 순간 믿음을 내려놓고 들어서기 때문이다. 도킨스가 주장하는 것처럼 꼭 무신론이 인류 진보의 선결 조건이어야만 할까?

자신을 보호하는 초자연적 존재가 있다고 믿은 인간 선조는 그런 믿음이 없는 생명체보다 생존에 있어 더 유리한 조건을 갖게 되었다는 명백한 증거를 신경과학이나 진화생물학 및 인류학이 우리에게 제시할 가능성은 있다. 그러한 사실이 발견될 개연성은 크다. 하나의 종으로서 우리 인간은 우리보다 더 월등한 능력을 가진 존재가 있어 그 도움으로 우리가 인생을 살아갈 수 있다는 믿음을 가지도록 장치가 되어 있는지도 모른다.

사회 전체에 대한 교육이야말로 집단 착각을 막는 유일한 방어책이며 또한 공립학교에서 기도를 금지하는 정당한 이유이기도 하다. 학교에서 기도를 허용하는 문제는 네오콘이 공론화하기 좋아하는 이슈 중의 하나이다. 따라서 사람들에게는 비판적 사고를 위한 도구들이 필요한데, 비판적 사고의 대상은 신과 신의 행위에 대한 것까지를 포함한다. 미국의 반계몽주의 종교는 마르크스가 말한 '인민의 아편'이라는 개념에 특히 잘 들어맞는다. 하지만 이를 정면에서 공격하는 것은 "연방 의회는 국교를 정하거나 자유로운 신앙 행위를 금지하는 법률을 제정할 수 없다.……"고 규정한 수정헌법 제1조를 위반하는 일이 될 것이다. 공산주의자들은 미혹에 빠진 대중의 환상을 지우기 위해 강제력을 동원했다. 그러나 병보다 치료약이 더 나빴다는 것이 문제였다. 괴테는 이렇게 말했다. "역사를 통해 우리가 배울 수 있는 교훈은 역사로부터 배울 것이 아무 것도 없다는 사실이다." 우리가 이 정도라도 깨달았다면 얼마나 좋았겠는가.

거대한 일신론적 신앙(과 그 적수)은 기능장애를 일으키며 파괴적으로 변모하고 말았다고 보아도 좋다—나는 개인적으로 그렇다고 본다. 그러나 신에 대한 개인적인 믿음 혹은 불신은 여전히 지극히 개인적인 문제이기 때문에 보호받고 있다. 민주주의 사회라면 응당 그래야 한다. 우리가 관찰한 사실로 판단해볼 때, 종교는 수많은 사람에게 위안을 주며 다른 방법으로는 도저히 그럴 수 없을 정도로 사람들의 고통을 덜어주고 있다. 사람들이 이러한 위안을 거부하고 종교에 반발해야만 할까? 아마 그럴지도 모른다. 그러나 사람들을 설득하고 다른 대안을 제공하는 작업은 종교 그 자체와 싸우는 행위보다 더 정치적인 전쟁이 될 것임에 틀림없다. 종교를 가진 사람들이 〈디스커버리연구소〉의 복음주의 기독교도들과 달리 다른 사람에게 자신의 종교를 강요하지 않는 한, 제퍼슨이 제안한 '분리의 벽'만으로도 충분할 것이다. 그러나 지금 당장은 비상대책이 필요하며 장벽 위에 철조망이라도 쳐야 할 판이다.

마지막으로, '관용'이라는 문제, 가령 너의 주장은 나의 주장처럼 훌륭하다는 식의 상대주의적 개념에 대해서 어떻게 대응해야 할까? 이 점에서 나는 절대주의의 입장을 고수한다. 헌법에 명시된 종교의 자유는 힘들게 쟁취한 권리이다. 이를 위해 얼마나 많은 사람이 개인적으로 혹은 집단적으로("모두 죽여라. 신의 편은 신이 구별하실 것이다") 잔혹하게 학살당하고 순교했던가? 만약 이 수많은 희생자를 추모하고자 한다면 신앙의 자유는 보호받을 가치가 충분하다. 다른 사람의 권리 즉, 평화롭게 살고 마녀사냥을 당하지 않을 권리를 침해하지 않는 한 말이다.

이는 개인의 생각을 말할 수 있는 자유에 대해서도 마찬가지이다. 만약 누군가가 길모퉁이에 서서 달은 초록색 치즈로 만들어져 있다고 주장하고 싶다면 그 사람에게 그러한 자유는 허용되어야만 한다. 그러나 교사는 학생들에게 나의 신념이 아무리 강하더라도 나는 무지하거나 미신적이며 오류를 범할 수 있다는 사실을 이해하도록 충분한 지식과 방법론적 기술을 전달할 권리뿐만 아니라 의무도 지고 있다. 펜실베이니아 도버의 학부모들이 지적설계론에 대해 '불관용' 한 것은 올바른 일이었다. 첫째, 그것이 명백히 오류이기 때문이며, 둘째 그것은 아이들이 그들의 시대에 습득할 수 있는 가장 정확한 지식을 배울 기회를 침해하기 때문이다. 미래와 대면하기 위한 지식의 습득에 필요한 것이 이 이외에 또 무엇이 있겠는가?

게다가 '하늘에 수염 난 사람' 에 대한 믿음이 아니라 모든 물질, 에너지, 의식, 시간을 구현한 보편적 지성에 대한 믿음은 도킨스의 유물론만큼이나 가능하다. 이는 또한 고급한 과학이 연구할 수 있는 영역이기도 하다.

가정학교운동 [26]

앞 장에서 우리는 R. J. 러쉬두니의 신학적 교육과 〈캘시던재단〉에 대해 간단히 살펴보았다. 이들은 헌법을 무력화하고 구약과 모세

---

26) 가정학교운동을 주창하는 사람들은 home-schooling이라고 하지 않고 homeschooling이라고 표기한다.

의 율법을 미국의 최고 권위로 옹립하려는 의도를 가지고 있다. 러쉬두니는 미국의 수많은 어린이를 학교에 보내지 말고 집에서 가르치자는 운동을 선도한 인물이다. 서서히 세를 넓혀가고 있는 이 운동은 근본주의적 편견을 심어줄 수 있는 특별한 교재를 바탕으로 가르치고 있다. 이는 미국이라는 공화국이 당면한 구체적인 위협이 되고 있다. 이는 인간 지성과 이성에 대한 범죄이기 때문에 단순히 '관용' 할 그런 문제가 아니다. 하지만 현재 이러한 움직임은 법원에 의해 보호되고 있는 실정이다. 현재 미국의 낙후된 교육환경이 가정학교 학부모(이들 가운데는 진보적인 사람도 있다)를 동정하는 여론을 만들어내는 이유이기도 하다. 그러나 낙후된 환경의 문제에 대한 해답이 아이들의 머리를 반과학적이고 비합리적인 내용으로 채우는 것일 수는 없다. 그것은 공립학교에 더 많은 투자를 하고 교사의 처우를 개선하는 등의 일일 것이다.

잠깐 다른 이야기를 하고 싶다. 그러나 이 글의 주제와도 관계가 있다. 내가 초등학교를 다닐 때 날마다 행하는 의식이 있었다. 매일 아침 수업 시작 전에 책상 옆에 서서 오른손을 가슴에 대고 선생님 책상 위에 자랑스럽게 걸려 있는 성조기를 올려다보며 '국기에 대한 맹세Pledge of Allegiance'를 낭송하는 일이었다. "나는 미국의 국기와 국기가 나타내는 공화국에 충성을 맹세합니다. 공화국은 만인에 대한 자유와 정의로 하나이며 분리할 수 없습니다." 너무나 훌륭한 말이자 좋은 말인 이 말을 아이들은 평생 기억해야 하는데, 내 경우를 비추어 보면 나는 지금도 이 말을 기억하고 있다.

1950년대 초에는 〈콜럼버스기사단Knights of Columbus〉이라는 가톨릭 조직이 국기에 대한 맹세에 '하나님' 이라는 단어를 넣기 위해 엄청난 로비를 했다. 그리하여 1954년 국기에 대한 맹세는 "……하나님 아래 하나이며……"로 바뀌었다. 아이젠하워 대통령은 내용 변경을 추인하면서 이렇게 말했다. "이러한 방법을 통해 우리는 미국의 유산과 미래에 종교적 믿음의 초월성을 재확인하게 되었다. 이러한 방법을 통해 우리는 계속해서 정신적 무기를 강화할 수 있게 되었다. 이는 평화시든 전시든 우리나라의 가장 강력한 자원이 될 것이다."[27]

아이젠하워는 이런 식으로 수백만 어린 영혼에게 애국심은 종교와 결합되고 종교는 애국심과 결합된다는 인식을 새겨놓게 되었다. 반면 나의 어린 마음은 공화국 정부가 25단어로 선언한 위대한 이념을 매일 조금씩 생각하는 쪽으로 바쳐졌다. 아이젠하워 대통령은 맑은 물을 흐려놓았고 수정헌법 제1조를 무시했다. 그러나 어느 누구도 크게 문제시하지 않았다. 그 이유는 아마도 아이들이 매일 암송하는 걸 듣기는 하겠지만 암송하도록 강요받지는 않았기 때문일 것이다. 대법원은 이런 원칙을 변경되기 이전인 1943년 이미 확정했었다. 8~9세의 아동들은 친구들과 같이 암송하지 못할 때는 조금 낯설고 외롭기는 하겠지만 굳이 따라할 필요는 없다는 것이다. 그러나 이러한 원칙에 불만을 가진 종교계의 '친-생명' (즉, '반-낙태' 의 암호) 세력들은 맹세에 또 다시 손질을 가하려고 시도하고 있다. **"태어났건 태어나지 않았건** 만인에게……"라는 표현을 쓰게 만들려는 것이다. 다행스럽게 지금까지는 실패로 돌아갔다.

왜 내가 여기서 국기에 대한 맹세 이야기를 하고 있는가? 그 이유

---

27) 원래 국기에 대한 맹세는 기독교 사회주의자인 프란시스 벨라미Francis Bellamy가 1892년 10월 '콜럼버스의 날' 에 미대륙 발견 400주년 기념식을 축하하면서 발표하였다. 국기에 대한 맹세의 내용이 바뀌는 날 벨라미의 손녀는 할아버지가 만약 살아 있었다면 "하나님 아래"라는 표현을 삽입하는 걸 원치 않았을 것이라고 말했다.

는 이것이 야구 경기장에서 경기를 관람할 때나 행진할 때 혹은 소풍을 가거나 7월 4일 불꽃놀이를 할 때 애국가를 부르는 것과 같은 미국 시민 공통의 관습이기 때문이다. 이는 단순히 애국심을 고취하는 역할뿐만 아니라 미국 시민을 현재 상태로 만든 미덕을 시민들이 함께 찬양함으로써 공유된 운명에 대한 감각을 일깨워주는 역할을 한다. 그런데 여기에 '하나님'이 개입되면 그러한 느낌은, 적어도 내가 볼 때, 줄어든다. 왜냐하면 '하나님'은 일부 시민을 제외시킬 것이기 때문이다.

가정학교운동은 수백만 명의 아이들을 시민의식의 공동체로부터 제외시킬 것이다. 핵심은 바로 이것이다. 아이들이 오직 성서에만 복종하도록 교육받는 것이 문제이다. 이러한 특수한 교육방식에 밀어 넣어진 아이들은 스스로를 오직 복음주의적 기독교도, 신을 두려워하는 기독교도로만 인식할 것이기 때문이다. 공화주의를 지지하건 민주주의를 지지하건 미국시민이라는 의식 대신에 말이다.

교육인가 설교인가?

〈남부침례파〉는 이러한 문제를 전혀 걱정하지 않는다. 1,600만 신도를 가진 이 조직은 미국에서 가장 거대한 개신교 교파이다. 그런데 이들 지도자 가운데 상당수는 학교에 아이를 보내는 것은 '아동학대'에 다름 아니라고 주장한다. 그 가운데 어떤 사람은 이렇게 주장한다. "만약 여러분이 성병이나 총기사고 그리고 높은 십대 임신율 등 그 모든 것이 상관없다면, 아이를 학교에 보내십시오."[28]

---

28) 공식명칭이 〈남부침례교협의회Southern Baptist Convention〉인 이 조직은 미국의 종교와 정치가 우경화하고 있다는 것을 극적으로 보여주는 사례이다. 이 조직은 1970

이러한 악을 뿌리 뽑기 위해 그리고 "정부 주도의 학교에 내재한 영혼과 도덕 및 학문적 부패" 때문에 남부침례파는 (학교로부터의) '탈출전략' 을 통해 기독교의 가르침으로 옮겨 갈 준비를 하고 있다. 이는 현재 구약에서 그 이름을 빌려온 〈탈출명령Exodus Mandate〉이라는 하부 조직을 통해 지휘되고 있다. 이들이 잘 알고 있는 사실은 어린이들이 세속적 교육을 많이 받을수록 교회를 그만두는 확률이 높아지며 그것은 고등학교와 대학교로 가면 갈수록 더욱 그러하다는 사실이다. 이 운동을 지도하고 있는 인물 가운데 어떤 사람은 이렇게 말하고 있다.

기독교 부모들은 아이들에게 그리스도에 중심을 둔 교육을 제공할 의무가 있다. 만약 어떤 부모가 아이들이 청년회와 교회에서 보내는 몇 시간만으로도 주당 학교에서 공부하고 활동하며 집에서 숙제하면서 보내는 40~50시간보다 더 많은 영향을 줄 수 있다고 생각한다면 그는 자신에게 정직한 사람이라고 할 수 없다.[29]

수많은 자료에 의하면, 미국에서 가정학교운동에 참여하는 유치

년대에 '보수파의 숙청' 혹은 '근본주의의 점령' (뭐라 이름 붙여도 좋다)을 겪었다. 좀 더 자유주의적인 사람들은 더 작은 조직과 교회로 어지럽게 흩어지게 되었다. 이보다 앞선 1845년 노예제를 지지하는 사람들이 다수를 차지했을 때 최초의 분열사태가 발생했다. 이런 맥락에서 '남부' 는 지리적인 의미가 아니다. 따라서 '남부' 침례교도는 미국 전역에서 찾아볼 수 있다.

29) Bob Unruh, "Brave New Schools: Baptists' 'exit strategy' means get kids out of public schools." 언러Unruh는 2006년 10월 20일 〈월드넷데일리〉에 게재된 캘리포니아 목사 윌리 드레이크Wiley Drake, 남부침례신학교의 앨버트 몰러Albert Mohler 총장 및 그 외 다수의 글을 인용하고 있다. 〈월드넷데일리〉는 우파와 직접 연결된 대단히 보수적인 뉴스전문 웹사이트로서 책과 잡지도 발행한다. 매일 6백만 내지 7백만 명이 조회하는 것으로 알려져 있다.

원생부터 12학년까지의 아이들은 적어도 250만 명은 되는 것으로 추산된다. 이 운동은 큰 돈벌이가 되는 사업이기도 하다. 교과과정 상 필요한 물품, 교재, 컴퓨터 프로그램 등을 구매하는 데 소요되는 경비는 이미 연간 10억 달러를 넘어서고 있다. 만약 〈남부침례파〉 부모들이 목사와 신학자들의 의견을 따른다면 그 규모는 2배 혹은 3배로 늘어날 것이다.

침례파의 고위직 간부들은 정말 그러고 싶지 않지만, 정말 슬픈 일이지만 가정학교운동을 미국 전역으로 확대해야 한다고 요구하지 않을 수 없다고 주장한다. 그들은 더 이상 기다릴 수 없다는 것이다. 왜냐하면,

> (학교가) 신앙인에게는 정말로 중요한 문제에 대해 결코 중립적이지 않기 때문이다. 불행히도 공교육은 인간의 기원과 성역할의 중요성 및 동성애의 문제를 성서적으로 가르치기를 거부하는 사람들에게 납치당해버렸다. 이런 문제는 기독교도에게는 타협의 여지가 없는 문제인데 말이다.[30]

통상 성은 기독교에서 크게 다루어지는 문제이다. 캘리포니아의 기독교도들은 특히 교과과정에서 동성애를 '차별'하는 것이 곧 불법이 될 것이라는 사실 즉, 기독교도가 볼 때 성적 도착인 이 행위가 '관용'되어야 한다는 사실에 경악을 금치 못하고 있다. 그들이 '동성애자들의 조직적 로비'의 맹습이라고 부르는 사건들이 이미 브루

---

30) 언러는 『자유주의가 아이들을 죽인다*Liberalism Kills Kids*』의 저자 릭 스카보러Rick Scarborough의 말을 인용하고 있다. 이 글은 가정학교운동에 관한 자세한 내용을 담고 있다.

스 쇼트Bruce Shortt가 『학교의 고약한 진실The Harsh Truth about Public Schools』이라는 책에서 목록화한 여러 가지 악을 퍼뜨리고 있다는 것이다. 이 책은 〈캘시던재단〉이 출판하였는데, 이미 알다시피 이 재단은 종교적 우파 중에서도 가장 극우적인 천년지복-지배-재건주의 조직의 대변인 역할을 하고 있다. 쇼트의 책은 〈월드넷데일리World Net Daily〉와 같은 사이트를 통해 홍보가 이루어지고 있다. 자, 그렇다면 쇼트가 말하는 '고약한 진실'이란 과연 무엇인가? 그것은,

> 정부 주도의 학교체계가 강요하는 반기독교주의와 그것의 불가피한 결과를 말한다. 그것은 도덕적 상대주의(고정된 기준의 부재), 학문의 저급화, 극좌적 프로그램, 훈육의 부재, 정부주도형 교육전문가의 끈덕지고 가련한 합리화를 낳고 말았다.

이들의 또 다른 하부조직으로는 〈가정학교를 가족에서 가족으로 Homeschooling Family to Family〉가 있다. 이 조직은 이미 아이를 가정에서 가르치고 있는 가족이 다른 가족에게도 그러도록 설득하고, 그에 대한 도덕적 지원을 보내는 운동을 추진하고 있다. 이 운동을 벌이는 사람들은 많은 기독교 부모의 고충을 잘 알고 있다. 부모는 기독교도로서 자신의 의무를 수행해야 한다고 생각하면서도 행여 아이들이 직업에 필요한 교육을 받지 못함으로써 당할 고통이 염려스러운 것이다. 이 단체는 부모들에게 자신감을 심어주고 지원그룹의 방대한 조직에 대해 설명해주며 가정에서 공부하는 아이를 함께 모아 다양한 과외수업과 스포츠 활동을 하게 함으로써 아이들의 '사회화'를 도와준다. 요컨대, 이 단체는 경험이 없는 신참 부모를 숙달시켜 남을 도와줄 수 있는 단계까지 끌어올리려고 한다. 다른 맥락에서 보자

면 이들의 전략은 '입소문 마케팅viral marketing' 전략이라고 부를 수 있을 것이다. 무엇이라 부르든 이 전략은 일요일만이 아니라 일주일 내내 복음주의 교육을 받는 아이들의 수를 증폭시킬 것이다.

이 글을 읽는 다른 나라 독자들은 아마 쉽게 믿지 못할 것이다. 정부가 개입하지는 않나? 아이들을 국가가 운영하거나 승인한 학교에서 데리고 나와 허접한 아무것이나 가르쳐도 되나? 답은 (1) 그렇다. 정부는 개입하지 않는다. (2) 그렇다. 아무것이나 가르쳐도 된다. 물론 항상 그럴 수 있었던 것은 아니었다. 그것은 교육이 각 개별 주(州)의 소관이고 주마다 다른 법, 특히 교사의 자질과 자격에 관한 법이 있기 때문이다.

그런데 이런 법이 더 이상 소용이 없어지게 된 것은 〈가정학교변호협회Home School Legal Defense Association〉라는 복음주의 조직의 끈질김 때문이다. 이 조직은 8만 가구가 회원으로 가입하고 있으며 재정적으로 활동을 돕고 있다. 이 단체는 1980년대 초 마이크 스미스Mike Smith와 마이클 패리스Michael Farris라는 두 명의 완고한 전문변호사에 의해 창립된 이후 체계적으로 교습을 위한 법적 요건을 조금씩 허물어뜨렸다. 그리하여 불과 십년 만에 여러 차례 소송에서 승리한 것에 힘입어 교사자격 기준을 규정한 주의 법률적 장애들을 제거해나갔으며 50개 주 전부에서 가정학교를 적법한 것으로 만들어냈다.

이 때문에 1990년에 30만이었던 가정학교 학생 수가 오늘날 250만에 육박하게 된 것이다. 버지니아와 같은 주는 학생을 지도하려는 부모에게 고등학교 졸업장조차 요구하지 않는다. 단지 '종교상의 면제religious exemption'를 요구하기만 하면 된다. 가정학교 교과목에 대해서는 주의 규정도, 연방정부의 규제도 없다. 교재에 대한 감시도 없기 때문에 다수 교재가 '젊은 지구' 창조론의 입장을 취하고 있으며, 성서의 창조론을 '과학'으로 규정하고 있다. 지적설계론을 학교에서 가르치지 못하도록 결정한 펜실베이니아 도버 재판은 많은 이들이 법원을 원망하게 하는 기폭제가 되었다. 이제는 부모가 어떤 내용이라도 임의로 가르칠 수 있고 또 가르치기를 거부할 수도 있게 되었다.[31]

물론 진화는 교과과정에서 금기의 대상이 되었으며 일부 '과학' 교재는 도가 지나쳐 SF소설 뺨치는 창작물이 되었다. 일사천리로 보여주는 마술 미스터리 여행의 테마에 다음과 같은 '명명백백한' 사실이 추가되어도 좋을 것이다.

— 지구 창조는 6,000년 전에 일어났다. 독자도 다 아는 사실인데 반복해서 미안할 뿐이다.
— 6,000년보다 더 오래된 암석이 있다고 말하는 탄소동위원소 측정법은 믿을 수 없다.
— 동성애는 평균수명을 단축시킨다. 20세에 시작하면 적어도 8년에서 20년까지 수명이 줄어든다. 게다가 유방암에 걸릴 확률도 높아진다.
— 기후변화는 하나님이 '견제와 균형'을 이루어주시기 때문에 일어나지 않을 것이다. 따라서 "지구온난화 사태의 위험은 없다."
— 그랜드캐니언Grand Canyon은 노아의 홍수로 만들어졌다.

---

31) 다음의 사이트들을 볼 것. 〈exodus 200.org〉, 〈homeschoolingfamilytofamily.org〉, 및 〈hslda.org〉. 또한 다음도 참고할 것. Amanda Gefter, "Home-schooling special: Preach your children well," *New Scientist*, November 11, 2006

— 우리가 지금 바라보는 별빛이 수십억 년 전에 방출된 빛이라
는 이야기를 들었을 것이다. 그것은 거짓말이다. 과거의 빛의
속도는 지금보다 훨씬 빨랐다.

아직까지는 달이 초록색깔 치즈로 만들어졌다고 주장할 입장이
못 되지만 인내심을 가지자. 곧 우리의 과학자들이 이 문제도 해결
해줄 것이다.

그래서 무슨 일이 일어나고 있는가?

이제 우리는 '가정학교에서-제대로-교육받은' 젊은이들, '제대
로 교리를 습득한' 청년들이 대학 수준의 교육을 받기 위해 열심히
공부하는 현장을 들여다보도록 하자. 이제 이들은 어디로 가는가?
밥존스 대학Bob Jones University이나 제리 폴웰의 자유 대학Liberty
University 또는 재건주의 리젠트 대학Regent University과 같은 기독교
대학들은 많다. 그러나 일부 학생들은 더 나은 엘리트 교육을 받고
싶어 한다. 하지만 가정학교를 졸업한 학생들은 적법한 비종교적인
초급대학이나 종합대학에 입학할 수 없을 것 아닌가? 아니다. 다닐
수 있고 또 다니고 있다. 최고 수준의 대학은 불가능하더라도 대부
분의 대학 입시 관계자는 표준화된 컴퓨터가 채점한 시험에 의존하
기 때문에 사실적 지식만을 강조할 뿐 해당 학생이 기본적인 과학적
지식을 갖추고 있는지는 묻지도 따지지도 않는다.

만약 이 학생들이 높은 수준의 학문기관에 입학하여 1학년 때 필
수 과학과목을 이수하기 위해 생물학, 지질학, 혹은 천문학을 수강
한다면 큰 충격을 받을 것이다. 그러나 적어도 한 군데 대학은 총명

한 가정학교 졸업생의 여린 감성을 보호하고 그들의 온전한 미래를 위해 부족한 부분을 챙겨주려고 노력하고 있다. 버지니아의 아름다운 시골에 위치한 패트릭헨리 대학Patrick Henry College은 학생 수 약 250명의 작은 대학으로서 워싱턴 DC 인근에 있다.[32] 이 대학은 가정학교 출신의 복음주의 학생들을 수용하기 위해 2000년에 문을 열었지만 예상을 뛰어넘는 성공을 거두었다. 이 대학을 졸업한 학생들은 상위권 학생을 포함하여 모두 법학대학원에 지원하여 입학을 허가받았다. 100% 입학이라는 기록은 이 대학보다 역사가 오래되고 더 우수한 학교들의 선망의 대상이다. 이 학교 졸업생은 보수적인 워싱턴 DC 사회에서 인기가 높아 의회 인턴이나 초급직원으로 취업이 잘 되고 있으며 FBI나 심지어 백악관 같은 연방정부기관에도 일자리를 쉽게 구하고 있다.[33]

이러한 성공은 복음주의적인 사고방식을 가진 관료나 정치인들이 우파의 새로운 혈액을 공급받기 위해 이러한 자리를 마련해주었기 때문에 그런 것만은 아니다. 실제로 이 대학의 졸업생들은 업무능력이 훌륭한 것으로 알려져 있다. 대학은 학생들이 능력 있는 행정가, 논객, 혹은 법률가가 될 수 있도록 논리학, 수사학, 작문 및 연

---

32) 패트릭 헨리Patrick Henry는 미국 역사상 가장 유명한 연설가 중의 한 사람이다. 그는 매사추세츠에서 일어나고 있는 미국혁명에 고향 버지니아 사람들도 참여할 것을 간곡히 호소하였다. 초등학교 학생들은 대부분 1775년 3월 23일 그가 행한 연설의 마지막 부분을 암송할 줄 안다. "사슬에 묶인 노예로 살면서 얻어진 생명과 평화가 그리도 소중하고 그리도 달콤하단 말인가? 전능한 신이시여, 이를 막아주소서! 나는 다른 사람들이 어떤 선택을 할지는 잘 모른다. 하지만 나에게는, 자유가 아니면 죽음을 달라!" 그의 이름을 딴 이 대학의 교훈은 "그리스도와 자유를 위해"이다. 그러나 여기서 말하는 자유는 혁명적 자유라기보다는 하이에크적 자유에 가깝다. 패트릭 헨리의 심금을 울리는 연설과 정치적 승리에 대해서는 〈www.history.org/media/audio.cfm〉을 참고할 것

33) 위에서 소개한 아만다 게프터Amanda Gefter의 글

설과 소통기술(〈디스커버리연구소〉처럼)에 중점을 둔 교과과정을 준비해놓고 있다. 학생 대다수는 행정학을 전공하며 대학은 어느 전직 총장의 말대로 '영향의 직업'을 위한 준비를 시키고 있다. 이 총장이 다름 아닌 마이클 패리스이다. 그가 바로 〈가정학교변호협회〉를 위해 십자군처럼 투쟁하는 변호사로서 50개 주에서 모두 가정학교를 방해하는 법령을 파기시킨 장본인 아니던가.

패트릭헨리 대학은 학생들이 소송서류를 꾸미고 변론하는 '모의법정' 대회에서 두 번이나 우승했다. 막강한 영국 옥스퍼드 대학의 '아리스토크레틱 밸리올 칼리지Aristocratic Balliol College' 조차 실추된 명예에 얼굴을 가려야만 했다. 패트릭헨리 대학은 밸리올에 맞서 미국과 영국에서 각각 한 번씩 승리했다.

마이클 패리스는 이 대학을 '복음주의 아이비리그'의 1순위라고 부르고, 학생들은 자신의 모교를 '가정학교학생의 하버드'라고 부른다. 학칙은 엄하고 복장규칙도 엄격하다. 정치는 부시-체니를 지향하며 품행은 단정하다. 모든 입학생은 신앙진술서에 서명해야 하는데, 그 진술서에는 사탄과 "그리스도의 밖에서 죽은 자들은 모두 영원히 깨어서 받는 고통 속에 갇히는" 장소인 지옥에 대한 명제가 포함되어 있다. 점점 더 많은 수의 패트릭헨리 대학 선수단이 법학대학원으로 혹은 워싱턴으로 직행하고 있다. 이 대학의 스타급 학생 가운데 누군가 장차 대법원에서 '로우 대 웨이드' 소송사건의 결과를 뒤집는 판결을 얻어내는 변호사로 성공할 날도 멀지 않았다.[34]

---

34) 학생편람의 신앙선서에 대해서는 패트릭헨리 대학의 웹사이트를 참고. 또한 다음도 참고할 것. Hanna Rosin, "Annals of Education: God and Country," *New Yorker*, June 27, 2005

결론으로서의 경고

계몽주의에 대한 공격은 아래로부터 시작하고 있다. '젊은 지구' 창조론자와 지식이 없는 부모가 더 지식이 없는 아이를 길러냄으로써 시작되고 있는 것이다. 또 위로부터도 온다. 박사학위를 가진 세련된 지식인들은 아무 생각 없는 언론의 도움에 힘입어 그것과 연대하여 반과학주의를 선전하고 있다. 위아래 두 개의 맷돌 사이에 끼인 합리주의와 민주주의는 가루가 되고 있다. 이런 사람들이 문화적 충계의 상층에 있든 하층에 있든, 그들과 '대화'를 시도할 수 있다고 생각하지 말라. 그들은 토론을 원하지 않는다. 그들은 여러분을 개종시키고 자기들 마음대로 하려고 든다. 바로 그것이다. 만약 여러분이 개종을 거부하면 그들은 권력을 쥐는 순간 바로 여러분을 강제할 것이다. 그들은 권력을 쥘 때까지 기다리면서 온갖 수단을 동원할 것이다.

이 사람들을 아주 오랫동안 지켜본 재능 있는 작가 조우 배긴트 Joe Bageant로부터 우리는 교훈을 얻어야 한다. 배긴트는 이런 집안에서 태어났는데, 형제 가운데 한 사람은 근본주의 목사이다. 배긴트는 가족을 만나러 고향으로 돌아간다. 가족은 선하고 다정한 사람들이다. 비록 가족들과 대화는 불가능해도 가족들은 그를 사랑한다. 배긴트는 자신이 무슨 이야기를 하는지 잘 안다. 우리는 이러한 사람들이 어떤 세상에 살고 있는가를 알기 위해 그의 말에 귀를 기울여야 한다.

종교적 근본주의자들은 우리들에게는 아주 오래전에 소멸했거나 사라진 고답적 의식의 경계지대를 경험한다. (이들은) 현대인이 접근하기 힘든 …… 신에 대한 숭배나 무아지경처럼 퇴화해버리고 흔적만 남은 종교적 황홀경을 경험한다. 이성과 논리를 넘어선 상태가 이들에게는 오히려 정반대이다.

배긴트는 근본주의 가족과 친구를 만나러 가기는 하지만 그들을 따라 교회에 가지는 않는다. 그것이 대단히 위험한 일이라는 걸 잘 알기 때문이다. 배긴트 자신 역시 아직은 종교적 황홀경에 쉽게 빠질 수 있기 때문이다. 배긴트는 진보적 정치인의 표면 아래에 잠복해 있는, 울며 소리쳐 기도하려는 또 다른 자신에게 굴복할 수 있다는 것을 안다. "그것은 일종의 원시적 사회로의 침잠과도 같은 것이다. 우리는 우리가 생각하는 것만큼 강하지 않다." 일종의 집단최면과도 같은 것에 걸리면 신자들은 정서적으로 해방되는 지복의 감정을 경험한다. "아름답고 간절한 환희, 행복, 그리고 사랑을."

만약 여러분이 이러한 숭배문화에 함께 참여한다면 여러분이 원할 때는 언제나 이 놀라운 마약을 흡입할 수 있다. 어떤 때는 약효가 점점 떨어지기도 하지만, 이 약의 효과를 경험한 많은 사람은 계속해서 이 약을 찾는다. 이 책의 저자로서 나는 그들에게 먼저 돌을 던지고 싶은 마음은 없다. 이들의 일자리는 열악하거나 아예 없는 경우도 많다. 노동은 길고 수입은 적다. 하루 일당을 다 바쳐야 아이들을 데리고 병원을 찾을 수 있다. 카드는 항상 연체 중이고, 세금에 시달린다. 이제 서브프라임 모기지 사태가 이들의 보금자리마저 빼앗고 있다. 노동계급은 물론 중산층조차도 힘겨운 미국의 잔인한 현실 앞에 종교는 큰 위로가 된다. 종교는 어떤 제도도 마련해줄 수 없는 소속감을 제공한다.

포용의 온기 속에서 느끼는 소속의 쾌감에 대해 이성은 그다지

매력을 주지 못한다. 숭배문화의 안으로 모여든 사람은 다함께 옹기종기 모여 앉을 때 일시적으로나마 그들과 생각이 다른 외부의 위협으로부터 안전하다는 느낌을 받는다. 이들을 밀어내려는 힘이 느껴질 때 이들은 이 나라가 힘들게 쟁취한 민주적 제도 따위는 안중에도 없다. 제도가 그들에게 해줄 것이 거의 없기 때문이다. 공화당이 정권을 잡든 민주당이 잡든 미국사회가 이들에게 제공하는 것은 거의 없다. 주는 것이 있다면 고된 노동이며 그마저도 없을 때는 철저한 불안뿐이다. 신정정치는 이들에게 아주 적절할 것이다. 감사할 따름이다. 그러니 신앙이 없는 자들은 아무런 권리가 없다. 근본주의 회교도 역시 비슷한 조건을 살고 있다. 같은 덫에 걸려 있는 것이다.

지금 나는 합리적 토론이 중요하다는 이야기가 아니다. '최상의-교리가-승리하는' 종교의 경쟁에 대한 이야기도 아니다. 사태는 점점 더 커져가고 있다. 계몽주의와 함께 도래한 세계관과 인간의 진보를 익사시키고 불안감을 제거해주는 성서적 율법의 근본주의 교리와 맞바꾸려고 하고 있기 때문이다. 미국에는 기껏해야 고등학교 중퇴 학력의 노동계급 수가 대학교육을 받은 중산층보다 세 배나 많다.

광신적인 논리와 실천은 모두 같은 규칙을 따른다. 나는 몇 년 전 파리에서 유진 이오네스코Eugene Ionesco의 연극 〈코뿔소Rhinoceros〉를 본 적이 있다. 이 연극은 스트레스가 심해짐에 따라 많은 사람이 코뿔소로 변해가는 상황을 그려내고 있었다. 완전히 정상이던 시민들이 아무리 저항해도 최후의 일인까지 그렇게 변신하고 만 것이다. 이오네스코는 파시즘이나 공산주의에 대한 우화를 쓴 것인데, 이는 종교적 근본주의에도 그대로 적용된다.

조우 배긴트가 나머지 우리들 즉, 고등교육을 받았고, 지적이며, 관용적이고, 중산층적이며, 민주주의를 신봉하고, 대화를 지향하는 우리들에게 말하듯이, "깨어나시오. 적은 우리가 알고 있는 것보다 훨씬 더 사악하다오."[35]

---

35) 이 글은 조우 배긴트가 2004년 11월 11일 발표한 「종말에 취하여Hung over in the end times」를 인용한 것이다. 독자 여러분이 오늘날의 미국 특히, 미국의 종교에 대해 마음껏 맛보고 싶다면 나는 과감하면서도 재미있게 글을 쓰는 배긴트를 강력하게 추천하고 싶다. 배긴트의 사이트는 〈www.joebageant.com〉이며 그의 책 『예수와 함께하는 사슴사냥: 미국 계급전쟁 발 급전Deer Hunting with Jesus: Dispatches from America' s Class War』은 2007년 크라운 출판사에서 출판되었다.

5

로비, 복도, 권좌

제**5**장

로비, 복도, 권좌

우리는 우리나라에서 민주주의를 성취할 수 있습니다. 또한 소수
에게 막대한 부가 집중되게 할 수도 있습니다. 그러나 이 두 가지
를 동시에 다 가질 수는 없습니다.

루이스 브랜다이스Louis Brandeis, 대법원 판사

(1916~1939년 재직)

최초의 '로비'는 정확하게 특별한 이익집단이 국회의원에게 달
라붙어 자신의 주장을 늘어놓기 위해 대기하고 있던 하원의 복도였
다. 미국의 애국주의자들은 그들의 영향력을 발휘한 최초의 로비를
율리시즈 S. 그랜트Ulysses S. Grant 대통령이 화재 후 백악관의 재개장
을 기다리며 벗들과 함께 브랜디를 마시고 담배를 피우고 있던 워싱
턴의 윌러드 호텔Willard Hotel 로비라고 말할지도 모른다. 그렇지

만 최소한 언어적으로 본다면 진실은 영국인들이 백악관에 처음 도착할 때부터였다. 왜냐하면 미국에서는 로비활동 그 자체가 공화국만큼이나 오래된 것이기 때문이다. 1880년대 미국 철도회사 로비스트들은 대범하게 하원과 상원의 의원석에서 국회의원에게 수표를 건네주었다. 그러나 19세기부터 이 수법은 더욱더 정교해지고 교묘해졌으며, 많은 비용이 들게 되었다.

제1장에서 우리는 지식인과 재단 그리고 두뇌집단들이 미국의 문화적 풍경을 어떻게 변화시켰는지 살펴보았지만, 거대 기업이 이데올로기의 전환에 끼친 영향에 대해서는 고려하지 않았다. 제2장에서 우리는 자신들의 주장을 압박하기 위해 직원까지 두고 있는 AIPAC('이스라엘 로비')과 같은 로비 단체를 일부만 살펴보았다. 다른 이익집단도 자신의 방침을 관철시키기 위해 직원을 고용하고 특수한 회사에 용역을 의뢰하기도 한다. 감시단체인 〈로비워치 LobbyWatch〉에 따르면, 1998년에서 2004년 사이 미국 로비산업의 상위 10개 의뢰인은 정부로부터 원하는 것을 얻기 위해 홍보 회사에 거의 10억 달러를 건넨 것으로 알려져 있다. 여기에 직접 고용된 직원의 경비까지 들게 마련인데, 그 경비가 엄청난 경우도 있다.

우리는 미국의 로비활동은 권리장전에 의해 보장되어 있으며 '언론자유'의 일환으로 간주되는 지극히 정상적인 활동이라는 점을 염두에 둘 필요가 있다. 만약 독자들이 로비에 쓰이는 비용이 얼마인지를 알고 싶다면, 비밀스럽고 은밀한 정보를 따로 찾을 필요가 없다. 잡지 『콩그레셔널 쿼털리Congressional Quarterly』나 〈연방선거위원회Federal Election Commission〉 웹사이트에서 쉽게 찾아볼 수 있기 때문이다. 〈로비워치〉와 같은 단체도 이 정보를 수집하고 파악하고 있기 때문에 유용하다. 그렇다고 이 단체가 유럽에서 그러듯이 굳이 정보를 훔치거나 내부자가 흘린 정보를 받은 것은 아니다.

우리는 〈미국의학협회American Medical Association〉와 〈미국병원협회American Hospital Association〉를 포함하는 10개의 상위 로비단체에 주목할 필요가 있다. 이 두 단체는 평범한 미국 시민들이 정부 보조를 통해 저렴한 비용으로, 혹은 무료로 의료보험을 받는 일이 생길까봐 철저한 반대운동을 벌인다. 큰손들의 목록에는 다국적기업을 보호하는 기구도 있고, 두 명의 군산복합체 창립위원도 들어 있다.[1]

로비력을 갖춘 상위 100위권 단체는 석유, 자동차, 통신, 소프트웨어, 은행, 보험, 방산, 전자, 제약회사처럼 평소에 의심스러웠던 기업들의 목록과 같다. 미약하나마 시민과 연관된 로비 단체는 〈팜뷰로우Farm Bureau〉(대규모 농업인과 농기업체를 대표하는 단체)와 〈소송변호사협회Association of Trial Lawyers〉, 〈AFL-CIO〉(직종별 노동조합),[2] 그리고 강력한 영향력을 가진 〈미국퇴직자협회American Association of Retired People〉를 포함한 노인협회 세 개이다. 독자들은 국회를 조사한 세 가지 보고서를 기억할 것이다. 이에 따르면 〈전미퇴직자협회〉는 총기 로비단체인 〈전미총기협회National Rifle Association〉, 〈미국이스라엘공공문제위원회〉(AIPAC)와 더불어 워싱

---

1) 상위 10위 로비단체는 〈상공회의소Chamber of Commerce〉, 〈알트리아그룹Altria Group〉(식품 및 담배, 일부 담배브랜드), 〈GE〉(General Electric, 국방부 납품업체 제7위), 〈미국의학협회〉, 〈노스롭그루먼Northrop Grumman〉(국방부 납품업체 제4위), 〈에디슨전기협회Edison Electric Institute〉(원자력산업 보호단체), 〈버라이존통신 Verizon Communications〉, 〈비즈니스라운드테이블Business Roundtable〉, 〈미국병원협회〉, 〈제약연구협회Pharmaceutical Research and Manufacturers〉등이다. 더 많은 자료는 다음을 볼 것. LobbyWatch at the Center for Public Integrity, www.publicintergrity.org

2) 〈미국노동총연맹American Federation of Labor〉과 〈산업별노동조합회의Congress of Industrial Organization〉는 1955년에 대략 1,300백만 조합원을 가진 〈미국총연맹산업별회의〉로 통합되었다.

턴의 가장 강력한 로비단체에서 최상위를 차지한다. 그러나 대기업 혹은 대기업 보호단체들이 지배하고 있는 것이 일반적인 상황이다.

대표적 기업보호단체인 〈비즈니스라운드테이블Business Roundtable〉은 〈로비워치〉의 목록에서 8위를 차지하고 있다. 이 단체는 미국 주요 기업의 최고경영책임자를 위한 협회임을 분명히 밝히고 있다. 이 단체에 가입된 회사는 매년 매출총액이 4조 5,000억 달러에 이른다. 2005년에는 주주에게 1,120억 달러를 배당했다. 또한 이 기업들은 70억 달러(주주 배당금 총액의 6%)를 기부했는데, 이 회사들의 매출을 고려할 때 이 정도는 충분히 가능한 일로 보인다. 『콩그레셔널 쿼털리』의 '정치자금' 섹션에 따르면, 〈비즈니스라운드테이블〉은 2006년 하반기 6개월 동안 500만 달러를 로비자금으로 썼다고 한다.

대략 지난 1세기에 걸쳐 구성원의 이익을 보호한 가장 유명한 단체는 큰손 가운데 최상위에 올라 있는 〈미국상공회의소〉이다. 이 단체는 1998년에서 2004년까지 외부 로비 용역기관에 2억 500만 달러를 지출했다. 이 총액은 이 단체가 2006년 선거에서 로비 활동과 선거운동 기부금으로 지출한 금액과 비교하면 오히려 하찮은 액수였다. 2006년 〈상공회의소〉와 그 관계 기관인 〈미국상공회의소 법률개정연구소US C of C Institution for Legal Reform〉는 사내 인건비 외에 추가로 평균 월 600만 달러에 이르는 7,200만 달러를 지출했다. 사내 인력에는 정부의 행정 및 입법 부서에 영향력을 행사하는 전문 로비스트 56명이 있다.

〈비즈니스라운드테이블〉이 기업경영의 최고 인사를 위한 단체인 반면, 〈상공회의소〉는 자영업자를 포함하여 다양한 형태와 규모를 가진 300만 기업을 대표한다고 말한다. 〈상공회의소〉의 "주된 임무는 국회, 백악관, 관리기관, 법원에 맞서 기업과 자유로운 기업활동을 위해 투쟁하는 것이다." 이를 위해 〈상공회의소〉는 300명이 넘는 '최고의 정책전문가, 로비스트, 변호사, 홍보담당자' 등의 정규직원을 고용하고 있다.

〈상공회의소〉와 문화전쟁 : 파웰의 처방책

지금까지 살펴보았듯이 이제 우리는 기업을 올바르게 평가해야 할 시기에 이르렀다. 기업 부문도 네오콘이나 재단들과 유사한 문화적 우파의 아젠다를 보유하고 있기 때문이다. 물론 기업이 떠밀리듯 이를 받아들일 수밖에 없었던 면도 있지만 말이다. 이때 「파웰 비망록Powell Memorandum」으로 알려진 문서는 「자본주의 선언Capitalist Manifesto」과 유사하게 자유기업계에서 대단히 중요한 역할을 했다.[3]

1971년 8월, 유명한 기업 변호사 루이스 F. 파웰Lewis F. Powell은 11개의 기업 이사로 재직하고 있던 당시 〈상공회의소〉 이사 유진 시드노어Eugene Sydnor의 부탁을 받아 이 문서를 작성했다. 이 작업이 끝난 직후 곧바로 닉슨 대통령이 파웰을 대법원 판사로 임명하고, 파웰이 1972년에서 1987년까지 재직하게 된 것은 아마도 우연은 아닌 것 같다. 「대외비 비망록: 미국 자유기업제도에 대한 공격 Confidential Memorandum: Attack of American Free Enterprise System」이라는 제목을 붙여 시드노어에게 보낸 그의 비망록은 결국 폭로되고 말았다. 파웰에 따르면 지금까지 미국 역사에서 자유기업체제, 즉 자본

---

3) "Confidential Memorandum: Attack of American Free Enterprise System" 23 August 1971. (수신: Mr Eugene B. Sydnor, Jr. US Chamber of Commerce 발신: Lewis F Powell, Jr.)

주의 체제는 이러한 위협에 노출된 적이 없었다고 한다. 결의에 찬 엄청난 수의 공격자들이 미국 사회에 광범위한 토대를 구축하고 있으며 "강력한 추동력을 얻어 사람들을 끌어들이고 있다." 파웰이 파악한 것처럼, 모든 종류의 좌파가 대학, 언론, 지적인 문예지, 과학, 예술, 그리고 심지어 법원과 교회에서 진행되는 이데올로기 투쟁에서 승리하고 있었다. 기업은 응수는커녕 그 자신을 방어할 수조차 없어 보였다. 오히려 자유기업체제는 파웰의 말처럼, "자신을 파괴하는 일에 참여하지 않더라도 상당한 정도로 이를 용인하고 있다."

파웰은 옳았다. 한편으론 베트남 반전운동에 의해, 다른 한편으로는 학생시위와 민권운동 및 페미니즘 운동에 의해 1971년 신좌파 New Left는 급속도로 세력을 얻고 있었다. 급진적인 대학운동은 절정에 이르렀다. 파웰은 "학생들 중 거의 절반이 미국 내 기간산업의 사회화를 지지했다"는 것을 보여주는 대학생 여론조사를 인용했다. 여론을 광범위하게 사로잡고 그래서 특히 파웰과 같은 사람을 두렵게 한 이가 바로 랠프 네이더Ralph Nader였다. 네이더는 기업의 폐습을 공격하여 '수많은 미국인의 우상'으로 떠올랐다.

네이더와 제휴했던 다른 활동가들은 환경과 식량의 오염에 공모한 기업에서부터 기업과 부자를 위한 세금우대조치에 이르기까지 모든 것을 비난하기에 분주했다. 심지어 일부 반기업 운동가들은 기업과 은행에 대한 물리적 공격에 의존하기도 했다. 비록 파웰은 이런 상황을 적절한 용어로 표현하지는 못했지만, 그는 자유기업체제를 희생시키고 문화적 헤게모니를 자기식대로 구축하려는 그람시적 좌파들이 미국에 있다는 사실을 인식했다.

파웰이 경악한 사실은 점점 더 많은 사람이 기업에 개입하여 기업을 지배하려고 드는 상황에서도 기업지도부는 도대체 감이 없다는 점이었다. 기업이 자신의 일을 스스로 성실하게 해나갈 권리를 부정하는 사람들에 대해 "유화적인 제스처만 취할 뿐 제대로 대응하지 못하고 사태를 무시하려고만 드는" 자세를 파웰은 우려했다. 파웰은 만약 기업이 반격할 수 없다면, 혹은 하지 않는다면 기업은 생존의 위험에 처할 거라고 예견했다.

레닌 사후 70년이 지난 시점에 파웰은 이런 관점에서 자본주의자가 "무엇을 할 것인가What is to be done"[4]에 대한 제안서를 작성했다.

〈상공회의소〉의 시드노어에게 보낸 파웰의 글을 요약하면 다음과 같다. 첫째, 기업지도부는 이 문제를 우선적으로 주목해야 할 과제로 인식해야 한다. 기업을 효율적으로 운영하는 것만으로는 더 이상 충분하지 않다. 기업지도부는 파괴로부터 체제를 보호하고 유지해야만 한다. 기업은 부사장급의 고위직 기업 직원을 홍보부서 감독관으로 임명하여 홍보 그 이상의 일을 하면서 반격을 책임질 수 있도록 해야 한다. 일단 이데올로기 담당이사를 임명하고 나면 개별기업이 서로 협력할 필요가 있다. 파웰의 레닌식 계획은 다음을 잘인식하고 있었다.

독립적이고 조율되지 않은 개별 기업의 활동만으로는 충분하지 않다. 힘은 조직과 주도면밀한 장기계획과 실행을 통해, 그리고 오랜 기간에 걸친 일관된 행동과 공동의 노력을 통해 조달할 수 있는 규모의 자금을 바탕으로 통일된 행동과 전국적 조직을 기반으로 한 정치적 권력에 달려 있다.

---

4) 파웰은 "구체적으로 무엇을 해야 하는가?"라고 말하고 있는데, 그가 비록 비망록에서 수시로 마르크스와 마르크스주의를 언급하고 있지만 여기서 레닌을 의식하고 말했는지는 확실하지 않다.

이러한 장기간의 전투에서 〈상공회의소〉는 자유기업체제의 국방부, 즉 통제실이 될 것을 요구받았다. 〈상공회의소〉는 전략적 거점으로서 많은 구성원으로부터 전폭적인 지지를 받는다. 수백 개의 지역 상공회의소는 〈상공회의소〉의 지원군이 되어 언제라도 임무를 수행할 준비를 갖추게 되었다. 파웰은 전투가 미국 전역의 대학 캠퍼스에서 시작해야만 한다고 보았다. 그 이유는 그곳이 바로 자유기업체제를 공격하는 가장 역동적인 근원지였기 때문이다. 사회과학과 정치학 교수들이 가장 큰 문제였다. 그들은 강력한 힘과 비범한 통솔력을 가진 교사들과 함께 반기업운동을 주도하고 있다. 여기에는 젊은이들에게 유해한 혁명주의를 퍼뜨리고 자유기업체제를 불신하고 경멸하도록 가르치는 강사와 그러한 교재의 저자 등도 포함된다.

이 모든 것에 반격을 가하기 위해, 〈상공회의소〉는 "자유기업체제를 신봉하는 매우 뛰어난 사회과학자"로 구성된 핵심 그룹을 구성해야만 한다. 즉 전문적인 대변인과 대변기관을 만들어야 한다(학자뿐만 아니라 기업의 최고위층 중역 가운데서도 불러 모아야 한다). 또 교재를 평가하고 비판할 수 있는 '독립적인' 전문가들로 구성된 위원회를 설립해야만 한다. 왜냐하면 "교재의 저자, 출판사, 사용자들이 미국적 체제를 신봉하는 뛰어난 학자에 의해 교재가 검토되고 비판될 것임을 …… 알게 된다면," 저자들은 저술에 더 신중을 기할 것이고 그에 따라 "합리적인 균형을 기대할 수 있을 것"이기 때문이다.

기업은 대학에 공산주의자나 좌파들과 '동일한 기회'를 달라고 요구해야 한다. 그렇지만 대학에 〈상공회의소〉 대변자를 초청하려는 집단이 없다면 어떻게 되겠는가? 이러한 상황은 "〈상공회의소〉가 강연의 권리를 공격적으로 주장하지 않을 때" 그리고 '다양한 견해'에 대한 표현을 허용하지 않는 대학 당국을 공개적으로 비난하지 않을 때 발생한다. 여기서 가장 중요한 요소는 "관심을 이끌어내고, 분명하게 말을 할 수 있는, 능력이 뛰어난 대변자들"이며 특히 그들이 공개강연 기회를 많이 가질 수 있도록 "필요한 모든 압력을—공개적으로 또는 비공개적으로—행사하는 것"이다. 또한 기업은 교수진 구성이 균형을 유지하도록 지속적으로 압력을 행사해야 한다. 무엇보다도 대학이 가장 중요하지만 고등학교, 경영대학원 및 법학대학원에 적합한 프로그램을 개발해야만 한다.

교육계에 쏟는 노력의 결실은 장기적으로 나타날 것이다. 그러나 언론—특히 텔레비전—은 매일 수많은 사람들 앞에서 '가장 은밀한 방식으로 기업체제를 비판'하고 있다. 이 비판은 '적대감 혹은 경제적 무지'에서 비롯된 것일 수도 있지만, 그 동기가 무엇이든지 간에 기업체제에 대한 신뢰를 감소시키고 있기 때문에 맞서 싸워야 한다. 텔레비전이 주공격 대상이지만, 라디오와 신문 또한 관심을 기울여야 한다. 그 방식은 대학이 사용하는 방식과 동일해야 한다. 전문가들이 있고, 압력을 행사하며, 이데올로기를 생산하고, "사고하고 분석하고 글을 쓰고 말을 할 수 있는 뛰어난 학자, 작가, 대변인들로 구성된 자문단"이 참여하는 방식이어야 한다. 여기에는 유능한 홍보 인력의 지원이 있어야 할 것이다. 파웰은 〈상공회의소〉 소속의 학자들이 유수 잡지에 글을 투고하도록 하고 "기업체제를 신봉하는 독립적인 학자들이 더 많이 '출판'할 수 있도록 유인책을 고안해야 한다"는 사실을 너무도 잘 알고 있었다. 돈과 같은 것이 좋지 않을까?

파웰은 이데올로기적 활동이 대중 출판물과 학술 서적, 신문과 잡지, 심지어 공항에서 쉽게 살 수 있는 염가보급형 책 즉, 문화 전반에 걸쳐 진행되기를 희망했다. 광고도 필요하다고 생각했다. "만약 미국 기업이 이러한 목표를 위해 연간 홍보 예산의 10%만 집중한다면 이 예산은 정치가의 몫을 해줄 것이다."

21세기에 접어들며 완전히 달라져버린 상황을 고려할 때, 대학이나 텔레비전이 한때 급진주의의 온상이었다는 사실은 쉽게 다가오지 않는다. 1971년 파웰 같은 사람들이 "미국사회에서 기업인만큼 정부에 대해 영향력을 갖지 못한 집단도 드물다"라고 불평한 사실 역시 믿기지 않는다. 이와 같은 '망각된 사람들'은 워싱턴에서 무시되고 있는 반면 정치인들은 "'소비자권리'나 '환경'과 관련된 법안을 제정하기 위해 몰려다니고 있다." 정치인들은 대중이 원하는 것이 바로 그것이라고 생각하기 때문이다. 따라서 대중은 교육을 받아야 하며 정치인도 마찬가지이다. 이를 위해 기업은 정치권력을 강화하고 세상의 이목을 피할 것이 아니라 받아야만 한다.

> (정치)권력을 꾸준히 키워야 하고, 필요할 때는 과감하고 단호하게 사용해야 한다. 지금까지 미국 기업의 개성이었던 것처럼, 당황하거나 주저해서는 안 된다. 결코 달갑지 않겠지만, 〈상공회의소〉는 정치의 장에서 더욱 광범하고 활발한 역할을 맡는 것을 진지하게 고려해야 한다.

파웰은 자유기업체제의 대의를 장려할 수 있는 다른 기회도 많다고 본다. 기업의 자유를 제약하는 판결을 점점 더 많이 내리는 사법제도에 대응하기 위해 〈상공회의소〉는 매우 뛰어난 변호사로 인력을 구성하여 〈미국자유인권협회〉와 노동조합의 주장에 맞서야 한다. 또한 〈상공회의소〉는 기업을 강화하는 일에 재정적인 차원에서 관심을 가지고 있는 2,000만 명의 주식 보유자들에게도 좀 더 영향을 미쳐야 한다. 문화적 전투가 벌어지는 장소가 어디건 간에 〈상공회의소〉는 '좀 더 공격적인 태도'를 취해야 한다.

이 모든 일은 엄청난 비용을 요구하며 고위경영진의 참여를 필요로 한다. 대변인, 학자, 변호사 그리고 〈상공회의소〉 자체 인력으로 구성된 간부들은 다른 곳에 절대 뒤지지 않는 급여를 받아야 한다. 〈상공회의소〉는 인력을 더욱 보충하고, 자체가 더욱 전문화되어야 하며 경영구조를 개편해야 한다. 투입된 자본과 시간은 그만한 가치가 있을 것이다. 문화적 공세만이 유일한 답이다. 왜냐하면 파웰이 결론지은 것처럼, "기업과 기업체제는 지금 곤란한 상황에 처해 있는데 시간은 없기" 때문이다.

21세기 현재의 분위기로 볼 때, 우리는 파웰의 처방이 화려하게 성공했음을 인정해야 한다. 〈상공회의소〉는 파웰이 원했던 것보다 더 거대하고 전문적인 (그리고 공격적인) 조직이 되었을 뿐만 아니라 기업의 지원을 더 많이 받는 기관이 되었다. 〈상공회의소〉는 〈헤리티지재단〉이나 〈미국기업연구소〉와 같은 두뇌집단뿐만 아니라 이데올로기적인 로비와 운동을 위해 자체적으로 양성한 조직을 구성하는 데 기여했다. 이러한 노력은 1980년대에 이르러 레이건 행정부의 '기업불간섭주의' 정책과 완전히 결합되면서 결실을 맺었다. 조지 W. 부시에 이르러 기업지배는 그들도 예상하지 못할 정도의 절정에 도달했다. 민주당 대통령이 당선된다 해도 그 대통령이 이러한 지배구조에 획기적으로 도전할 수 있을 것 같지는 않다.[5]

---

5) '기업에 대한 시민의 권위를 회복하는 것'을 목표로 하는 〈Reclaim.Democary.org〉는 파웰 비망록 전문을 게재해놓고 있다. 이 단체는 '피해대책, 응급처방, 단기효과'에 치중하는 소위 '진보적' 조직과 재단을 비판적으로 보는 내 입장과 비슷하다. 우리에게 필요한 것은 진정한 체제의 변화이다.

파웰이 충격요법을 처방한 이후 35년이 지난 2006년 〈상공회의소〉가 거둔 성과 중에는 "시간당 7.25달러까지 올라갈 수도 있었던 …… 최저 임금을 지난 2년 동안 성공적으로 봉쇄한" 업적도 있다. 다행히도 민주당이 다수당이 된 새로운 의회는 2007년 초 시간당 최저임금을 7.25달러 수준으로 올리는 데 동의했다. 〈상공회의소〉는 수년 동안 5.15달러(2007년 가을 환율로 3.50유로 혹은 2.50파운드)로 고정되었던 최저임금이 그대로 유지되지 못한 데 실망감을 나타내었다. 장기간 지체되었던 최저임금이 상승했음에도 불구하고, 최저임금 문제는 노동문제에 대한 미국의 입장을 보여주기 때문에 좀 더 면밀하게 고심할 필요가 있다. 다시 〈상공회의소〉와 다른 로비단체로 돌아가 보자.

궁핍한 생활

연방정부의 최저임금은 프랭클린 루스벨트의 뉴딜 정책에 따라 통과한 법에 의해 1938년 최초로 규정되었다. 이때 '연방'이라는 의미는 어떠한 개별 주정부도 이 기준 밑으로 지불할 수 없다는 것을 말한다. 미국의 절반 이상의 주에도 '최저임금법'이 있기 때문에 만약 주정부가 설정한 임금이 더 높을 경우 노동자는 그것을 받을 수 있는 권리가 있다. 최저임금은 2007년 의회의 결정이 있기 전까지 10년 동안 시간당 5.15달러에 묶여 있었다. 이는 고정달러로 환산할 때 1950년의 6.28달러 및 최저임금 구매력이 현저한 하락했던 1968년의 9.28달러보다도 적다. 시간당 5.15달러로는 품위 있게 살 수가 없다. 이것이 많은 미국인들이 신용카드를 '한도액까지' 사용하는 이유이다. 가족의 도움이라든가 '식량은행' 혹은 다른 구호활동이 없다면 자동차 수리나 아이들의 고열과 같은 사소한 일이 곧 비극이 되고 만다.

시간당 5.15달러로는 비참한 극빈 수준의 연 10,712달러를 벌 수 있을 뿐이다. 그러나 이 경우에도 연 52주, 주당 40시간을 일해야 한다. 이는 유럽과 아일랜드의 7,284유로, 영국의 5,248파운드와 동일하며, 월 607유로나 437파운드를 버는 것과 같다. 2009년 새로운 임금상승분이 완전히 적용되면 최저임금 노동자들은 연 15,080달러를 기대할 수 있다. 그러나 이는 연 52주 주당 40시간 일을 했을 경우에 기대할 수 있는 연봉이다. 유럽이나 영국과 비교하면 연 10,254유로 혹은 7,389파운드, 그리고 월 854유로 혹은 615파운드와 같은 금액이다. 최상의 행복은 아니더라도 나아졌다고는 할 수 있지만 여전히 1968년의 구매력 수준보다 낮다. 아이러니하지만 '공정근로기본법 Fair Labor Standard Act'이 유급휴가나 병가를 반드시 요구하지 않는다는 점에 주목하자. 미국 노동자와 고용주의 경험법칙은 단순하다. 즉 '무노동 무임금'이다. 아프지도 말고 놀지도 마라. 주당 40시간 이상을 일하면 초과근무로 1.5배가 지급된다.

노동자들의 실제 사정은 얼마나 열악한가? 수치상으로 나타나는 것보다 나을 수도 있고 나쁠 수도 있다. 7.25달러라는 최저임금이 안락한 생활을 말하는 것은 아니지만, 최근 미 노동부의 통계에 따르면 2005년 시간당 평균 수입이 17달러 혹은 11.56유로, 8.33파운드를 살짝 넘어서고 있다. 가을에 나뭇잎이 떨어지듯 일자리를 줄이고 있는 제조업 분야에서 시간당 급여가 20달러 이상이나 되는 숙련노동자도 있다. 2005년 노동자 연봉의 중간치(이보다 더 받는 노동자도 많고 적게 받는 노동자도 많다)는 연 46,326달러였고, 주당 638달러였다. 그러나 2000년과 비교해보면 이는 1,273달러가 하락한 수치이다. '온정적 보수주의'를 표방한 부시 대통령이 통치한 2000년에서 2005년 사이에 빈곤층은 공식적으로 400만 명이 추가됨으로써 그 수는 전체인구의 12.6%인 총 3,700만에 이르게 되었다. 그런데도 공식적인 '빈곤선'의 정의에 따르면 극빈의 삶을 영위하는 사람의 수는 낮게 평가될 것이다.

노동부는 실제로 최저임금 혹은 그 이하를 받는 수를 전체 임금노동자의 2.5%로 보고 있다. 이는 분명 지난 25년 전에 비해 확연히 개선된 것이다. 1980년에는 임금노동자의 15%가 이 분류에 속했다(물론 구매력 측면에서 보자면 이 시기의 임금이 더 높았지만). 그러나 여기에도 차별은 있다. 최저임금 혹은 그 이하를 받는 노동자의 2/3를 여성이 차지하고 있다.

거의 200만에 가까운 하층 노동자들이 겪는 명백한 어려움에도 불구하고, 대다수 노동자의 실제 문제는 다른 곳에 있다. 미국 노동자의 60%는 월 급여가 아닌 시간당 임금을 받으며, 전체 노동인구에서 이 비율은 1970년대 이후 거의 변동이 없었다는 것이다. 수많은 미국 노동자의 곤경을 이해하기 위해서는 유감스럽지만 이러한 수치를 알아볼 필요가 있다.

미국의 실업률은 엄격히 말한다면 5% 미만이지만, 이는 200만 이상의 엄청난 교도소 집단을 고려하지 않은 것이고, 또한 어쩔 수 없이 시간제로 일하는 수많은 비상근 노동자를 배제한 수치이다. 2005년 7,500만 이상의 노동자들이 시간당 급여를 받았다. 이들 중 일부는 괜찮은 보수를 받았지만 21%인 1,580만 명은 34시간 미만의 노동을 했다. 아마 이들 대부분은 기회가 된다면 종일근무를 택했을 것이다. 또 다른 600만 명의 시간제 노동자들도 주당 45에서 60여 시간 동안 근무했다. 참고로 〈미국노동통계청Bureau of Labor Statistics〉은

60시간 이상의 경우는 계산하지 않는다. 아마 여러분도 1주일에 5일 간 12시간(혹은 1주일 6일 10시간) 일을 하는 경우 더 이상 계산하지 않을 것이다. 〈노동통계청〉 자료에는 나와 있지 않지만, 이들은 한 직장에서 초과근무를 많이 한 경우가 아니라 두 가지 시간제 근무를 병행한 사람들이라고 보아야 한다.

열악한 임금을 받는 노동자들은 현재 미국 총 경제의 4/5를 차지하고 있는 '서비스 직종'에 압도적으로 몰려 있다. 최악의 노동자는 대부분이 여성인데, '음식을 조리하고 접대하는 일과 관련된 직장'과 소매업에서 일을 한다.[6] 보수가 좋은 제조업 일자리는 점차 중국이나 다른 저임금 국가로 빠져나가고 있기 때문에 실직한 사람은 저임금 서비스업에서 새 일자리를 찾을 수밖에 없게 되었다. 문제는 이들이 최저임금보다 낮은 보수를 받는다는 점이다. 식당종업원의 최저임금은 법적으로 시간당 2.13달러—그래도 받을 준비가 되어 있다—이다. 식당에서 일하는 사람은 자신이 팁으로 살아간다고 생각한다. 미국인은 팁으로 계산서의 20% 정도가 적당하다고 생각하지만 외국인은 미국의 이러한 야만적인 관습을 잘 이해하지 못하기 때문에 불쾌하게 생각하고 잔돈만 두고 나간다. 그래서 여종업원들은 외국인, 특히 영국인의 시중을 들지 않으려고 싸우기도 한다.……[7]

나는 이러한 사실을 바바라 에렌라이히Barbara Ehrenreich의 『빈곤

---

6) US Department of Lavor, Bureau of Labor Statistics, www.bls.gov, *Characteristics of Minimum Wage Workers* 2005, Tables 1-10

7) 미국에서 팁을 주는 것이 실제로 야만적인 관습이 되는 이유는 다니엘레 아르키부기 Daniele Archibugi의 팁에 대한 경제적, 사회적, 윤리적 분석인 「팁과 민주주의」를 참조하라. 이는 『디센트*Dissent*』 59-64쪽(2004년 봄 51권 2호)과 그의 웹사이트 〈www.danielearchibugi.org〉에 나와 있다.

의 경제학*Nickel and Dimed*』을 통해 잘 알고 있다. 에렌라이히는 여성으로서 이러한 직종에서 겪은 경험을 상세히 기록하고 있는데, 그녀는 자발적으로 이 일을 하게 되었다고 한다. 플로리다 주에서 메인 주 그리고 미네소타 주를 옮겨가며 식당종업원, 호텔잡역부, 청소부, 가정간병인, 그리고 월마트 점원으로 일을 했다. 그러면서 가장 낮은 급여를 받는 직종조차도 정신적, 신체적으로 매우 힘들다는 것과 직업 하나로는 충분하지 않다는 것을 알게 되었다. 차나 거리가 아닌 집에서 생활을 하려면 최소한 직장 두 개가 필요하다. 만약 시골에서 와서 의지할 가족이나 친척이 없다면, 원룸이나 공동주택에 살기 위해 미리 내야 하는 석 달치 집세를 결코 마련하지 못할 것이다. 어쩔 수 없이 여관에서 살아야 하는데, 싸구려 여관조차도 돈이 많이 든다.

전문작가인 에렌라이히는 일종의 사회적 실험으로 이런 일을 했다. 에렌라이히에게는 자료가 다 모이면 거기에서 벗어날 수 있는 충분한 교육 배경과 사회적 지위가 있었다. 또한 경험을 글로 표현하는 능력도 가지고 있었다. 무엇보다도 그녀에게는 이런 상황이 일시적이어서, 예를 들어 몸이라도 아프면 언제든 벗어날 수 있다는 사실을 스스로 잘 알고 있었다. 이런 직업을 가진 사람 대부분은 그런 상태를 벗어날 수 없어 그렇게 지낼 뿐인데, 상황은 좀처럼 나아지지 않고 있다. 홀리 스클라Holly Sklar가 지적한 대로, 식당에서 음식을 조리하고 시중을 드는 사람들은 가족을 먹이기 위해 식량은행에 의지하고, 가정간병인은 의료보험을 받지 못하며, 보육노동자는 자녀교육에 필요한 돈을 저축할 수 없다.[8]

---

8) Holly Sklar, "Imagine a County: Life in the new millenium," CrossCurrents (Z Magazine Online); May 2003, vol.16, no. 5

노동계층에서 뽑아낸 엄청난 부를 최상위층으로 올려 보내는 역할만을 하고 있는 미국 경제는 사람들의 의식주와 교통, 의료와 교육에 대한 욕구를 충족시키는 데는 관심이 없다. 이는 출신, 인종, 지위에 상관없이 모든 사람에게 해당되는 사항이다. 그런데 대부분의 미국인은 이를 사물의 질서인 양 자연스럽게 생각한다. 그들이 대체로 쾌활하고 낙천적이라는 사실은 놀라울 따름이다. 내가 모든 참고자료를 다 조사할 수는 없다. 그러나 나는 부와 지위에 관한 미국인의 설문에 대해 미국인 중 19%가 그들 스스로 모든 소득자의 상위 1%에 포함된다고 답한 여론조사를 기억한다. 또 답변자 중 20%는 언젠가 자신도 상위 1%가 될 거라고 말했다.

꼭대기가 무거운 부의 피라미드

실제로 미국인들이 낙관할 근거는 거의 없다. 미국의 부는 매우 왜곡되어 있으며 매일 점점 심해지고 있다. 피라미드의 정점은 순금으로 만들어져 있지만 밑바닥은 비금속이다. 수치를 또 다시 들여다보려니 매우 유감스럽다. 그러나 몇몇 수치는 주목할 만한 가치가 있으니 관대하게 생각하자.

1980년 최고경영자의 수입과 일반 노동자의 수입 비율은 42대 1이었다. 2002년에 이르러 최고경영자는 일반 노동자보다 400배 이상을 벌고 있다. 비교를 달리 하면 이 차이가 더 확연해진다. 1968년 가장 높은 급여를 받은 최고경영자는 일반 노동자 127명의 급여 총액과 같았고 최저임금노동자 239명과 동일했다. 2005년에는 최고경영자가 받은 가장 많은 급여가 일반 노동자 7,443명의 급여 총액과 같고, 최저임금노동자는 23,282명을 더해야 한다.[9] 최고경영자를 공

립학교 교사와 비교해보면 미국사회가 얼마나 많은 가치를 최고경
영자에게 부여하는지 알 수 있다. 1990년에는 최고경영자 1인의 급
여가 교사 63명의 급여 총액과 동일했던 반면 2001년은 교사 264명
의 급여 총액과 같았다.[10]

미국인의 상위 1%는 국가 전체 부의 1/3을 차지하고 있고 그 다
음 19%가 부의 51%를 차지하고 있다. 이것은 미국 상위 20%가 전체
순자산(부채를 뺀 자산)의 84%를 보유하고 있다는 것을 의미한다.
이것은 나머지 80% 사람들에게 전체 순자산 중 단 16%밖에 돌아가
지 않는다는 것을 의미한다.[11] 금융자산만을 두고 볼 때(집이나 고
정자산이 아닌), 자산의 40%를 상위 1%가 가지고 있으며, 경이롭게
도 91%를 상위 20%가 소유하고 있다. 1973에서 2005년 사이에 상위
5%의 실질소득은 절반 이상 상승했다.[12]

이것도 상위 0.001%와 비교하면 아무것도 아니다. 나는 낮은 비
율을 다룰 때나 미국과 유럽의 표기법을 다룰 때는 곧잘 당황스러워
진다. 내가 말하고자 하는 것은 미국인 10,000명당 1명 혹은 전체 인

---

9) Holly Sklar, "Minimum wage breaks no-raise record," Znet Commentary,
December 29, 2006

10) Sklar, "Imagine a County."

11) 전 세계적으로 볼 때도 왜곡된 부의 비율은 서로 비슷하다.

12) 미국 최고의 공식 자료는 〈인구조사국〉과 〈연방준비위〉의 자료이다. 〈연방준비위〉
가 3년마다 발행하는 『소비자금융조사 Survey of Consumer Finances』(SCF)는 살펴
볼 가치가 크다. 특히 2001~2004년 사이의 자료를 다룬 2006년판은 중요하기 때문
에 SCF의 〈Chartbook〉을 바로 찾아보는 것도 좋다. 다음 자료도 중요하다. Brian
Bucks, Arthur Kennickel, Kevin Moore, "Recent Changes in US Family Finance:
Evidence from the 2001 and 2004 Survey of consumer Finances," Federal Reserve
Bulletin, vol. 92, February 2006. 또 이 분야의 중요한 학자와 자료로는 다음을 들 수
있다. Edward N. Wolff (New York University), Top Heavy: *The Increasing
Inequality of Wealth and What Can be Done About It*, New Press, New York, 2nd
edition 2002, G William Domhoff, (University of California, Santa Curz). 혹은
〈WhoRulesAmerica.net〉 및 동명의 책(*Who Rules America?* MacGraw-Hill, 2006)을

구에서 약 30,000명이 진정한 '행복한 소수Happy Few'라는 것이다. 1960년대 후반부터 1990년 후반까지, 이들은 미국 전체 소득에서 자신의 몫을 0.5%에서 2.5%로 증가시켰다. 다르게 표현하자면, 이 초특급부자super-rich는 미국 빈민 15%가 벌어들인 소득만큼 벌고 있다. 미국은 아마도 30,000명의 소득이 45,000,000명의 소득과 동일하다는 점에서 세계 유일의 국가일 것이다.[13]

이것은 소득에 대한 이야기였다. 이제 다시 순자산에 대한 이야기로 되돌아가 보자. 순자산은 부채를 제외하고 현금으로 쉽게 전환할 수 없는 재산(부동산, 자가용 비행기, 혹은 요트와 같은)을 포함한 모든 자산을 말한다. 〈연방준비위Federal Reserve〉의 수치에 따르면, 1995년에서 2004년까지 10년 동안 미국인의 하위 25%는 순자산을 8% 증가시킨 반면, 상위 10%는 77%에 이를 정도로 대폭 늘렸다 (여러 요인 가운데 주택 가격이 엄청나게 상승했다는 것을 반영).

소득만을 따졌을 때 3만 명이 4,500만 명과 동일하다는 수치는 순자산이라는 요소를 대입하면 좀 더 정밀하게 수정할 수 있다. 성공의 사다리를 높이 올라갈수록 부의 집중도 더 커진다. 경제전문지 『포브스Forbes』는 매년 부자와 명사들이 간절히 고대하는 억만장자의 명단을 발표한다. 2007년 초 미국인 상위 400명은 1조 2,500억 달

참고하는 것도 좋다. 또 Gerard Dumenil and Dominique Levy, "Neoliberal income trend: Wealth, class and ownership in the USA," *New Left Review*, vol.30 (November-December 2004)가 있다. 연방수입세환급금에 관한 장기간 축적된 자료에 토대를 둔 Thomas Piketty and Emmanuel Saez, "Income inequality in the United States 1913-98," *Quarterly Journal of Economics*, Vol.118, (I, 2003)도 좋다. 소득격차에 대한 보다 대중적인 안내서로는 공화당원인 케빈 필립스Kevin Phillips도 괜찮다.

13) Doug Henwood, Left Business Observer, no. 114, December 2006. 헨우드 Henwood는 세금환급에 대한 토머스 피케티Thomas Piketty와 이마누엘 사에즈 Emmanuel Saez의 자료를 인용하고 있다.

러에 이르는 부를 가지고 있었다. 이 돈은 도대체 어느 정도인가? 이
는 2005년 〈경제협력개발기구Organization for Economic Cooperation and
Development〉(OECD)가 12조 4,280억 달러라고 밝힌 미국 국내총생
산의 10%에 이른다.[14]

세계화의 바람을 타고 세계 도처에서 부가 상층부로 집중하고 보
석이 줄줄이 박힌 반지를 낀 손에 집중되고 있는 현실에도 불구하
고, 2007년 『포브스』가 밝힌 세계 억만장자의 40%를 여전히 미국인
이 차지하고 있다. 여러분은 이미 『포브스』의 명단을 통해 560억 달
러를 가진 빌 게이츠Bill Gates가 2007년 세계 최고의 부자라는 사실
을 알고 있을 것이다. 그러나 바바라 에렌라이히가 쥐꼬리만 한 임
금을 받으며 일한 곳 중 하나인 유명한 월마트의 월튼Walton가(家)는
어떠한가? 월마트의 성향은 뻔뻔스럽게도 우파 종교적이다. 아마겟
돈과 휴거에 대한 베스트셀러 『남겨진 사람들』 시리즈가 처음으로
팔려나간 곳도 바로 이 매장에서였다. 주께서 이 창립 가문을 부양
하신 것이 분명하리라. 게이츠는 2007년 이 가문 소속 6인이 벌어들
인 총수입 830억 달러에 비하면 난장이에 불과하다. 한편, 2000년에
서 2005년 사이 부시가 집권한 황금시대에 '극빈' 미국인의 수는
26%(1,600만 명)까지 증가하였다. 대부분 미국인의 주 소득원인 급
여는 2001년에서 2004년 사이 6.5%까지 하락하였다.

뒤처진 수많은 아이들

미국사회의 부의 분배에 생긴 틈새는 단기간에 메워지지 않을 것

---

14) 여기의 OECD 자료 출처는 다음이다. Figures 2006-7, *OECD Observer 2006/
Supplement 1*

같다. 가난한 사람들이 바닥을 벗어나지 못하는 이유는 부분적으로 교육 때문이다. 교육은 사회의 평등을 가져올 수 있는 잠재력이 있지만, 이들은 교육을 제대로 받지 못하고 있고, 학교제도는 이들을 현 상태에 묶어두는 역할만을 하고 있다.

미국의 희극배우 W. C. 필즈Fields에 따르면, "아이들을 싫어하는 사람이 완전히 나쁜 것만은 아니다." 하여튼 조지 부시는 자신이 아이들을 사랑한다는 점을 국민에게 납득시키고자 무척 노력했다. 부시의 관심은 2002년 통과된 '낙오아동방지법No Child Left Behind' (NCLB)이라는 법에 의해 성문화되었다. 미국은 교육부(직원만 4,500명이고 예산은 710억 달러이다)가 있지만 유럽처럼 전국 공통의 교과목이나 일제고사 같은 것이 없다.

미국에서 공교육을 지원하는 제도는 복잡하며 연방정부, 주정부, 및 지방정부의 세 가지 차원에 따라 다르다.[15] 연방정부가 각 주에 내려 보내는 보조금은 주의 필요에 따라 달라지지만 주의 정치적 성향과 주의 대표자들이 워싱턴에서 얼마만큼의 영향력을 가지고 있느냐에 따라 달라진다. 지난 2004~2005년 사이 1년 동안 50개 주가 연방정부와 주정부 그리고 지방정부에서 교육에 지원한 돈은 4,190억 달러(4,800만 학생들에게 사용)에 달한다. 연방정부가 지원한 돈은 9%이다. 연방정부가 주에 보조하는 지원금의 가치는 서로 다르

---

15) 여기에서 말하는 '공교육public education' 이란 'K-12' 즉, 〈유치원부터 12학년까지〉의 무상교육을 말한다. 대학은 공립과 사립이 있지만 그 질과 명성은 천차만별이다. 대학은 무료교육이 아니기 때문에 전액장학금을 받지 못하는 학생은 수업료를 내야 한다. 2006~2007년 최상위권 대학의 연간 총비용은 약 45,000달러였다. 이에 관한 수치 자료는 다음을 참고할 것. National Education Association, NEA Research, *Rankings and Estimates*, Report November 2006, various tables (129pp total)

다. 예컨대 2005년에 사우스다코타의 경우 연방정부 보조금은 17%를 차지했지만 뉴저지는 3%에 지나지 않았다. 나머지 교육비는 주정부와 지방정부의 세금으로 충당되었다.

주에는 굉장히 많은 교육청이 있는데, 미국 전체로 볼 때 15,000개 이상의 교육청이 있다.[16] 교육청의 교육위원회는 자율적인 성격이 강하다. 펜실베이니아 도버교육청이 지적설계론을 교육하려는 결정에 대해 학부모들이 소송을 건 사건을 생각하면 이해가 될 것이다. 연방정부는 고사하고 펜실베이니아의 주정부도 도버교육청에 무엇을 가르치고 무엇을 가르치지 말 것을 지시할 수 없다. 교육청은 재정 문제에 있어서도 상당한 정도의 자율을 누릴 수 있다. 지방재산세를 통해 받는 돈이 차이가 있기 때문에 어떤 교육청은 다른 곳에 비해 여유를 누릴 수 있다.

주정부와 지방정부가 보조하는 공교육예산의 비율은 주에 따라 상당히 다르다. 2004~2005 회계연도에 나타난 두 개의 극단적인 사례를 들 수 있다. 버몬트 주는 주정부가 87%를 지원했지만 네바다 주는 27%만을 지원했다. 이 해에 미국 주 평균은 47%였다. 지방정부로부터 받는 예산은 완전히 반대가 된다. 네바다는 65%이고 버몬트는 6%였다. 이 극단적인 두 주 사이의 주들은 서로 여러 가지 요소가 뒤섞여 있다. 지방정부 지원금 전국평균은 43%였다. 이런 수치만으로는 예산의 규모가 주마다 어떻게 다르고 어떻게 쓰이는지 알 수 없다.

이를 알기 위해서는 공립학교에서 학생당 교육청별로 사용된 액수를 알아봐야 한다. 가장 교육비를 많이 받은 지역은 뉴저지 주와

---

16) 15,000개라는 숫자는 교육청에 대한 개혁과 집중이 있었기 때문에 가능한 숫자이다. 60년 전에는 12만 개의 교육청이 있었다.

뉴욕 주이다. 이들은 각각 학생 일인당 13,370달러와 12,879달러를 썼다. 최하위는 애리조나 주와 유타 주인데, 각각 5,474달러와 5,032 달러를 썼다. 미국 평균은 8,661달러이다. 따라서 어떤 주는 미국 평 균의 150%를 썼고 어떤 주는 60%만 쓴 것을 알 수 있다. 그러나 평 균치나 '학생당 지원금' 만으로는 모든 것을 알 수 없다. 다양한 재 원을 바탕으로 하는 교육비에서 지방정부의 지원비가 중요한 이유 는 개별 교육청이 어느 정도는 개인 재산세를 통해 거둬들이는 지방 세에 의존하기 때문이다.

따라서 학생 일인당 사용된 돈은 같은 주라도 학교마다 다를 수 밖에 없다. 부유한 교외지역 재산 소유자의 자녀는 좋은 도서관, 시 설 좋은 과학실험실과 컴퓨터, 체육관과 운동설비를 이용할 수 있 다. 도시내부inner city[17]에 거주하는 학생들은 낡은 교과서와 얼룩지 고 낡은 건물, 제한된 시설만을 이용해야 한다. 그러니 생각해보라. 과연 어느 집단이 대학입학시험과 외국어능력, 과학, 미술, 음악 등 에서 높은 성취를 얻을 것인지를……. 요컨대 사회 체제는 이미 이 렇게 갖추어져 있는 것이다.

신보수주의자들은 아이들이 돈을 너무 많이 받고 있다고 생각한 다. 네오콘의 〈맨해튼연구소Manhattan Institute〉에서 일하는 어느 선임 연구원은 뉴욕이 교육비를 5% 증가시켜 약 12,900달러로 올렸음에

---

17) '도시내부' 란 영어권 국가, 특히 미국에서 슬럼과 게토 같은 도심의 가난한 지역을 가리키는 말이다. 20세기 후반부터 자동차를 이용한 원거리 출퇴근이 가능해지면서 '부유한 백인' 들이 넓은 주택이 있고 인종이 다양하지 않은 교외지역으로 빠져나가 고 도시의 내부는 상대적으로 가난한 사람들만 거주하는 지역으로 변모했다. 가난 한 지역이 환경개선에 나서지 못하는 이유는 당연히 그 지역주민으로부터 나오는 세금이 적기 때문이다. 빈곤과 슬럼화가 맞물려 있는 지역이 미국 대도시의 '도시내 부' 인 것이다.—역주

도 불구하고 학생 일인당 지출비가 뉴저지 다음이라는 사실을 알고는 "주정부가 학교에 과도하게 지출하는 것을 보여주는 …… (이 수치는) 이렇게나 많이 비용을 증가시키는 것이 얼마나 무모한 짓인지를 잘 보여준다"고 분노했다. 이 신사는 시시한 롱아일랜드에 있는 교육청이 학생당 16,200달러를 쓴다는 사실에 불만을 늘어놓았는데, 누구도 그의 불평에 귀를 기울이지 않았다. 사람들이 음악, 미술, 역사, 운동 등을 가난한 아이들에게 제공하면 '사치'이고 부유한 아이들에게 제공할 때는 필수라고 말하는 것은 우리도 익히 잘 안다.[18]

연방정부는 주정부 교육예산에 일부만을 지원하지만 연방정부가 설정한 기준과 명령을 준수하도록 주정부를 압박한다. 연방정부가 마련한 특별 프로그램에는 '교사보상기금Teachers Incentive Fund' 이라는 것이 있다. 이는 낙후된 교육청에 지원하는 교사를 지원하고 효과적인 교수법을 개발하도록 연구비를 지원하며 수학, 과학, 기술, '중요 외국어' 등등을 전공하는 대학생에게 장학금을 주는 프로그램이다.

'낙오아동방지법'은 연방정부가 지금까지 시행한 법안 중 가장 야심찬 교육 프로그램이다. 이 법은 2002년에 통과됨으로써 교육에 연방정부가 깊이 관여하도록 만드는 계기가 되었다. 지금까지는 '위험에 처한' 아이들(육체적 및 정신적으로 장애가 있거나 다른 면에서 심각하게 불리한 아이들)을 돕는 프로그램에 한정되었던 것이 연방정부였다. 연방정부 대변인의 말에 따르면 '낙오아동방지법'은 "결과의 구체성, 주정부와 지역사회의 자유, 입증된 교수법 및 학부

---

18) Russell Berman, "New York Outpacing Other States in School Spending, US Data Show," *New York Sun*, April 4, 2006

모의 선택에 초점을 두고 학교를 지원"하고자 한다. 이 법은 주정부가 정기적으로 영어 능력(주로 읽기)을 테스트함으로써 등록 학생 중 적어도 95%를 평가하는 작업에 주정부가 협력할 것을 요구한다. 2007년에는 표준수학시험을 도입하고 "2014년경에 전학생 학년별 능력grade level proficiency"을 테스트하는 것이 최종 목표이다.

'학년별 능력'이란 이를테면 4학년 학생들 전부가 정부의 평가기준benchmark으로 확정된 4학년 아동 평균값만큼 읽을 수 있어야 한다는 것을 의미한다. 모든 학교는 학생들의 시험점수를 평가기준과 비교하고 이를 통해 '연간적정진척도Acceptable Yearly Progress' 시험통과 여부를 결정해야 한다는 것이다. 이 법은 학부모에게 자녀를 성적이 좋은 학교로 전학시킬 수 있는 자유를 허용함으로써 학교 간 경쟁을 유도하고 있다. 정부는 교수법을 연구하는 학교와 〈WWCH〉(정보교환소작동매체What Works Clearing House)를 통해 연구를 공유함으로써 학교를 도와준다.

교육부의 홈페이지에서 '푸른리본학교프로그램Blue Ribbon Schools Program'을 검색해보면 일부 학교는 훌륭하게 열심히 노력하여 성과를 얻고 있다는 것을 분명히 알 수 있다. 사실 '학년별' 결실을 얻어내고 있는 학생이 해마다 점점 더 많아지고 있다. 텍사스 휴스턴의 어느 도시내부 학교도 이에 해당하는 사례인데, 이 학교의 학생 97%가 흑인(나머지 3%는 히스패닉이다)이다. 교육부 장관에 따르면, 전국적으로 9세 아동의 읽기 능력 향상 비율은 지난 5년간 이룬 업적이 이전 28년간 이루었던 성과보다 더 크다고 한다. 흑인/히스패닉 아동과 백인 아동 사이의 격차도 많이 줄어들었다.[19]

---

19) 교육부장관 마가렛 스펠링즈Margaret Spellings의 연설 "Celebration of Teaching and Learning Conference," (March 23, 2007)을 참고

여기까지는 훌륭하다. 그러나 NCLB법은 학교에 지원하는 교육비를 평등화하려는 노력을 하지 않는다. 부모가 부유하건 가난하건, 피부색이 무엇이고 어디에 살건 아동들에게 동일한 기회를 제공하려는 참된 노력을 하지 않는 것이다. 교사와 주교육담당자들의 관점에서 보면 이 법은 연방정부가 선전하는 그러한 성공담과는 거리가 멀다. 강력한 조직인 〈미국교육협회National Education Association〉는(나는 위에서 이들이 발표한 자료를 인용하였다) 270만 회원(교사와 교육관계자)을 자랑하는데, 이 법에 대해 대단히 비판적이다. 〈교육정책센터Center on Education Policy〉도 마찬가지이다. 이 센터는 "공립학교 개선을 지지하는 독립단체로서 학교개혁정책을 감시하여 그 효과를 강화하고자 한다."

이 두 조직은 방대한 자료를 조사하였는데, 풀뿌리에서 들은 바로는 무척 실망스럽다고 한다. 무엇보다도 NCLB법은 1,100쪽 분량이나 되어 너무 장황하고, 법안이 통과된 이후 5년이 지났지만 아직도 장학사들은 정확히 무엇을 하라는 것인지를 몰라 법안을 뒤적이고 있다고 한다. 이 법은 학교에 또 다른 짐이 되고 있으며 지역 학군은 "더 많아진 관료, 표준화된 시험, 운송, 개인교습, 비용이 드는 다른 요구사항" 때문에 돈을 지출해야 한다. 그러나 정부는 이런 비용을 지원하지 않는다. 오히려 연방정부가 학교에 지원하던 돈은 줄어들고 동결되었다. 이 법을 시행하기 위해 약속된 것보다 더 적은 95억 달러 미만의 돈이 배정되었을 뿐이다. 전국의 학군 가운데 2/3가 2005~2006년 회계연도와 비교할 때 2006~2007년에 지원된 돈은 같거나 더 적어졌다고 한다.

전국의 모든 학교가 더 적은 돈으로 더 많은 성과를 거둘 것을 요구받고 있다. NCLB법은 학교가 2년 연속으로 연간적정진척도를 성취하지 못할 경우 뒤처진 학생에게 개인교습을 실시하도록 명시하고 있다. 이론은 좋은데, 영리단체인 기업과 비영리단체 등 다양한 집단에서 동일 대상자에게 용역을 제공하도록 되어 있기 때문에 학교는 사실상 자체 비용으로 이들 개인교사를 감독해야 한다. 38개 주의 보고에 따르면, 해당학생의 "용역 제공자가 시험성적을 제대로 향상시키고 있는지" 감독할 능력이 없다고 한다. 학교는 교습비를 지원해야 할 뿐만 아니라 법의 감독조건에 부응하기 위해 임시 직원을 고용할 자금도 마련해야 한다.

교육전문가들의 보고에 따르면 NCLB법은 "학업성취에 효과가 있는 것으로 입증된 프로그램, 예컨대 총체적 학교개혁 프로그램, 낙제방지 프로그램, 학부모지원센터 프로그램 및 역사, 예술, 외국어교육 프로그램 등을 사장시키고 있다." 연방정부가 오로지 표준화된 읽기시험(이제는 수학시험까지) 결과에 따라 학교의 등급을 매기고, 학교는 (돈은 더 적어졌는데) 가외의 비용을 감당해야 하기 때문에, 만약 학교가 제대로 일을 수행하지 못한 것으로 판명이 나면 재정 위기에 봉착한 학교는 다른 분야에 쓸 돈을 절약함으로써 이 난국을 헤쳐 나갈 수밖에 없다. 제2외국어로서 영어교사(TESL)는 아무리 중요 이민자 집단이 거주하는 지역일지라도 해고되고 있다. 이 법안이 통과된 2002년 이후 "전국 15,000학군 가운데 71%가 미술, 사회, 역사와 같은 과목에 투자하는 비용을 줄이고 있다." 운동장 정돈이나 비판적 사고를 위한 초보적인 훈련 따위는 말할 나위가 없다.

미래의 전망은 어둡기만 하다. 이 법에 따르면, 5개년 계획에 따라 연차적으로 설정된 연간적정성취도를 이루어내지 못한 학교는 '구조조정'을 감행해야 한다. 이때도 비용은 연방정부가 내는 것이 아니라 주정부가 지원해야 한다. 이 조항에 따른 결과가 과연 어떠할지는 아무도 모른다. 캘리포니아에서는 이미 8%의 학교가 '구조조정'에 들어갔다. 다른 주에서도 성과가 나쁜 학교는 곧 대상이 될 것으로 보인다. 해당 주정부는 연방정부 지원금이 머지않아 수십억은 아니더라도 수백만 달러는 축소될 것을 각오하고 있다.[20]

이 모든 것들은 미국에 남아 있는 몇 안 되는 공공서비스 중의 하나를 고사시키려는 장기 전략으로 보이기까지 한다. 질이 현저히 악화될 경우 학부모들은 어떤 희생을 치르더라도 자식 교육을 위해 나설 것이다. 능력이 있는 부모는 자녀를 사립학교로 보낼 터인데, 이런 학교는 대부분 이런저런 종교단체가 운영하는 경우가 많다. 신자유주의자들은 '선택의 자유'를 주문처럼 욀 것이고 전국적인 학교 이용권제를 밀어붙일 것이다. 황량하고 때론 위험한 학교와 저절로 공부할 맛이 나는 깨끗하고 깔끔한 시설 좋은 학교 사이의 선택에서 무슨 대안이 있겠는가? 물론 돈은 많이 들 테지만, 그것이 인생 아닌가? 사람은 가질 자격이 있는 것만을 가질 수 있다. 아이들도 마찬가지 아닌가?

만약 부모가 희생하더라도 그것이 아이의 미래를 위한 티켓으로 작용할 것이다. 공립학교 체제에서 아이들이 뒤처지게 되면 아이들은 고등교육을 받을 기회도 얻지 못할 것이기 때문이다. 대학 학위가 비싸기 때문에 그것을 취득하기 위해서 학생들은 대부분 대출을

---

20) NCLB의 결점에 대한 정보는 다음을 참고할 것. NEA의 언론발표문 "No Child Left Behind funding plan shortchanges schools," (July 14, 2004) 및 "Schools lack funding to comply with No Child Left Behind," (March 29, 2006), 그리고 〈교육정책연구소〉의 소장 잭 제닝스Jack Jennings가 2007년 3월 14일 미 상원 세출위원회 소속 〈노동, 보건, 복지 및 교육 관련 소위원회〉 앞에서 발표한 내용과 기자회견을 참고할 것

받는다. 그럼에도 불구하고 백만 명에 가까운 학생들이 대학을 졸업한다. 그래야만 좋은 직장을 구할 수 있기 때문이다. 출세의 사다리에 한 발이라도 올려놓으려면 말이다. 미국은 과거 한 세대만 지나면 빈곤층 자녀건 이민자 자녀건 하층민과 중산층을 가르는 담장을 뛰어넘을 수 있는 땅이었다. 한 사람의 봉급만으로도 가족이 품위를 지키며 살 수 있었고, 교육은 '앞으로, 위로' 향하는 길을 제공해주었다. 그런 시대는 이제 가버렸다. 오늘날 미국은 점점 더 봉건제 사회를 닮아가고 있다. 특권이 대물림되는 사회, 대다수가 자신이 태어난 계급에 갇혀 살았던 그런 시대로 되돌아가고 있는 것이다.

〈미국인구조사국Census Bureau〉의 자료를 보면 대학학위는 오늘날 성공의 필수요건임을 알 수 있다. 2005년 현재 25세 이상 미국인의 28%가 4년제 대학 혹은 그 이상의 고등교육(석사 혹은 박사)을 수료하고 법이나 의학과 같은 전문직 학위를 받은 것으로 나온다. 2005년 미국 전 국민의 거의 절반(46%)이 고등학교만 졸업했을 뿐이다. 학교를 중간에 그만둔 15%는 이것조차 없다. 나머지가 '대학이라고 부를 만한 곳'을 나온 셈이다. 이러한 분류가 우리가 인생을 살아가는 데 차지하는 의미는 무엇일까? 2005년 고졸 평균연봉(그이상 받는 사람도 많고 이하도 많다)은 26,500달러였지만 고등학교 졸업장도 없는 사람은 17,400~20,300달러를 받았다. 이와 대조적으로 대학졸업자의 평균연봉은 43,100달러였다. 석사는 52,000달러로 고졸의 두 배였다. 평생 동안 교육에 따른 차이는 수백만 달러에 달할 것이다.[21]

---

21) Bureau of Labor Statistics and Bureau of the Census, *Current Population Survey*, Table PINC-03, "Educational attainment - People 25 years and over, by total money earnings 2005."

‘동등한 기회의 땅’에서 벌어지는 이러한 계층 차이는 평생 지속되는데, 그것도 매일 강화되고 있는 실정이다. 지원자 선발원칙이 굉장히 공정(예를 들면 졸업생의 자녀에게 우선권을 주는 일은 없다)한 것으로 정평이 나 있는 캘리포니아공과대학California Institute of Technology과 같은 일류 대학조차도 그들이 추구하는 이상에도 불구하고 이러한 흐름에 일조하고 있다.

(캘리포니아공대의) 입학사정관 설명에 따르면, 열정과 재능은 있지만 출신 고등학교가 명성이 낮고 대학 선이수학점을 따지 못했으며 과학 분야에서 좋은 성적을 거두지 못한 지원자들을 선발하지 못해 그들도 가슴 아프다고 한다.

『뉴욕타임스』는 전직 대학총장이 일학년 학생들에게 해주고 싶었지만 감히 말하지 못했던 ‘솔직한 이야기’를 전하고 있다.

공립이든 사립이든 선망하는 대학에 입학한 신입생 중 절반 이상이 최고 수입 가정 출신이다. 우편번호만 알면 고등학교 졸업생이 어느 대학을 들어갈지 알 수 있다.

인종과 성의 불평등 문제는 미국사회에 여전히 심각한 문제를 낳고 있다. 그러나 모두가 선망하는 좋은 대학을 다니는 학생들이 속한 사회계층에는 이런 것이 전혀 문제가 되지 않는다. 출세의 방해물은 인종이나 성이 아니라 가난이다. 환원하면, 문제는 계급이다.[22]

부시 이후는 개선이 된다?

270만 회원을 자랑하며 50개 주 전역에 지부를 가지고 있는 〈미국교육협회〉는 어떤 의미로는 '로비단체'이지만 불행히도 그리 성공적이지 못한 단체이다. 성공적인 로비는 구성원의 이해관계에 득이 되는 법안을 통과시키고 특정 목표를 이룰 수 있도록 연방정부의 지원금을 받아내는 로비이다. 민주당이 다수당이 된 의회는 워싱턴의 풍경에 차이를 가져올 것인가?

부분적으로는 그럴 수도 있다. 그러나 어느 당이 다수당이 된다 하더라도 국회의원들의 관심은 주로 다국적기업의 의제에 대한 투표에 가 있을 것이다. 2005년 3월 『워싱턴포스트』가 보도한 바에 따르면, "『포춘』이 선정한 500대 기업은 …… 부시 대통령 정부와 지난 반세기 만에 최대 규모로 상하원 모두를 장악한 '대석유당Grand Oil Party'의 수혜자 중 최우선 대상이었다."[23]

새로 구성된 의회가 사회의 흐름을 눈에 띄게 바꿔놓을 것 같지는 않다. 그것은 단 한 가지 이유 즉, 선거자금 모금방식 때문이다. 수십 명의 국회의원은 그들 자신이 백만장자다. 아마도 의원 가운데 1/4이 그럴 것이다. 선거에 드는 돈을 생각해보면 그들에게는 다행일지도 모른다. 2004년 대통령 선거는 조지 부시와 존 캐리라는 억만장자 두 사람이 맞붙은 선거였다. 의회는 선거라는 의미에서는 미

---

22) 칼텍CalTech과 『뉴욕타임스』의 공동기사에서 인용한 자료와 문제를 비판한 책에 대해서는 다음을 참고할 것. Andrew Delbanco, "Scandals of higher Education," *New York Review of Books*, March 29, 2007

23) Jim VandeHei, "Businesses gain in GOP Takeover: Political allies push corporate agenda," *Washington Post*, March 27, 2005. 'GOP'는 Grand Oil Party를 줄인 말이며 미국 공화당을 가리킨다.

국인을 '대표' 하는지 모르지만 사회학적으로 보면, 아니다.

선거자금을 모금하는 방식이야말로 부패를 제도화하고 있다. 기업유권자들은 이를 다른 이름으로 부르며 선거운동의 가장 큰 기부자로 나선다. 법안은 매번 제도의 '개혁' 을 이야기하며 통과된다. 머리 좋은 변호사들은 법에서 유세버스가 통과해도 좋을 만큼 큰 구멍을 찾아낸다. 기업후원자들은 판돈을 걸고 보통은 양당에 모두 자금을 댄다. 물론 공화당이 기금의 55%를 차지한다. 2005~2006년에 '산업계' 는 3억 1,100만 달러를 입후보자들에게 기부했다. '노조' (이에 대해서는 곧 살펴보기로 하자)는 19%, 즉 6,000만 달러 정도를 기부한 반면 나머지 2억 5,000만 달러는 기업에서 나왔다.[24]

기업의 이익은 이를 통해 꾸준히 보상받고 있다. 지난 10년간 최저임금을 시간당 5.15달러로 고정시킨 것은 기업인에게 주는 풍족한 선물이었다. 2005년 제정된 '파산남용방지법Bankruptcy Abuse Prevention' 은 법학자들에 따르면 '상용 임대인에게 큰 승리' 였다. 한편 〈전미총기협회〉는 여전히 잘해가고 있다. 총기류는 미국에서 대중적으로 팔리는 '상품' 가운데 유일하게 규제받지 않는 제품이다. 총기산업은 '집단소송방지법' 에 의해 더욱더 많은 보호를 받게 되었다. 이는 '합법적상업무기보호법Protection of Lawful Commerce of Arms' 이라는 법안을 통해 이루어지고 있다. 이 법안은 공화당이 다수당이던 지난 의회에서 통과되었는데, 52명의 민주당원들도 찬성하였다.

---

24) 2005~2006년에 업계 최고의 후원 집단의 지원금(달러 단위)은 재정/보험(5,200만), 의료 건강(4,100만), 에너지/천연자원(2,200만), 사무/소매업(2,200만), 통신/기술(2,100만), 운송(2,100만), 부동산/건설(2,000만), 농업(1,800만), 사법(1,400만)이다. 2003~2004년 선거에 비해 4,500만 달러가 증가했다.

가끔씩 기업의 요구가 먹히지 않을 때도 있다. 예를 들어 의회는 월마트와 같은 소매업 측의 엄청난 불만에도 불구하고 피고용인들이 고용인을 상대로 벌이는 집단소송을 금지하지 않았다. 다수의 소송에서 세계에서 가장 많은 종업원 수를 자랑하는 이 회사가 여러 가지 위반을 저질렀으며 월마트 측은 다수의 전현직 노동자들에게 보상 책임이 있다고 판시했다.

의회의 지속적인 사랑을 받고 있는 군산복합체는 어떠한가? 2006년에 의회는 방위비로 5,133억 달러를 요구하는 조지 부시에게 용감하게 맞서기도 했다. 의회는 단호하게 결속하여 부시에게 5,129억 달러만을 주었을 뿐이다. 여기에는 '테러와의 전쟁Global War on Terror에 대비한 긴급경비' 에 쓰일 500억 달러(미국회의사당이 서 있는 '캐피털언덕' 위에는 '테러와의 전쟁' 이라는 글자 GWOT가 새겨져 있다)와 무기조달에 쓰일 860억 달러가 포함되어 있다. 기업의 대차대조표에 멋지게 기여한 셈이다.[25]

그렇다면 보통 미국시민을 위해 일할 것으로 기대되는 '좋은 사람들' 은 없는가? 여기에 노조가 등장하는 것이다. 노조는 로비단체의 역할도 맡으면서 기업에 맞서 노동자의 권리를 증진시키기 위해 노력한다. 노조가 지원하는 선거자금(2005~2006년에 5,950만 달러)은 우리가 예상하기에는 민주당 후보들에게 갈 것 같다. 〈상공회의소〉는 민주당이 권력을 다시 잡았을 때 최저임금 법안에서 비록 패배했지만 '노동자자유선택권법Employee Free Choice Act' 이라 불리는 노조의 시도를 물리칠 거라는 희망을 버리지 않고 있다. 〈상공회의소〉는 이를 '선택금지법No Choice Act' 이라고 부르고 있다.

---

25) 모든 자료는 미국 상원과 하원의 공식 사이트에서 인용한 것이다.

현행법하에서 사업장에서 노조를 구성하는 절차는 적어도 이론
적으로는 대략 다음과 같다. 먼저 주어진 고용인의 노동자가 노조를
구성하고자 할 때는 30%가 〈연방노사관계위원회National Labor
Relations Board〉(뉴딜 정책하에서 시행된 법안 중의 하나)에 청원할
수 있다. 그러면 NLRB는 담당 공무원을 보내 문제의 노동자 다수가
노조를 원하는지를 확인하기 위해 선거를 시행하고 감시한다. 투표
는 비밀로 이루어지는데, 결과를 NLRB가 보증한다. 그런데 노조 입
장에서는 이러한 절차를 바꿔야 할 나름의 타당한 이유가 있다. 하
지만 만약 독자 여러분이 〈상공회의소〉 측의 전문가인 찰스 코헨
Charles Cohen의 의회 증언을 들어보면 〈미국노동총연맹산업별회의
American Federation of Labor and Congress of Industrial Organizations〉(AFL-
CIO)와 같은 노동단체가 '민주주의의 상식'을 파괴하는 단체처럼
보일 것이다. 전문 노사관계 변호사인 코헨은 여러 가지 대법원 판
례를 들면서 다음과 같이 주장했다.

위협은 …… '노동자자유선택법' —보다 정확히 말해 …… '노동
자선택금지법'이라고 하는 법—이다. 이 법은 거의 모든 경우에
있어 정부가 감시하는 비밀투표를 없앨 것이고 〈연방노사관계위
원회〉는 (노조가입의사를 적은) 카드나 세고 앉아 있을 것이다.
이 법이 제안된 동기는 …… 미국의 산업별 노동자들 사이에 노
조에 대한 관심이 점차 식어가고 있기 때문이다. 오늘날 노조는
산업별 노동자의 단지 7.4%만을 대표하고 있다. 이는 20년 전과
비교할 때 절반에도 못 미친다.[26]

그러나 우리가 노동조합과 특히 노조를 만들기 위해 노력해온 노

조원들의 말에 귀를 기울인다면 그림은 달라진다. AFL-CIO는 노동조합 결성을 원하는 노동자 다섯 명 가운데 한 사람은 일자리를 잃고 있다는 사실을 보여준다. 어쨌든 미국의 고용주들은 노조를 좋아하지 않는다. 노동자들이 〈연방노사관계위원회〉에 청원할 수 있을 정도의 충분한 서명을 받았다고 하더라도, 그리하여 담당 공무원이 와서 투표를 준비하여 실시한다 하더라도, 그리고 노동자가 투표에서 이겼다고 하더라도 고용인 중 1/3은 여전히 지연작전을 구사하며 노사협약에 서명을 거부한다. 따라서 아무것도 변하지 않는 것이다.

사측은 다른 술책도 동원한다. AFL-CIO에 따르면 회사의 절반은 만약 노조가 결성되면 공장을 폐쇄하겠다고 협박한다(실제 폐쇄하는 비율은 1% 정도라고 한다). 사측은 선거 전 정보를 조작하며, 사업장을 방문하는 외부의 노조 대표를 인정하지 않는다. 반면 돈을 받고 사적으로 움직이는 반노조 전문가들은 노동자들 사이에서 여러 가지 선전활동을 자유로이 할 수 있다. 사측의 90% 이상이 노동자들에게 노조결성에 반하는 내용으로 채워진 비공개 회의에 참석하도록 요구한다. 이 자리에서 노동자들은 사측의 입장을 반영하는 이야기를 듣게 된다. 노동계 측 자료에 따르면, 6,000만 비노조 노동자들은 자신의 일터에 노조가 결성되기를 희망하고 있으며 미국인의 77%가 노조를 지지하고 있다.[27]

이것이 노동계가 노동자자유선택법을 제안한 이유이다. 절반의 노동자가 노조를 원한다고 서명하면 바로 노조가 결성된다. 이와 관

---

26) The House of Representatives Committee on Education and Labor, Sub-Committee on Health, Employment, Labor and Pensions, Charles I. Cohen, Statement of the US Chamber of Commerce on the Employee Free Choice Act, February 8, 2007

27) 이는 AFL-CIO가 낸 노동자자유선택법에 관한 사실자료집factsheet 「(사기업) 고용주의 기계적 방해」를 참고하라. 모든 수치는 이 책자의 각주에 나와 있다.

련된 의회 산하 소위원회 의장인 조지 밀러George Miller는 이렇게
말하고 있다.

> '노동자자유선택법' 은 간단하다. 사업장의 다수 노동자가 노조
> 를 지지하는 위임장에 서명만 하면 노조를 가질 수 있다. 그뿐이
> 다. 노동자가 원한다면 연방노사관계위원회가 주관하는 투표를
> 자유로이 선택할 수 있다.

이 법안은 노동자가 노조를 구성하려고 할 때, 그리고 제1차 단체
교섭이 진행 중일 때 노동자의 권리를 침해하는 경우 강력한 처벌 조
항도 신설하였다. 1차 분쟁에 대한 독립된 조정과 중재도 가능하다.

이 법안은 2007년 손쉽게 하원을 통과했다. 상원에서 토의를 중
지하고 투표에 부치기 위해서는 의원 2/3(60명)가 요구되었는데, 51
대 48로 부결되었다. 하지만 AFL-CIO는 포기하지 않았다. 주지사 16
명과 대통령에 출마하는 민주당 후보 전원의 지지를 받아내기 위해
노력했다. 노동계는 2009년 선거까지 기다려야 했고 반대 진영의 로
비도 쉽게 멈추지 않았다.

이 로비스트들 중 누군가는 거의 광적일 정도로 노동계를 적대시
하는데, 그 사람은 일단의 독립논객들이 대안 웹사이트에 올린 글에
서 '미국의 가장 무서운 13인' 중 한 사람으로 꼽은 사람이다.[28] 만
인의 부러움(?)을 받는 이 상을 수상한 자는 워싱턴 소재의 홍보회사
를 운영하는 리처드 버먼Richard Berman이다. 그의 주특기는 '순수하
고 공공의식이 있는' 건전한 단체를 조립해서 이를 통해 반노조적

---

28) "The Thirteen Scariest People in America"; Alternet, (October 30, 2006),
www.alternet.org/story/43586/

이고 반노동자적인 선전을 퍼뜨리는 것이다.

　　버먼이 운영하는 단체는 〈고용정책연구소Employment Policies Institute〉, 〈소비자자유연구실Center for Consumer Freedom〉, 〈노조진실연구실Center for Union Fact〉 등이다. 버먼은 그 이름도 고상한 이들 전위그룹의 상임이사이다. 그런데 이런 조직은 '비영리' 연구집단으로 알려져 있기 때문에 세금도 면제받는다. 일단 전선이 형성되면 버먼은 자신의 기업고객에게 '기부금'을 달라고 요청한다. 기업고객이 기부금에 대해 세금을 면제받기는 매한가지이다. 버먼은 이 돈을 가지고 기업의 이익을 홍보하는 일에 사용한다. 이러한 시스템은 군더더기 없이 깔끔하다. 물론 윤리적으로는 부정직하지만 법적으로는 하자가 없다. '연구집단'은 '보고서'를 작성하고 버먼은 이 자료를 언론에 도붓장수처럼 팔러 다니는 것이다. 하지만 버먼은 자신이 기업과 관계가 있다는 사실이 드러나지 않도록 조심하며 보고서의 출처가 자신의 전위그룹이라는 사실도 철저히 숨긴다. 그가 목표하는 대상은―담배제조사를 위해―금연을 의무화한 식당이나 흡연이 폐암과 심장병을 유발한다는 연구까지 포함한다. 영양가 낮은 즉석식품 공급자를 위해, 그들이 제조사건 식당이건 상관없이 버먼은 이런 즉석식품 소비를 줄이자는 운동을 공격한다. 버먼은 자신이 운영하는 로비회사가 다른 회사와는 다르다고 으스댄다. 그것은 자신들이 "잇속에 칼을 품고 있기 때문"이며 주식투자자의 이해관계에 중요한 '중대 문제'를 발굴하러 다니기 때문이라고 한다. 버먼은 담배, 술, 설탕, 고지방식품 등이 국민건강에 해롭다는 과학적 연구가 나올 때마다 입에 물고 있던 칼을 꺼내 그런 발표를 한 사람의 심장 깊숙이 칼을 박아 넣는다. 버먼의 전략은 한마디로 말해 그가 '유모문화(乳母文化)'라고 부르는 "식품감시관, 건강감독자, 육류반대파,

간섭형 관료 간의 중대하는 유대관계"와 전쟁을 벌이는 것이다. 버
먼은 연간 천만 달러를 벌어들인다고 알려져 있는데, 이것으로 보아
그의 '유모-죽이기 전략'은 먹혀들고 있는 것 같다.[29]

기업은 여론을 구매하고 기후에 대해 사기를 친다

신자유주의 미국은 특히 부시 정권하에서 두 개의 다리로 움직이
고 있다. 하나는 거짓말이고 또 하나는 부정이다. 이 두 가지가 가져
오는 끔찍한 결과는 앞으로 수십 년간 나타날 것이다. '가장 위험한
거짓말' 시합은 물론 이라크와 기후변화 간의 대결이다. 어려운 문
제이긴 하지만 나는 기후변화라고 답하고 싶다. 왜냐하면 이 문제는
기본적으로 몇 백 명 정도 되는 미국의 기업과 정치계의 최고 경영
자들이 지구촌에 오랫동안 주도적으로 발언을 해온 문제이기 때문
이다. 이들은 (소수의 여성을 포함하여) "세계는 더 많은 질병과 기
아, 그리고 대량이민 문제에 직면해 있다"는 『파이낸셜타임스
Financial Times』의 헤드라인에 대한 책임이 있다.[30]

이라크를 침략함으로써 야기된 인간의 고통이 이라크라고 하는
비참한 국가의 국경을 넘어 전 세계로 익히 잘 알려져 있지만, 그리
고 이 전쟁으로 테러조직이 오히려 기세를 얻고 무기까지 손에 얻는
일이 벌어졌지만, 기후변화는 지금까지 상상한 적도 없고 상상할 수

---

29) "The Thirteen Scariest People in America"; *Old Trout Magazine* and AalterNet;
October 30, 2006 and Sheldon Pampton and John Stauber, "Berman & Co.: 'Non-
profit' Hustlers for the Food and Booze Bis," PR Watch, Vol. 8, No. 1, first quarter
2001

30) Fiona Harvey, reporting on the latest United Nations Intergovernmental Panel on
Climate Change report in the *Financial Times*, April 7-8, 2007, p.3

도 없는 규모로 피해를 가져올 것이기 때문이다. 마치 성서에 묘사된 대재앙의 공포가 이전에 생각했던 것보다 더 빠른 속도로 다가오고 있는 듯하다. 유엔 〈기후변화에 관한 정부간회의Intergovernmental Panel on Climate Change〉의 공동 의장이자 과학자인 마틴 패리Martin Parry가 기후변화의 영향에 대하여 설명한 바에 따르면, "기후변화의 영향은 정말 우리가 그렇게 되지 않았으면 하고 바라는 것 그대로이다."

우림지역은 더 많은 비가 내릴 것이고 건조지대는 더 심한 가뭄이 닥칠 것이다. 과학자들은 2억 5,000만 명이 추가로 더 기아에 허덕일 것이며 말라리아, 뎅기열, 황열병, 나일열 등의 질병이 만연할 것이고, 격심한 폭풍우, 빈번한 허리케인, 홍수는 수백만의 생명을 위협할 것이며 산불, 극심한 흉작, 산호초의 죽음 등이 다가올 것이라고 경고한다. 종의 멸종도 가속화되고 5,000만 명의 기후피난민들이 이동할 것이다. 이 모든 것들이 옛날 보고서가 예상한 것처럼 2100년이 아니라 바로 내일, 즉 2010년이 될지도 모른다. 그럴 경우 의례 그렇듯이, 가난한 자들이 가장 큰 고통을 받을 것이다. 기원전 776년에 올림픽 경기가 처음으로 열린 장소인 그리스 올림피아를 집어삼킨 산불은 유럽에 닥칠 결과의 맛보기에 지나지 않는다. 미국 캘리포니아 산불은 부자와 명사들의 거처인 말리부Malibu까지 집어삼켰다.

유엔 〈기후변화에 관한 정부간회의〉 즉, IPCC는 인류역사상 가장 포괄적으로 얻은 과학적 합의를 대표한다. 1988년 UN이 발표한 이 기구의 보고서는 보면 볼수록 놀라울 따름이다. 우리는 이 보고서를 믿어야만 할까? 본질적으로, 그렇다. 왜냐하면 이 보고서의 내용은 그야말로 보수적이기 때문이다. 조지 몬비오George Monbiot는

이 보고서가 출판이 된 과정을 설명하는 도중에 '소심한' 보고서라
는 표현을 썼다.[31]

몬비오는 과학적 배경을 가지고 있는 기자 겸 작가인데, 수십 년
간 기후변화를 주제로 조사를 해왔으며 관계자들을 많이 알고 있다.
몬비오의 저서 『열Heat』은 베스트셀러가 되었으며 영국 방송국 〈채
널 포Channel Four〉의 기후변화에 관한 영화로 제작되기도 했다. 그러
면 IPCC의 보고서는 대중에게 어떻게 전달되고 있는가?

우선 수백 명의 과학자들이 모여 증거와 자료를 접하고 합의한
다. 그러나 증거가 없다면 합의에 도달할 수 없다. 그리고 합의가 없
으면 출판도 없다. 보고서가 완성되어 출판을 기다리고 있으면 이번
에는 정치가가 덤벼들어 "과학자의 이해에 해가 되는 무언가를 하
려고 시도"한다. 보고서를 재단하기 위해 가위를 번쩍이며 등장하
는 국가가 있다면 미국이 최선봉이다. 중국, 러시아, 사우디아라비
아는 미국의 응원군이다. 나는 독자에게 그 이유를 설명하는 무례를
범하고 싶지 않다. 그러면 과학자들은 그에 맞서 싸우며 원래의 내
용을 보전하기 위해 노력하지만 어떤 부분에 대해서는 양보해야 할
때도 있다. 2007년 보고서 작성에 참여한 어느 과학자에 따르면 명
백한 피드백(기후변화를 가속화하는 자기촉진과정)에 대한 언급은
대부분이 각 정부의 요구로 삭제되어야만 했다고 한다.

몬비오의 말대로 이야말로 "IPCC가 각 정부와 짜고서 과학을 과
장하는 음모를 꾸민다고 우파 언론들이 떠드는 것과는 완전히 정반
대이다." 보수파의 환상에 따르면, 세계에서 가장 경직되고 모험심
이 결여된 과학자집단이 온실효과 음모집단mass green conspiracy의 일

---

31) George Monbiot, "The Real Climate Censorship," *Guardian*, April 10, 2007

부가 되어 의도적인 과학적 사기를 진짜인 양 증명하고 경제 번영을 파괴하고 있다. 우파가 취하는 노선은 〈디스커버리연구소〉의 방법론을 떠올리게 한다. 기후변화가 오고 있거나 이미 왔다고 주장하는 사람들은 '논쟁을 억압' 하며 '숨기는 것' 이 있다는 것이다. 다수를 불신하거나 반대하는 사람은 '검열을 받고 있는' 용기 있는 희생자라는 것이다.

이제 좀 진지해지자. 앞의 이야기에서 어디가 사기란 말인가? 누가 희생자란 말인가? 우리는 여론의 재판정에 나와 증언을 해줄 유명한 증인을 소환하도록 하자. 엑슨모빌Exxon Mobil 씨, 증언대에 서 주십시오. 판매액의 측면에서 볼 때 당신은 세계 최고의 다국적 기업입니까, 아닙니까? 2006년 한 해에 당신의 이익은 모든 기업 가운데 40조 달러라는 전무후무한 기록을 세웠습니다. 당신은 막대한 자금을 바탕으로 기후변화에 대한 여론을 기만하고 호도하지 않았습니까?

엑슨은 머리를 제치고 웃음을 터트릴 것이다. "사실입니다. 엑슨은 세계 어느 기업보다 많은 판매액을 자랑하고 있습니다. 사실입니다. 2006년 40조 달러라는 기록적인 이익을 냈습니다. 하지만 우리가 사고자 하는 여론, 우리가 퍼트리고자 하는 선전은 비교적 싼값에 얻고 있습니다." 사기꾼들 즉, 명예로운 전문가로서 가져야 될 품행의 경계를 위반할 준비가 되어 있는 '전문가들' 은 엄청난 부자로 만들어줘야 일을 할 거라고 생각하겠지만, 엑슨의 월급을 받고 일하는 비겁한 과학자나 활동가들은 쥐꼬리만큼만 줘도 일을 잘한다. 우리는 이러한 사실을 매사추세츠 캠브리지에 있는 〈염려하는 과학자연맹Union of Concerned Scientists〉(UCS)이 준비한 보고서에서도 확인할 수 있다. 1998년부터 2005년 사이에 엑슨은 "지구온난화 과학에 대해 사람들을 혼란시키려고 하는 43개 옹호 단체"에 겨우 1,600만 달러를 지원했을 뿐이다. 엑슨의 기준으로 볼 때 쥐꼬리만 한 이 돈으로 기후와 관련된 행동을 수년간 지연시키는 효과를 얻었다.[32]

UCS의 보고서 『연기, 거울, 열기Smoke, Mirror, and Hot Air』의 부제는 "어떻게 엑슨모빌이 담배회사의 전략을 사용하여 기후변화에 대한 '불확실성을 제작' 하고 있나?" 이다. 이 자리에서 우리는 리처드 버먼이 이전에 담배산업을 위해 일할 때 작성한 전략을 뒤돌아보고, 그것이 또 다른 고상한 목적에 재활용되고 있는 것을 살펴보는 게 좋겠다. 비록 진실과 거리가 있다 하더라도 이러한 전략적인 방법이 시도되고 있기 때문이다. 다음은 당신이 해야 할 일들이다.

— 반박불가능한 과학적 증거에 대해서도 의심을 해보라. '불확실성' 의 카드를 끝까지 사용하라.
— 전위조직을 만들고 자금을 지원하라. 이 조직에 공공의 이익을 추구하는 듯한 명칭을 부여함으로써 다음과 같은 인상을 주라. 즉, 기후변화를 부정하는 사람은 저명한 과학자들 간의 폭넓은 합의를 거친 사람이라는 인상을 주어야지 실제로 그렇듯 소수의 결집된 형제단이며 과학적으로 발견된 사실을 호도하는 사람이라는 인상을 주지 말라.
— 활용 가능한 최상의 증거를 바탕으로 기후변화가 일어나고 있다고 선언하는 폭넓은 과학자들 간의 진정한 합의를 똑같은 '전문가' 를 이용하여 부정하라.
— 언론에 당신이 소유한 '전문가' 를 출연시켜라. 그리고 당신이

---

32) 엑슨은 『콩그레이셔널 쿼털리』에서 1,450만 달러를 2006년 로비자금으로 썼다고 밝혔다.

소유한 전문가의 연구에 대해 그의 진실한 동료 과학자들이
비판하고 반박하더라도 당신의 전문가가 출판을 하도록 죄어
대라.
— 기후변화에 대응하는 행동에 대한 반대운동이 사업적인 자기
이해 때문이 아니라 '건전한 과학'에 대한 적극적인 추구 때
문인 것으로 보이게 하라.
— 당신의 전위집단과 돈을 받는 대변인이 기업과 관계가 있다는
사실을 언급하지 말라.
— 정부 측에 접근할 수 있는 당신의 능력을 활용하여 행동을 봉
쇄하고 행정적, 입법적 태도를 구체화하라. 또한 정부에서 전
략적으로 일할 수 있는 핵심인물을 추천하라. 기후변화에 대
한 정부의 언론발표에 '변화'를 줄 수 있도록 하라.

〈염려하는 과학자 연맹〉의 보고서는 모두 다 읽어볼 만한 가치가
있지만 엑슨이 주는 선물의 혜택을 보는 인물과 단체를 소개한 부록
부분이 특히 흥미롭다. 여기에는 우리가 이 책의 제1장에서 만나본
〈헤리티지재단〉이나 〈미국기업연구소〉 혹은 〈연방주의협회〉 같은
오랜 친구들도 보이고 그 밖에 기후변화를 부정하는 데 전문가로서
엑슨이 좋아하는 〈기업경쟁연구소Competitive Enterprise Institute〉와 〈조
지마셜연구소George C. marshall Institute〉도 보인다. 또한 엑슨의
'전문가'들이 9개 내지 10개 전위기관의 대변인을 담당하고 있는
모습이 보이는데, 이들은 다양하게 조작된 인상을 만들어내고 있다.
'정보공개법Freedom of Information Act'에 따라 UCS가 획득한 다양
한 기업 관계자가 작성한 비망록을 보면, 이들이 얼마나 철저하고
실제적이며 냉소적인 사람들인가를, 그리고 어떻게 계획을 세우는

지를 잘 알 수 있다. 부록에는 〈미국석유협회American Petroleum Institute〉라는 석유산업 보호집단으로부터 상당한 도움을 받고 있다는 사실도 잘 나와 있다. 또 한때 담배재벌을 위해 일했던 사람들이 석유재벌과 맺고 있는 관계를 보여주며 그들이 가진 미덥지 못한 기술을 이제는 지구온난화를 부정하는 사업에 이용하고 있다는 사실도 보여준다.[33]

1980년대부터 시작하여 거의 20년 동안 석유산업은 진실을 감추고 미국인들이 현실을 직시하지 못하도록 방해공작을 펼쳐왔다. 이미 수많은 학자들이 대기에 온실가스가 증가하고 있다는 증거를 발표해왔음에도 불구하고 이러한 현상이 처음으로 공식화된 것은 1988년 캐나다 정부가 요청한 국제회의를 통해서였다. 그 회의에서 발표된 합의문에는 지구온난화의 위험이 '핵전쟁 다음' 이라고 나와 있다. 이러한 파국을 피하기 위해서 우리 인류는 온실가스 방출을 줄이는 데 힘을 쏟았어야만 했다.[34]

〈토론토회의〉에서 나온 경고는 유엔의 반응을 이끌어냈고 유엔은 서둘러 〈기후변화에 관한 정부간회의〉 즉, IPCC를 출범시켰다. 이 조직은 이제 80개국 출신의 과학자 2,500명으로 구성된 조직으로 발전했다. 이 조직은 하부조직으로 실무부서 세 개를 두고 있다. 제1부서는 지구온난화와 기후변화를 과학적으로 분석하는 작업을 강화한다. 제2부서는 향후 예상되는 영향을 세분화한다. 제3부서는 이에 대해 필요한 전략적 대응방안을 모색한다. 제2부서가 2007년

---

33) 전체 내용은 다음을 참조. 〈scs@ucsusa.org〉 68pp.

34) Statement of the participants in the World Conference on "The Changing Atmosphere: Implications for Global Security," Toronto, June 30, 1988. 다음도 참조할 것. Jeremy Leggett's Introduction to the *Greenpeace Report*

4월에 발표한 영향보고서는 위에서 인용한 바 있다. 이에 따라 기업의 거짓말 조직도 대응 수위를 높이고 있다. 1990년과 2007년 사이의 차이는 오늘에 이르러 부시와 엑슨이 점점 더 고립되고 있다는 느낌이다.

저쪽은 마침내 토론의 기회조차도 갖지 못하게 되었지만 우리에게 엄청난 피해를 주고서야 그리 되었다. 1990년 IPCC의 종합보고서가 나오자마자 그것을 부인하는 로비가 개시되었다. 유엔이 IPCC를 구성하자마자 석유산업과 자동차산업으로 구성된 다국적 기업들은 〈지구기후연합Global Climate Coalition〉이라는 조직을 결성하였다. 이 조직은 목표는 거창하지만 실상은 온실가스 생산을 줄이거나 중단시키려는 시도를 아무것도 하지 못하게 만드는 것이 목적이었다. 이 조직은 대안으로 '보다 더 많은 연구'와 '자발적 측정'(기업로비 단체가 기본적으로 추천하는 방안)을 요구했다.

이 조직의 방해공작은 지난 10년간은 효력이 있었지만 이제 서서히 해체 단계에 직면해 있다. 1997년 브리티시페트롤리움British Petroleum의 존 브라운John Browne은 조직에서 탈퇴를 선언했으며 이어서 쉘Shell도 동참했다. 쉘은 스스로를 '석유' 회사가 아니라 '에너지' 기업이라고 부르기 시작했다. GCC라는 거대한 배는 서서히 침몰하고 있다. 다른 대표 기업—포드와 다임러와 같은 자동차기업—도 이탈함으로써 2001년 초에는 연합체의 해체를 선언하기에 이르렀다. 조직의 대변인은 언론에서 이렇게 말했다. "교토의정서 Kyoto Protocol에 맞서 우리가 얻고자 한 바를 우리는 얻었습니다." 미국은 이 의정서에 서명하지 않았던 것이다.

개인적인 이야기를 한 가지 하고 싶다. 나는 최초의 IPCC 종합보고서가 발표된 직후인 1990년 제레미 레게트Jeremy Leggett가 편집하여 출판한 『지구온난화: 그린피스 보고서Global Warming: The Greenpeace Report』라는 책에서 이 주제로 글 한 꼭지를 맡은 바 있다. 나머지 글은 대부분 기상학자나 환경학자들이 맡았다. 나는 기후변화를 재촉하는 경제구조에 대해 썼다. 이 책은 사회에 기여한 정도를 생각해볼 때, 지금의 기준으로 보아도 여전히 유효하다. 후속 연구가 뒤따랐지만 이 책은 의심이나 반박의 여지가 별로 없는 책이라는 사실이 증명되었다. 우리는 우리가 알아야 할 것들을 이미 20년 전에 알았던 것이다. 우리는 위기가 심각하기 때문에 즉각 행동에 나서야 하며 정부정책은 조금도 지체해서는 안 된다고 보았던 것이다.[35]

독자 여러분은 레게트가 『그린피스 보고서』에 쓴 서문을 읽어봐도 좋을 것이다. 기후변화를 부정하는 산업들의 고전적인 주장을 많이 인용하고 있기 때문이다. IPCC의 종합보고서가 나오자마자 『월스트리트저널Wall Street Journal』은 그것이 "과학적 시류편승"이며 "신뢰 불가능한 것"이라고 전가의 보도를 휘둘렀다. 나아가 이 신문은 아무것도 하지 말라고 훈계했다. "우리는 대통령이 이 문제에 대해 가만히 있기를 희망한다." 그리고 대통령은 그리 했다. 그때 대통령은 아버지 부시였다. 아들 부시 역시 아무것도 하지 않았다.

아니, 아무 일도 하지 않은 것은 아니다. 사실 백악관은 엑슨, 석유협회와 연대하여 많은 일을 했다. 부시 행정부는 전직 로비스트를 정부부처의 요직에 임명하는 데 선수이다. 정작 그들은 그 부처를 무력하게 만들고 파괴하려 했던 사람들이다. 그런 식으로 목재산업

---

35) Jeremy Leggett, ed. *Global Warming: the Greenpeace Report*, Oxford University Press, 1990. 나는 여기에 "Managing the Global House: Redefining Economics in a Greenhouse World"라는 제목의 글을 실었다.

로비스트는 임업관리를 책임지게 되었고 광산업 로비스트는 국유지를 관장하게 되었다. 필립 쿠니Philip Cooney는 2005년 사임하기까지 환경정책의 상당부분을 책임지는 백악관 〈환경문제자문위원회 Council on Environmental Quality〉 위원장을 지냈다. 그런데 그는 그 이전 15년 동안 〈미국석유협회〉에서 '환경팀'을 맡았던 사람이다.

〈그린피스Greenpeace〉는 2003년 '정보공개법'을 통해 취득한 이메일을 공개하면서 엑슨-백악관 간의 연결고리를 입증했다.[36) 마이런 이벨Myron Ebell은 음모의 냄새가 물씬 풍기는 은근한 메일을 쿠니에게 보냈다. 이벨은 〈기업경쟁연구소〉의 직원인데, 〈염려하는 과학자 연맹〉에 따르면 이 연구소는 엑슨으로부터 1998년과 2005년 사이 200만 달러를 지원받음으로써 엑슨의 전위기구 가운데 가장 많은 지원을 받은 연구소가 되었다고 한다. 그런데 메일 교환을 시작한 쪽은 다름 아닌 쿠니였다. 이벨이 메일의 서두에서 "저희에게 도움을 요청해주서서 감사드립니다"라고 적고 있기 때문이다.

쿠니는 과연 어떤 도움을 받으려고 했고 이벨은 무엇을 제공했던가? 쿠니의 문제는 바로 이것이었다. 어찌된 영문인지 미 정부의 〈환경보호국Environmental Protection Agency〉이 환경을 보호하는 것이 그들의 임무라는 이상한 생각을 한다는 것이었다. 이렇게 자기 임무를 오해하다 보니 2002년 유엔을 위해 기후변화에 대한 보고서 즉, 『미국기후행동보고서US Climate Action Report』를 작성하는 우를 범하고 말았다는 것이다. 특히 이 보고서는 기후변화의 원인이 인간의 활동 때문이라고 결론짓고 있다. 미 정부와 산업계, 그리고 대학에 소속된 과학자들이 작성한 이 보고서는 지구온난화가 미국에 끼칠

---

36) 우리는 이들이 정보공개법을 언젠가는 없애려 할 거라는 점을 알고 있어야 한다.

중대한 영향을 예견하고 그것이 경제에 가져올 피해를 최소화할 것을 촉구하고 있다. 이 보고서는 온실가스 방출을 줄여야 한다는 결론까지 나아간 것은 아니지만, 감축 프로그램을 통해 예견된 피해를 줄이기에 너무 늦었기 때문에 그 결과에 대비는 해야 할 것이라고 주장했다.

그런데 이 모든 것들이 그간 미 정부가 주장한 것과는 완전히 다른 말이었다. 따라서 언론은 이를 대서특필했다. 마침내 정부는 기후가 변하고 있으며 모종의 조치를 취해야 한다는 사실을 공식적으로 인정하지 않을 수 없게 되었다. 쿠니가 이벨에게 도움을 청하는 긴급요청을 한 것도 언론의 맹공 때문이었다. 이벨은 이렇게 조언했다. "이런 쓰레기를 발표하는 것이 대통령을 돕는 것이라고 믿고 있는 행정부 내의 사람들과 대통령 사이에 확실한 선을 그으십시오." 그는 〈환경보호국〉 최고책임자를 희생양으로 만들어 사퇴하게 만들 전체적인 계획을 조언했다.[37]

〈환경보호국〉은 아마 보고서를 공개해도 안전할 것으로 생각했을 것이다. 정부 내 모든 관련 부처가 내용에 동의했기 때문이다. 그런데 그만 엑슨을 간과하고 말았다. 쿠니가 이벨로부터 메일을 받은 이틀 뒤, 부시는 과학자들의 보고서를 '관료들이 작성한 것'이라는 이유로 묵살했다. 2003년 5월 고위층의 간섭 수위가 점점 더 높아짐에 따라 크리스틴 토드 휘트먼Christine Todd Whitman은 전쟁터와 같았던 EPA를 사임하고야 말았다.

---

37) 나는 다음 자료들을 참고했다. Union of Concerned Scientists and Global Accountability Project report *Atmospheric Pressure: Political Interference in Federal Climate Science*, Chapter 3, (Cambridge, Massachusetts, February 2007) 및 그린피스 언론발표를 다룬 〈www.truthout.org〉의 "Greenpeace obtains smoking-gun memo: White House/Exxon link, (September 9, 2003) 그리고 그 외의 언론 자료들

반면 쿠니는 〈환경보호국〉 간행물의 편집장 자리를 계속 지킬 수 있었다. 그는 전공이 경제학과 법학이었음에도 불구하고 수많은 과학자들이 기후변화에 인간의 책임이 확실하고 직접적이라고 말한 부분을 삭제하고 표현을 부드럽게 하며 '어쩌면' 혹은 '아마도' 라는 단어를 집어넣는 방법을 통해 과학서류에 수정을 가했다. 2005년 3월 기후변화 조사프로그램을 책임진 릭 필츠Rick Piltz라는 이름의 어느 베테랑 관리는 이런 일을 더 이상 견딜 수가 없었다. 필츠는 사직하면서 자신의 이야기를 자신이 '해방시킨' 다른 서류와 함께『뉴욕타임스』로 들고 갔다. 그곳에서 필츠는 "고양이에게 생선가게를 맡긴" 완벽한 사례를 폭로하였다. 〈미국석유협회〉에서 15년간 기후담당자로 일한 사람이 백악관의 관리가 되었고 그런 다음 석유산업을 위해 과학 자료를 조직적으로 위조하고 있다는 사실을 말이다.

백악관 대변인은 '부처 간 검토과정' 이라는 관행 때문에 과학적 서류에 정치가적 행동이 끼어들 수밖에 없지 않느냐고 언론에 이해를 구하느라 무진 애를 썼다. 그러나 언론은 그런 말에 넘어가지 않았고 다음날 쿠니는 사임했다. 며칠 뒤 쿠니는 곧 취직이 되었다. 어디일까? 답은 하나뿐이라는 것을 독자들도 잘 알 것이다.[38]

이야기는 계속 이어진다. 거의 2년이 흐른 뒤인 2007년 미 의회 〈정부개혁감독위원회Congressional Committee on Oversight and Government Reform〉는 청문회를 개최하여 필립 쿠니를 증인으로 소환했다. 쿠니는 이미 준비된 답변을 통해 자신의 '높은 도덕적 염결성' 을 강조하며 "근무하던 4년간 매일 행정부가 제시한 목표와 정책을 위해 열심히 일했다"고 말했다. 객관적인 관찰자가 있다면 그

---

38) 즉, 엑슨이다.

는 이것이 바로 문제였다고 지적할 것이다. 쿠니는 행정부의 '정책
집' 과 〈미국학술원National Academy of Science〉이 2001년 펴낸 보고서
뒤로 몸을 숨기려고 했다. 특히 학술원 보고서는 불투명한 언어로
애매하게 작성되어 있기 때문에 의심스럽지만 쿠니를 처벌할 수 없
게 만드는 빌미가 되어준다. 쿠니의 주장에 따르면 그는 자신의 '논
평' 에 학술원 보고서에서 직접 인용한 말을 사용하기도 했다 한다.

쿠니 증언의 핵심은 자신이 사임한 뒤 채 한 달이 지나지 않아 자
신의 행동은 '정부의 3부' 에 의해 간접적으로라도 입증이 되고 있
다고 주장한 사실이다. 2005년 6월 상원은 '강제적 온실가스총량거
래제mandatory, national cap and trade system for greenhouse gases' 에 대한
법제화를 막았다. 미국연방상소법원US Court of Appeal은 〈환경보호
국〉이 '대기오염방지법' 으로 CO2를 규제하지 않기로 한 결정을 지
지했다. 마지막으로 '글렌이글스 G8 정상회담' 은 축제와 같은 분위
기 속에서 부시의 입장표명 거부를 수용하고 지구온난화에 대한 밋
밋한 선언문만을 채택했다.

대통령 부시와 부통령 체니의 혈관 속에는 피가 아니라 기름이
흐르는 것 같다. 그러나 미국에 있어 지구온난화에 대한 행동을 지
연시키는 원인이 행정부의 방해공작 때문만은 아니다. 의회와 법
원, 연방기구 관계자 모두가 부분적으로 방해의 그물망 역할을 하
고 있다. 산업계의 대변인이 워싱턴의 로비 사무실을 떠나는 순간
바로 고위직 관료가 되는 것이 문제가 아니라 그들이 로비 사무실
을 결코 벗어나지 않는다는 사실이 문제이다. 그들은 워싱턴의 로
비 거리인 '케이 거리K Street' 에서 했던 일을 정부 조직 내에서도 계
속하고 있다.

개별적인 사안? 다시 보자

우리가 그동안 살펴본 쿠니와 그 친구들은 전파력이 강한 형제애 조직원들이다. 과학적 정보에 대한 정부의 조작, 왜곡, 검열은 일상적인 일이 되었다. 이에 대한 증거는 〈염려하는 과학자 연맹〉과 〈정부책임성감시기구Government Accountability Project〉의 노력 덕분으로 많은 자료를 통해 알 수 있다. 이 두 조직은 기후문제를 다루는 정부 소속 과학자 수백 명의 작업을 검토하였다. 이들은 다수의 연방 사무국과 부서에서 일하고 있다. 여기에는 〈농무부〉, 〈에너지부〉, 〈국방부〉, 〈나사〉(NASA), 〈국립해양기상청National Oceanic and Atmospheric Administration〉(NOAA), 〈환경보호국〉 등이 포함된다. 〈과학자연맹〉과 〈책임성감시기구〉 연구자들은 약 2,000명의 정부 과학자들이 부분적이라도 기후관련 문제에 관한 연구를 한다는 사실을 알아냈다. 시민단체에서는 이 과학자들 1,500명에게 설문지를 보내 그 가운데 308명에게서 답변을 받았다. 시민단체는 수천 쪽 분량의 정부문서를 연구했다. 이는 '자료공개법'이나 내부자로부터 받은 자료를 포함하여 40회의 심층면담을 통해 확보한 자료들이다.[39]

결과는 실망스럽고 걱정스럽기 짝이 없다. 응답자의 거의 절반(46%)은 의사소통 과정에서 '기후변화' 내지는 '지구온난화'와 같은 단어를 삭제하라는 "압력을 감지하거나 개인적으로 직접 체험했다"고 답변했다. 43%는 상급자와 논평자의 손에 의해 수정과 편집이 됨으로써 과학적 발견의 의미가 바뀌는 것을 감지하거나 개인적으로 직접 체험했다고 한다. 또 1/3 이상은 그들이 소속된 부서 관료

---

[39] Union of Concerned Scientists and Government Accountability Project, *Atmosphere of Pressure*, Cambridge, Massachusetts, February 2007

들의 발표가 과학적 발견을 잘못 설명하고 있다고 주장했다.

지난 5년간 어떤 것이라도 정치적 간섭에 해당하는 경험이 몇 건 이었는지를 묻는 질문에 150명의 과학자들은 총 435건이라고 대답했다. 기후학자들의 경우 미묘한 정치적 문제나 논쟁 중인 문제와 연관될 경우 개입이 더 잦아졌다고 응답했다. 이러한 증거로 볼 때, 필립 쿠니는 전형적인 사례라는 생각이 든다. 그러나 워싱턴 기후과학계의 경우 쿠니의 행동은 일상적이라고 한다.

특히 NASA에 소속된 과학자들은 연구 분야가 지구과학에서 화성이나 달에 대한 연구로 변경된 데 불만을 토로하고 있다. 〈미국지질조사국US Geological Survey〉에 근무하는 어떤 과학자는 "미국의 위성과 관련된 연구계획은 위기에 처해 있다. (연구비가 줄어들었기 때문에) 관측위성자료의 연속성에 문제가 생기고 이에 따라 기후과학에 진척이 이루어지지 못하고 있다"고 말했다. 〈환경보호국〉에 근무하는 과학자는 "본인은 정년이 거의 다 되었다. 나의 능력을 미국의 대중에게 유용한 과학정보를 만들어내는 일에 더 이상 쓸 수 없을 거라는 생각이 든다. 나의 연구 인생이 마지막에 와서 정치적 이유로 좌초되고 있다"라고 말했다. 과학자들은 자신들이 '과학적 생산성을 약화시키려는' 의도를 가진 '놀라운 관료체제'의 희생양이라고 생각한다. '염려하는 과학자 연맹'이 주도한 연구에서는 응답자에게 다음 글에서 가장 적절한 말은 무엇이냐고 질문하였다. "연방정부 주도 기후과학에 대한 오늘의 환경은 지난 5년 전과 비교해 볼 때, (개선되었다, 악화되었다, 동일하다.)" 67%가 '악화되었다'라고 답하였다.

이 모든 정치적 검열과 간섭은 과거 정치사에서 있었던 최악의 정권을 연상시킨다. 바로 '유대인 물리학'을 경멸한 히틀러와 리센코Lyssenko의 잘못된 생물학 이론을 장려한 소련이다. 이들은 지도자를 불쾌하게 하는 과학자나 공식적인 진리에 순응하지 않는 과학자를 숙청했다. 지금의 미국 행정부가 그들과 무엇이 다른가? 다른 것이 있기는 하다. 기분 나쁘다고 해서 수용소로 보내거나 숙청하지는 않으니까. 그러나 정책결정을 하기 위해 필요한 정확한 과학을 얻지는 못한다는 사실은 인정하고 있다. 전문적인 성실성을 바탕으로 자신을 시민의 종복이라고 생각하는 과학자들이 다른 곳으로 가버리면 정부에는 재능 있는 과학자들이 남아나지 않을 것이다.

〈염려하는 과학자 연맹〉의 조사에 응한 〈농무부〉의 어느 과학자의 말은 이런 상황을 잘 요약하고 있다. "정책을 정당화하기 위해 과학의 결과를 희석하거나 조정해서는 안 된다. 이 행정부는 이성의 울타리를 넘어가 버렸다. …… 기후변화를 부정하는 것은 자연에 대한 범죄이다." 범죄, 옳은 말이다. 과학적 성실성과 핵심 사안에 대한 정보의 자유로운 흐름이 몰가치한 것으로 치부될 때 현재와 미래 세대의 행복은 직접적인 타격을 받을 것이다. 과학이 전시처럼 정부의 지시를 따를 때 맨 먼저 죽는 것은 진실이고 국민은 고통받는다.[40]

---

40) 미 하원 〈정부개혁감독위원회〉는 2007년 12월 27,000쪽에 달하는 서류에 기초하여 상세한 보고서를 작성하였다. "부시행정부하의 기후변화과학에 대한 정치적 간섭"이라는 제목을 달고 있는 이 보고서는 그것이 범죄적 간섭 이상이었음을 말해준다.

왜 이 책을 쓰게 되었는가?

미국적 사고와 문화의 방향은 전 세계 모든 사람에게 영향을 끼치고 있으며 지금까지 이 책을 읽은 독자라면 누구도 내가 이런 방향이 가슴 쓰리게 잘못된 것이라고 생각한다는 데 놀라지 않을 것이다. 종교적이고 비종교적인 보수 압력들이 미국과 미국의 가치를 변화시키고 있다. 왜 이런 주제에 중립적인 체해야 하는가? 사회적 논평이나 이른바 사회과학에서 어쨌든 중립성이란 불가능하며, 저자는 자신의 입장이 드러나도록 해야 한다. 나 역시 공정하면서도 나의 견해를 드러냈기를 희망한다.

내가 걱정스러운 것은 미국 지역 대부분과—모두는 아닐지라도—많은 미국인들이 천박해지고 두려워하고 있다는 것, 미국적 인식이 달라졌다는 것, 그것이 더 이상 내가 자랄 때의 그것이 아니며 앞으로 결코 그렇게 되지도 않을 거라는 것이다. 나는 미국과 미국인, 그리고 나의 가족과 배경에 엄청난 빚을 지고 있다. 여기서 짧은 개인사를 말하고자 한다. 나는 미국에서 태어났고 자랐으며 (다소 생물학적인 표현을 허용한다면) 확고한 미국적 혈통을 타고 태어났다. 나의 친할머니 스탠리의 선조는 1632년 영국으로부터 매사추세츠 만의 식민지에 도착했다. 그들은 값비싼 재산을 싸게 팔아치우고 (우선 매사추세츠 주 캠브리지의 하버드 스퀘어 지역으로) 이주함으로써 가풍을 형성하기 시작한 종교적 비국교도들이었다.

외가 쪽으로는 미국 독립전쟁 당시 워싱턴 장군 휘하에 있으면서 춥고 배고프고 병에 시달리던 군대와 함께 밸리 포어지Valley Forge에서 1777년과 1778년의 혹독한 겨울을 보낸 장교도 있었다. 그는 자신의 노예를 모두 해방시켜주고 1812년 북부 캐롤라이나에서 죽었다. 내가 그 반스Vance 대령을 알았을 때 일주일 동안이나 행복해하던 기억이 난다.

반스의 가족 역시 이주하였고 남부 일리노이의 풍부한 옥수수 지대에 정착했다. 1822년 사무엘 반스와 그의 황소들은 시카고-빈센즈의 도로(지금은 일리노이 루트 1번)의 일부를 파헤치는 작업에 동참하기도 했다. 그는 새로운 군청소재지(그 건물은 에드가 카운티의 중심부에 지금도 서 있다)를 건설하기 위해 일리노이 주 패리스 시에 26에이커의 땅을 기증하기도 했다. 그의 손자 중에 한 명이 의과대학을 다니기 위해 '동쪽으로', 적어도 오하이오 주까지 되돌아갔는데 그 손자의 자식 중의 한 명이 나의 어머니였다. 미국의 해안에 도달한 나의 가장 가까운 선조인 친증조부 알프레드 애커스Alfred Akers는 남북전쟁 당시에 도착했다. 노포크Norfolk 킹스 린Kings Lynn의 견습 양철공 출신이었던 그는 주인 아들과 대판 싸우고는 뉴욕으로 가는 첫배에 올라탔고, 다시 화물운반선을 타고 이리 운하Erie Canal에 도착했으며, 오하이오 주 애크론Akron에 마지막으로 정착했다. 그곳에서 그는 지붕공사와 건설로 성공한 회사를 설립했다. 이 모든 여정의 결과가 결국 나였다.

나는 이 사람들과 이 계보를 자랑스럽게 생각한다. 그리고 이 책을 쓰면서 나는 이분들께 충실하고자 했다. 나는 프랑스에서 보낸 성년 생활(연구와 결혼 때문에 프랑스에 머물게 되었고 그 뒤에는 프랑스 시민이 되었다)과 더불어 이 역사가―정서적이고 지적이며 지리적으로―가까움과 거리감을 동시에 결합하면서 20세기의 지난 반세기에 걸쳐 미국의 변화하는 태도와 미국의 정치를 바라볼 수 있는 유리한 지점을 제공하였기를 소망한다.

미국인의 주된 자아상은 여전히 용광로와 일반적으로 (예전보다는 덜해졌지만) 계몽적 가치를 저돌적이고 강인한 프론티어 정신과 결합한 이미지이다. 대부분의 미국인은 마치 자신들이 선택된 신의 백성에 속하는 것처럼 느끼고 있다. 애국적인 과시는 '감상적'이거나 '천박'하거나 당혹스러운 것으로 여겨지기보다는 건전한 생각을 가진 사람이 공유해야 할 이상을 보여주는 것으로 여겨졌다. 어쩌면 미국은 국기를 태우는 행위를 금지하는 것이 어떠한 흥분이나 동요도 없이 수정헌법으로 진지하게 제안될 수 있는, 세계에서 거의 유일한 국가일지도 모른다.

자신의 역사에 대한 미국인의 인식―적어도 내 마음속에 심어진 인식―은 다음과 같이 요약될 수 있다. 독립전쟁은 인간사에 있어서 전적으로 새로운 단계를 시작한 영웅적인 순간이었고 엄청난 불평등에 맞서 쟁취한 승리였다는 것이다. 헌법과 권리선언은 그 특이한 역사적 증거이며 힘들게 쟁취한 자유를 지속적으로 보존해준다는 것이다. 그리고 남북전쟁은 이 나라에는 고통스런 순간이었고, 여전히 인종차별주의와 가난의 문제가 남아 있음에도 불구하고 미국인은 노예제도를 폐지할 수 있었다는 것이다. 1차 세계대전과 2차 세계대전에서 취했던 미국의 입장은 좋은 본보기였다는 것이다.

이런 전통적 견해에서 볼 때, 개인의 행동에 대한 미국적 기준 또한 크게 달라질 수 없다. 개인은 강해야 하고 자립해야 한다는 것이다. 자신의 실패를 다른 사람 탓이라 비난해서는 안 되고 그것을 개선하기 위해 열심히 일해야 한다. 그렇게 하면 무엇이라도 성취할 수 있을 것이다. 이 말은 남성뿐 아니라 여성에게도 적용되었는데, 적어도 나의 가족에게는 그러했다. 자립에는 다른 사람, 즉 도움이 필요하거나 불운한 사람에 대한 책임감도 수반한다. 나처럼 특혜를 받아왔다면, 공동체에 시간과 부, 그리고 내가 받은 것에 대한 감사를 되돌려주어야 한다는 것이다.

종교는 일반적으로 이러한 세속적 가치를 강화시켜주었다. 지금도 대다수 사람들이 교회를 다니듯이, 20세기 중반 미국에서는 거의 모든 사람이 교회를 다녔다. 나의 가족은 미국성공회를 다녔고, 다른 글에서도 언급한 바 있지만, 나는 이 교회에 많은 빚을 지고 있다. 나의 글쓰기가 욕심만큼 잘 되지는 않지만, 그 예배의식, 『성 제임스 판 성경Saint James Bible』, 그리고 『기도서Book of Common Prayer』의 산문 문체는 영어의 가장 찬란한 시기에 씌어진 것들이며 그것을 듣고 자랄 수 있었다는 것은 너무나 즐거운 일이었다.

학교는 미국 개입주의의 역사와 그 국가적 행위의 부정적 측면을 강조하지 않았다(되도록 삼갔다). 또한 인종차별주의, 이민자 학대, 노동조합 파괴, 기업 통제나 자본주의적 탐욕의 형태에 초점을 두지 않았다. 우리는 학교에서 악덕 기업가, 잔인하게 억압된 파업, 혹은 KKK단Ku Klux Klan에 관해 듣기는 했지만 그것을 우리나라의 구조적 특징이라기보다는 민주주의적 조치로 바로잡을 수 있는 쓰라린 일

탈로 간주해왔다:

아이젠하워 대통령이 물러나면서 이 나라는 앞으로 자신의 이익을 위해 영원히 전쟁 경제를 창조할 정도로 위험한 권력을 키워가는 '군산복합체' 를 경계해야 한다는 말을 했을 때, 우리는 그의 말을 진지하게 받아들였다. 그 뒤 베트남 전쟁은 많은 미국인들로 하여금 잠시 멈춰 외국에서의 자기 나라 역할에 대해 성찰하도록 만들었다. 1960년대와 70년대는 격동의 시대였고 새로운 태도와 전통적 태도 간의 대결을 목격했다. 그리고 그 대결은 미국 인구의 중요한 부문에서 새롭고 한층 급진적인 정치의식의 발전을 낳았다.

이러한 태도와 믿음이 결합하여 1930년대부터 미국 대통령들이 계속해서 뉴딜 정책, '위대한 사회' 혹은 어떤 다른 이름으로 불렀던 것을 창조하게 만들었다. 하지만 발상은 모두 동일했다. 미국은 그것을 공유할 때만 하나의 국가로서 위대해질 수 있었다는 것이다. 대통령은 국민이 따를 때만 나라를 이끌 수 있었고, 국민이 모두 국가에 관심을 가질 때만 대통령들은 그들을 따랐다. '기회의 땅' 은 공허한 단어가 아니라 모든 사람을 포용할 수 있는 미국과 미국의 능력을 정확하게 기술한 말로 여겨졌다. 순진한 것인지 아니면 덕이 있었다고 해야 할지 모르겠다. 하여튼 국내와 국외에서 미국인은 엄청나게 많은 끔찍한 일에 관해 침묵했다. 하지만 그것들은 우리 곁에 매우 가까이 있었다.

현재 우리는 70년대의 세계, 하물며 50년대의 세계조차도 거의 인식할 수 없을 것 같다. 내가 지금 제기하고 있고, 이 책을 쓰면서 계속해서 제기해온 질문은 다음과 같다. 즉 과거보다 덜 순수할 것이 확실하다고 하더라도 더 관대한 미국적 문화와 정치로 되돌아가는 것은 가능할까? 혹은 신자유주의적이고 신보수주의적인 이데올로기와 가치를 생산하고 강요해온 지난 50년이 낳은 변화는 영원한 것일까?

오늘날은 승자독식의 시대이다. 일부가 독차지하는 거대한 부도 추한 것이지만 나머지 사람의 가난도 마찬가지이다. 기업과 금융의 지배를 깊숙이 들여다보면, 그것은 약자에 대한 경멸을 내장하고 있다. 가난한 사람은 우리의 도움을 받을 가치가 있는 동료 인간이라기보다는 그들이 처한—가진 것이 거의 없는—현 상황을 응당 받아야 할 처지에 있는 존재일 뿐인 것이다. 정부는 시민권 운동의 중요한 성과들이 후퇴하고 있을 때 경기장 밖에 서서 관전하는 데 만족하고 있다. 허리케인 카트리나가 전 세계에 극적으로 보여주었듯이, 이런 태도는 여론이 변화를 요구하지 않는다면, 혹은 여론이 변화를 요구할 때까지, 계속 우세할 것이다. 오늘날의 여론, 특히 가난한 사람들 사이의 여론에서조차 반란의 징후는 거의 보이지 않는다.

경제적 불평등이 꾸준히 진행되면서 사회적 결집력과 연대는 파괴되고 있다. 뉴올리언스의 재난에서 여러 외국 정부는 도움의 손길을 제공하는 데 워싱턴보다 더 신속했다. 정말 가난한 사람, 대부분이 피난 갈 처지조차 되지 못하는 흑인들을 왜 걱정하겠는가? 그들은 응당 겪어야 할 것을 겪고 있었을 뿐인가?

최근에 프린스턴 대학의 심리학자들은 학생들의 두뇌가 다양한 사회집단 출신 사람들의 사진에 어떤 반응을 보이는가를 측정하기 위해 자기공명화상법을 사용했다. 일반적으로 '사회적으로 중요한 자극'에 대한 반응으로 전두엽이 밝아진다고 한다. 연구자들은 다음과 같은 사실을 발견했다.

(연구자들은) 가령 마약중독자와 같이 '극단적인' 외집단에 속

한 사람들의 사진이 두뇌의 이 영역에 아무런 활동도 자극하지 않는다는 것을 알고는 충격을 받았다. 이는 사진 관찰자들이 이들을 인간 이하로 간주하고 있음을 보여준다. (한 심리학자는) "이것이 당신이 거리에서 집 없는 사람이나 구걸하는 사람을 바라보는 방식"이며 "사람들은 이들을 마치 쓰레기더미로 취급하고 있다"고 말한다.[1]

전통적이고 친절하며 선량한 미국인이 여전히 남아 있다는 걸 의심해서는 안 되지만 사람들은 대부분 정부와 기업이 나라 안에서 무엇을 하고 있는지 전혀 모르고 있으며, 하물며 나라 밖에서 무엇을 하고 있는지에 대해서는 더더욱 모른다. 어느 누구도 사람들에게 엘리트의 정치적, 경제적, 전략적 목표를 파악해보라고 권하지 않는다. 그들은 이라크와 같은 극단적 사례를 제외하고는 자기 나라의 행동이 다른 나라와 다른 나라 국민들에게 어떤 타격을 주고 있는지 알지 못한다.

미디어들은 미디어 비평가 허버트 쉴러Herbert Schiller가 '둔화, 미국식 스타일'[2]이라고 부른 기능을 실천하고 있다. 사람들은 대부분 오로지 텔레비전을 통해서만 뉴스를 접하는데, 오늘날 텔레비전에서는 정보와 오락 간의 구분이 점점 더 희박해지고 가증스런 신조어인 '정보오락infotainment'이 양산되고 있다. 5개 혹은 6개의 초국적 기업이 실질적으로 방송을 독점하고 있으며 미국인들에게 구체적인

---

1) 하지만 희망은 있다. 전두엽 부분을 밝히기 위해 "당신은 구걸하는 이 사람들이 어떤 음식을 좋아할 것이라 생각하는가?"를 질문하는 것으로 충분했다. Mark Buchanan, "Are We Born Prejudiced," *New Scientist* (March 17, 2007)를 참조하라.

2) *Le Monde Diplomatique*와 *Guardian Weekly* (August 1999)

분석을 제공하는 데는 아무런 관심이 없다. 미국인들이 통제할 수 없는 것을 종교방송사들은 할 수 있다. 미국인들은 미국 그 자체에서—즉, 기업적이거나 기업적·종교적 원천에서—오지 않는 문화적 유입을 결코 접하지 못한다. 예를 들어 외국 영화는 관람율의 단 1%만을 차지할 뿐이며 그것도 대도시 상류층 마니아에 한정되어 있을 뿐이다. 『뉴욕타임스』나 『워싱턴포스트』처럼 '양질의 신문'은 유통에 있어 지리적으로나 수적으로나 극히 제한되어 있다.

앞에서 살펴보았듯이, '창조론'이 오늘날 때때로 '지적 설계'라는 사이비 과학적 형태를 띠고 있다고 하더라도 다원주의나 진화론과 '균형'을 이룬다는 명목으로 많은 주에서 합법적으로 교육되고 있다. 과학에 대한 지도적 인사의 경멸은 사람들과 전 세계를 난처하게 만들고 있다. 줄기세포 연구 금지는 현재의 불치병에 대한 치료가 불가능함을 뜻한다. 모든 이산화탄소 방출의 1/4을 내뿜는 나라에서 기후과학을 거부하는 행태는 더 뜨겁고 잠재적으로 더 황폐화된 지구를 의미할 뿐이다. 증거를 근거로 한 과학적 문제해결 방법은 오일산업과 같은 기업 이익이나 무지한 종교적 부정에 의해 체계적으로 밀려나고 있다.

일부 공립학교는 10년 전보다 훨씬 우수해지고, 특히 독해, 글쓰기, 수학 교육에서 많이 개선되고 있다. 하지만 대다수 학교는 그 기반이 붕괴되고 있으며 학생들에게 비판적 사고 능력을 거의 제공하지 못하고 있다. 또한 교육계에도 광적인 종교인들이 횡행하고 있으며, 대학에서는 신보수주의자들의 사고 통제가 교수들을 당혹스럽게 만들고 무기력한 '중립성'에 의지하도록 만든다.

종교는 이웃을 사랑하고, 당신이 다른 사람으로 하여금 당신에게 하도록 하듯이 다른 사람 또한 당신으로 하여금 다른 사람에게 행하도록 하는 것과는 점점 더 무관해지고, 오히려 그리스도가 재림할 때 죄인(기독교인)들은 위로받고 그렇지 않은 당신의 이웃은 새까맣게 타서 죽게 될 거라는 사실에 흡족해하는 것과 더 깊은 관련이 있다. 로마의 어떤 재치 있는 사람이 SCV(바티칸 시Stato della Città del Vaticano)라고 씌어진 바티칸 시의 운전번호판이 실제는 "그리스도가 보신다면Se Christo Vedesse" 이라는 의미라고 말했는데, 오늘날 미국의 기독교인들에게 주입되고 있는 종교적 교리와 실천의 대부분에 대해서도 똑같이 말할 수 있다.

사회적 통제 조치는 사회 전반에 걸쳐 실행되고 있다. 200만 명 이상의 하층 계급 사람들이 현재 수감 중이며, 그 대부분은 소수인 종집단이다. 그리고 그들 중 수십만 명은 폭력과는 무관한 마약사범이다. 인구 십만 명당 수감율(773명)은 세계에서 미국이 가장 높다.

요약하자면, 이데올로기적인 불평등의 공장은 대부분의 사람들이 알지도 못한 채 구입하는 상품을 생산하고 있다. 그 가격이 너무 비싸 미국에 거주하지 않는 우리 같은 사람을 포함하여 우리 모두가 그 대가를 지불하고 있다.

현재 일부 수정주의적 역사가들은 에이브러험 링컨이 남북전쟁을 치르는 대신 남부가 독립하도록 놔두지 않았음을 한탄한다. 이것은 전혀 농담이 아니다. 그들은 '딕시Dixie' [3]가 없었더라면 모든 사람의 생활이 더 편했을 것이고, 민주당 전략가들은 『남부 없이 민주당이 승리할 수 있는 방법How Democrats Can Win without the South』[4] 과 같은 제목의 책을 쓸 필요가 없었을 것이며, 성서지대(를 흡족하

---

3) 미국 남부 여러 주의 별칭—역주
4) Thomas F. Schaller, *Whistling Past Dixie: How Democrats Can Win without the South* (Simon and Schuster, New York, 2007)

게 해줄 대통령 후보자)를 찾아다닐 필요도 없었을 것이라고 지적
한다.

캘리포니아 대학 출신 경제사가 로저 랜섬Roger Ransom은 분리주
의적 명제를 진지하게 받아들여 "~이었다면 지금 어떻게 되었을
까?"라는 반사실적인 시나리오를 구성한 바 있다. 『미국의 남부연
합: 지금쯤 어떻게 되었을까*The Confederate States of America: What Might
Have Been*』[5]라는 제목의 책에서 그는 북부의 승리가 아니라 남북전
쟁이 교착상태에 빠졌음을 가설로 삼아 일부 군사적 내용을 변경했
다. 즉 링컨은 자신의 선거구민뿐 아니라 프랑스와 영국의 압력을
받아 남부연합과 평화협정에 서명을 하게 되고 그 결과 남부는 독립
주가 된다. 그 다음 십년, 면화에 대한 세계 수요는 감소하게 되고 노
예는 더 이상 이익이 되지 않기 때문에 해방된다. 그들은 일종의 미
국식 아파르트헤이트 체계 속에서 이등 국민으로 생활하는 한편, 북
부는 이들이 국경을 넘어오는 것을 막느라 애쓰고 있을 터이다.

그렇지만 링컨은 패하지 않았고, 남부는 독립주가 되지 않았으
며, 진보세력은 이 나라의 다른 지역을 감염시키고 있는 남부와 서
부의 보수주의와 더불어 살아야 하거나, 아니면 거기에 맞서 싸워야
할 것이다.

하지만 진보세력은 이길 수 있다. "이 시절도 지나갈 거야", "영
원히 지속하는 것은 아무 것도 없어"와 같은 오랜 위안의 말을 기억
할 가치가 있다. 내가 이 책을 쓰기 시작한 이후 2005년에서 2007년
까지 미국의 신자유주의자와 신보수주의자들은 일부 심각한 타격을
입고 있었다. 알다시피 펜실베이니아 지역법정은 창조론을 가르치

---

5) Roger L. Ransom, *The Confederate States of America: What Might Have Been* (W. W. Norton, New York, 2006)

고자 했던 지역학교위원회에 유죄판결을 내렸다. 잭 아브라모프를 둘러싼 로비 스캔들은 많은 공화당 의원들을 옴짝달싹하지 못하도록 궁지에 몰아넣었다. 딕 체니 진영의 간부였던 유명한 네오콘인 '스쿠터' I. 루이스 리비는 위증죄로 유죄판결을 받아 불명예스럽게도 감옥에 들어갔다. 폴 월포위츠는 〈세계은행〉에서 쫓겨났고 칼 로브는 백악관을 떠났다. 이라크는 불순한 실패의 사례가 되었고 부시의 인기는 땅바닥에 떨어졌다. 사람들은 농담 삼아 부시가 미국 역사에서 최악의 대통령인지, 아니면 최악의 대통령 중 한 명인지를 놓고 논쟁을 벌이고 있다. 무엇보다 가장 반가운 일은 상하 양원에서 공화당 다수의석이 뒤집어진 사실이다.

경제학자 폴 크루그만Paul Krugman은 미국인들이 점차 심화되어가는 불평등에 넌더리가 나고 있음을 확실히 느끼고 있다. 9·11과 같은 혼란은 한동안만 지속될 뿐이고 가난한 사람이 투표하는 것을 영원히 막을 수는 없다. 크루그만은 "클린턴 시절 부자들과 기업을 안심시키려고 무진 애를 썼던" 민주당 의원들이 보다 급진적으로 변해갈 것이라고 생각한다.[6]

"당신은 일부 사람을 내내 기만할 수 있고 모든 사람을 잠시 기만할 수 있다. 하지만……"이라는 링컨의 유명한 지혜를 생각할 때 더더욱 위안이 된다. 비록 조지 부시와 그 일파가 모든 사람을 내내 기만하려고 노력하고 있지만 사람들은 "하지만……"의 의미를 알고 있다. 그들이 왜 성공해야 하는가? 혹은 다소 비관적으로 말해, 우리는 그들이 실패하리라고 어떻게 확신할 수 있는가? 신자유주의적 이데올로기의 생산과 전파에 소비되는 수십억 달러, 그리고 우파 종교

---

6) Paul Krugman, "Distract and Disenfranchise," *International Herald Tribune* (April 3, 2007)

네트워크가 사용한 수십억 달러조차 모든 사람—혹은 적어도 중요한 유권자 다수—을 내내 기만하는 데는 충분하지 않을 것이다. 처음에 언급했듯이, 미국인들은 부시에 대한 마음—2005년에 부시는 '정직하고' '선량한' 으로 평가되었던 반면, 2007년에는 '무능하고' '오만한' 으로 평가되고 있다—을 바꾸었다.

패배를 움켜잡는 민주당 의원들의 탁월한 능력에도 불구하고 다음 대통령은 아마 그들 사이에서 나올 것이다. 왜냐하면 그들이 뛰어나서가 아니라 부시가 너무 싫기 때문이다. 만일 미국의 지역신문에서 이라크에서 죽었거나 수족을 잃은 병사의 사진을 보게 되면, 그 병사는 당신이 들어본 적도 없는 동부 해안과 서부 해안 사이의 작은 도시 출신이라는 걸 알게 될 것이다. 부자의 자식들은 군에 가지 않는다. 부자의 자식이 군에 간다면, 그것을 장사를 배울 기회로 간주하거나 사회적 상승을 위한 계기로 생각하기 때문이다. 그들의 가족은 쉽게 믿고 애국적이며 복음주의적인 기독교인들로, 전통적으로 공화당에 투표를 한 사람들이었을 것이다. 이 가족들이 공화당에 등을 돌리고 있다. 만일 2008년에 민주당이 승리한다면—지금은 그럴 가능성이 높아 보인다—2~3년 내에 이라크는 민주당의 이라크가 될 것인데, 민주당은 거기에서 벗어날 방법을 알지 못한다. 적어도 그들은 이라크 문제에 대해 국민에게 전혀 말하지 않고 있다. 베트남 전쟁의 수렁에서 빠져나올 때의 지리한 지연에 수반된 격동을 기억할 때, 나는 이 나라가 아직 이데올로기적이고 정치적인 위기에서 벗어나지 못하고 있다고 말하는 것 외에 어떠한 예측도 거부한다.

그럼에도 불구하고 만일 미국이 지금 유럽인을 좌절하게 만들고 있다면, 미국인 자신이 더욱더 좌절할 준비를 해야 할 것이다. 이 나

라는 변하고 있으며 유럽으로부터 더욱더 멀어지고 있다. 많은 이야
기들이 보여주듯이, 역사적으로 이민자는 맨 먼저 영국과 북유럽에
서 건너왔다. 그것이 1880년대에는 남유럽과 동유럽으로 옮겨갔다.
1881년과 1920년 사이에 유럽 출신이 거의 대부분인 2,400만 명의
사람들이 자유의 여신상을 지나쳐 미국에 왔다.[7] 한편 중국인과 아
시아인들은 철도건설 노동자로 이용되었고, 수십 년 동안 법적으로
시민권 취득을 금지당했다.

이런 역사적 이민을 오늘날의 이민과 대조해보라. 2000년과 2005
년 사이에 총 570만 명의 이민자들이 미국에서 영주권을 받았다. 그
들 중 41%가 멕시코, 중앙아메리카, 남아메리카 출신의 히스패닉이
며 그중 거의 절반이 멕시코 출신이다. 오직 15%만이 '유럽' 출신인
데, 그중 1/3은 러시아와 구 소련국가에서 왔다.[8]

미국은 인구통계학적으로 서유럽으로부터 점점 더 멀어지게 되
고 유럽적 견해와 태도를 점점 더 무시하게 될 것이다. 유럽의 의
견—부시와 럼스펠드가 말한 것처럼 '늙은 유럽'의 의견—은 그들
이 이라크 침공 때에 그러했던 것보다 훨씬 덜 중요해질 것이다. 미
국의 인구가 이렇게 진행되고 있는 것과 마찬가지로, 미국은 남쪽과
서쪽으로, 그리고 라틴아메리카와 아시아로 움직여갈 것이다. 미국
의 기업 이익이나 국가 이익에 부합한다면 유럽은 계속해서 (가령
항공기를 위한 '영공개방협정'이나 다른 자유무역협정에서) 파트
너로 대접받을 것이다. 그렇지 않으면 유럽은 단지 잠재적 경쟁자에
지나지 않을 것이고 그 자리에 가만히 있어야 할 것이다. 지금까지

---

7) 약간의 시적 표현이다. 자유의 여신상은 1886년이 되어서야 미국에 헌정되었다.

8) 이 내용은 국토안보국의 『2005년 이민통계 연감』 2번 도표인 「1820~2005년 지역별,
국가별 합법적 영주권을 획득한 사람들」에서 참조한 것이다.

유럽공동체와 대부분의 유럽 정부는 유순하게 따르면서 이와 같은 굴종적인 사나리오에 만족했다.

나는 유럽이 지리정치적 실체로서의 자신의 미래에, 그리고 자신의 구조적이고 교육적이며 지적인 기반에 많이 투자해야 한다는 견해를 갖고 있다. 40만 명의 유럽 과학자들이 미국에서 일하고 있고 그들 중 3/4은 결코 '고향으로' 돌아올 의향이 없다.[9] 그러나 유럽은 대서양을 가로지르는 이데올로기적 도전을 진지하게 받아들여 미국의 문화적 주도를 추종하기를 단념해야 한다. 현재 유럽공동체는 의심의 여지없이 세계에서 가장 신자유주의적 성격을 띠고 있다. 유럽헌법이 2005년 프랑스와 네덜란드의 국민투표에서 거부될 때까지 그것은 신자유주의적이고 군사화된 경제를 위한 상세한 청사진을 그리고 있었다. 그것을 대체할 이른바 '개혁 법안' 도 그 내용에서는 실질적으로 동일하다. 이 점에 있어서는 나보다 유럽헌법의 주요 작성자이자 과거 프랑스 대통령이었던 발레리 지스카르 데스탱Valery Giscard d' Estaing의 말을 들어보라. 그는 새로운 법안에 대해 "그것은 사람들이 받아들이기 더 쉽도록 외장의 변화만을 주었다" 고 말했다. 그것은 여전히 신자유주의적이고 군사주의적이며 거의 변화가 불가능한 것이다. 프랑스 유권자들은 대처와 레이건의 프랑스판이라 할 수 있는 니콜라스 사르코지를 대통령으로 선택했다. 다른 EU국가들도 우파 쪽으로 나아가고 있다.

미국인이든 아니든 이런 경향에 반대하는 모든 사람들의 정치적 임무는 분명한 것 같다. 우리는 이런 이데올로기에 맞서 싸워야 하고 미국 우파의 '제도를 통한 장구한 행진' 의 교훈을 배워야 한다.

---

9) John Blair, "Trans-Atlantic Brain Drain Worries Europe' s Policy Makers," *Research-Technology Management* (Industrial Research Institute, March 1, 2004)

그렇게 할 수 있는 수단을 갖고 있는 사람과 제도는 새롭고 진보적인 사상(과 많은 과거의 좋은 사상)의 생산과 전파에 재정 지원을 아끼지 말아야 한다. 지식인과 교육자들은 그런 사상을 형성하고 확산하는 데 기여해야 하고, 학생들은 그것을 공부해야 하며, 시민들은 그것에 대하여 토론해야 한다. 그리하여 모든 사람들이 그런 사상을 자랑스럽게 여겨야 한다.

마르크스와 엥겔스의 말로 바꿔 말하면, "세상의 모든 진보세력이여! 단결하라. 당신의 문화적 속박을 제외하고 당신이 잃을 것이라고는 아무것도 없다."

이 책은 수전 조지(Susan George)의 *Hijacking America: How the Religious and Secular Right Changed What Americans Think*(Cambridge: Polity Press, 2008)를 우리말로 옮긴 것이다. 수전 조지는 IMF, WTO, 세계은행 중심의 신자유주의적 세계화를 고발하고 비판하는 작업을 해온 유명한 이론가이자 실천가이다. 그녀는 미국에서 출생하여 프랑스로 건너가 2010년 현재 프랑스에서 살고 있으며 자본의 세계화가 초래하고 있는 병폐들과 제3세계의 빈곤, 개발, 부채 문제 등에 관해 활발한 저작 및 실천 활동을 벌이고 있다. 그녀는 특히 1990년부터 1995년까지 그린피스 인터내셔널과 그린피스 프랑스 지부 상임위원으로, 그리고 1999년부터 2006년 사이에는 ATTAC(국제금융거래과세연합) 프랑스 지부의 부회장으로 활동하였으며, 유엔 산하의 여러 기구와 환경, 개발, 노동 등 여러 분야의 시민단체를 위한 자문과 연설 활동을 계속하고 있다. 현재 그녀는 프랑스에 있는 〈초국적연구소〉의 소장으로 있다.

그녀의 11번째 책인 『하이재킹 아메리카』는 현재 미국을 지배하고 있는 신보수주의적인 문화의 의식적·무의식적 매트릭스를 파헤친다. 그 내용이 명확하여 따로 역자들의 설명이 필요 없을 정도이다. 좀 더 구체적으로 말하면, 이 책은 1980년대 이후 미국의 신보수주의자들, 즉 미국의 현실정치적 신우파와 종교적 신우파들이 미국의 정치경제적, 사회적, 문화적 지형을 어떻게 바꾸어왔는가를 집중적으로 조명하고 있다.

그동안 미국의 신우파와 그들의 정치 이념인 신보수주의를 분석하는 책들은 적지 않았다. 하지만 대개의 책들은 신보수주의의 정치 문화를 파헤치거나 분석하는 것이 대부분이었고, 그들의 정치적 지배가 초래하고 있는 파행적인 미국문화의 모습을 드러내는 데 치중해왔다. 그러다 보니 이들이 얼마나 위험한 세력들인지를 고발하고 정권 교체를 역설하는 정치 비판의 경향이 주를 이루었다. 하지만 수전 조지의 『하이재킹 아메리카』는 정치문화에 대한 비판이나 정권 교체로 사라질 수 없는, 훨씬 더 뿌리 깊은 미국문화의 신보수화 경향을 집중적으로 추적한다. 이 책은 1980년대 이후 신우파적 정치 권력과 신자유주의적 자본 세력들이 자본과 종교의 결합을 통해 미국문화에 대한 의식적·무의식적 지배를 "서두르지 않고 차근차근히, 그러면서 끈질기게" 획득해간 과정을 분석하고 있다. 수전 조지의 분석에서 특히 충격적인 것은 신우파들이 미국의 보수적이고 우파적인 종교적 근본주의를 어떻게 활용하고 있는가, 그리고 이 종교적 우파들이 미국민들의 일상생활에 어떤 식으로 헤게모니를 행사하고 있는가 하는 점이다.

수전 조지는 이러한 지배의 과정이 2009년 오바마 대통령의 당선과 민주당에 의한 의회 교체에도 불구하고 거의 변하지 않을 것이라고 예견한다. 그 이유는 민주당이든 공화당이든 그들이 기반하는 정치문화에는 별반 차이가 없기 때문이다. 최근 팔레스타인 구호를 위한 다국적 NGO들의 가자 지구 진입을 폭력적으로 차단하고 억압한 이스라엘의 행동을 두고 미국 상원이 친이스라엘 성명을 발표하는 모습은 미국의 이익을 위해서는 공화당이든 민주당이든 차이가 없음을 보여준다. 바로 이 미국의 이익이 무엇인지, 그것이 얼마나 도 착적이고 뒤집어진 것인지를 수전 조지는 이 책에서 상세하게 설명 하고 있다. 이 책이 2008년 미국의 대통령 선거 전야에 씌어졌지만 여전히 유효한 이유는 미국인의 의식 속에 깊이 자리하고 있는 바로 이런 도착적 매트릭스를 다루고 있기 때문이다.

특히 수전 조지가 한국어판 서문에서 말하듯이, 『하이재킹 아메 리카』는 한국의 정치문화적 현실에도 시사하는 바가 크다. 지난 몇 년간 한국사회의 지배세력들은 수전 조지가 다루고 있는 미국 문화 의 보수화 경향을 한국사회에 뿌리내리게 하려고 기를 쓰고 있다. 그들은 지정학적 위상이 전혀 다른 한국문화에 신우파적 정치문화, 신자유주의적 자본문화, 근본주의적 기독교문화를 결합함으로써 장 기적인 헤게모니를 행사하려고 해왔고 지금도 하고 있다. 하지만 최 근의 선거 국면은 우리로 하여금 한국은 미국이 아니라는 사실을 절 감하도록 해준다.

역자들은 개개인이 아니라 항상 체계를 중심으로 움직이는 미국 문화의 시스템을 좀 더 깊이 이해하고 싶어 하는 독자들, 나아가 현 재의 한국 정치문화를 근심어린 눈으로 지켜보는 많은 사람들이 이 책을 읽어주었으면 좋겠다. 김용규가 서문, 1, 2장, 그리고 결론을 번역했고, 이효석이 3, 4, 5장을 번역했으며, 우리말로 옮긴 후 서로 의 원고를 번갈아가며 돌려 읽었다. 역자들은 저자의 생각을 놓치지 않고 잘 번역하였기를 바라지만 부족한 점이 있다면 그것은 전적으 로 역자들의 책임이다. 번역을 맡기고 묵묵히 기다려준 산지니의 강 수걸 사장님과 편집을 맡아준 권경옥 선생님께도 감사드린다.

역자 일동

가정학교(homeschooling) 160, 212, 260-271

가족에게 초점을(Focus on the Family) 155, 172-174, 189, 192, 208, 252

갈릴레오 220, 221

거듭남 신학 161

게리 노스 159, 188, 189

게리 월즈 159, 188, 189

게리 프레이저 190

고등국제학대학원(SAIS) 76

과학문화재생센터 232, 246, 252

관타나모 21, 87, 89, 138

국가안전을 위한 유대인 연구소 (JINSA) 107

국가정책자문위원회 169, 172, 175

국기에 대한 맹세 261, 262

국방계획지침서 99, 128, 137

국제기독유대친선협회 208

국제통화기금(IMF) 52, 99

국제형사재판소(ICC) 132, 135

군산복합체 54, 149, 281, 311, 337

그로버 노퀴스트 77

그린피스 132, 324-326

근본주의 151, 161-163, 171, 189-194, 205, 206, 208, 209, 232, 237, 249, 272, 273, 274

기독교 시오니즘 205

기업경쟁연구소 321, 325

기후변화 268, 316, 331

기후변화에 관한 정부간회의(IPCC) 317, 322

낙오아동방지법(NCLB) 299, 302

남부침례파 263-265

노동자자유선택권법 311

노먼 포도리츠 81

뉴딜 정책 41, 139, 290, 312, 337

뉴트 깅리치 80, 128

단일행정이론 87

대처주의 38, 40, 41, 45, 47, 49, 61

더글러스 액스 247

데니스 로스 112, 120